钱英伟
刘晓光
胡承波
—— 主编

辽沈

红色

基因

—— 传承与创新

辽宁人民出版社

ⓒ钱英伟　刘晓光　胡承波　2024

图书在版编目（CIP）数据

辽沈红色基因：传承与创新/钱英伟，刘晓光，胡承波
主编．—沈阳：辽宁人民出版社，2024.3
ISBN 978-7-205-10799-4

Ⅰ．①辽… Ⅱ．①钱… ②刘… ③胡… Ⅲ．①革命史
—辽宁 Ⅳ．① K293.1

中国国家版本馆 CIP 数据核字 (2024) 第 024672 号

出版发行：辽宁人民出版社
　　　　　地址：沈阳市和平区十一纬路 25 号　邮编：110003
　　　　　电话：024-23284321（邮　购）　024-23284324（发行部）
　　　　　传真：024-23284191（发行部）　024-23284304（办公室）
　　　　　http://www.lnpph.com.cn
印　　刷：辽宁新华印务有限公司
幅面尺寸：170mm×240mm
印　　张：22.75
字　　数：350 千字
出版时间：2024 年 3 月第 1 版
印刷时间：2024 年 3 月第 1 次印刷
责任编辑：王　增
封面设计：G-Design
版式设计：辽宁新华印务有限公司
责任校对：吴艳杰
书　　号：ISBN 978-7-205-10799-4

定　　价：68.00 元

编委会

主　编　钱英伟　刘晓光　胡承波

副主编　艾志强　张卫平　镡鹤婧

　　　　　龚　兵　刘　军　孙　悦

序　言
从辽沈红色基因中汲取力量

在辽宁振兴发展的关键时期，习近平总书记于 2022 年 8 月 16 日到锦州考察。在考察辽沈战役纪念馆时，习近平指出，辽沈战役的胜利，充分体现了毛泽东同志等老一辈革命家高超的战略眼光和战略谋划。解放战争时期我们党同国民党的大决战，既是兵力火力之战，更是民心向背之争。辽沈战役胜利是东北人民全力支援拼出来的，我们的红色江山是千千万万革命烈士用鲜血和生命换来的。江山就是人民，人民就是江山。红色江山来之不易，守好江山责任重大。要讲好党的故事、革命的故事、英雄的故事，把红色基因传承下去，确保红色江山后继有人、代代相传。

总书记的讲话使 4200 万辽沈儿女备受鼓舞。在中共辽宁省委教育工委和辽宁省教育厅的指导下，坐落在辽沈战役配水池战斗遗址上的红色大学——辽宁工业大学对总书记的讲话更是极为重视，在深入挖掘和凝练红色文化融入思政课的同时，与辽沈战役纪念馆不断创新合作方式，先后在辽沈战役纪念馆举行合作签约仪式、举行红色文化研讨会，成立了"辽沈红色文化与思政课建设研究所"，为贯彻落实习近平总书记传承红色基因的重要讲话精神提供了良好的校馆合作基础。经过双方课题组成员的不懈努力，完成了《辽沈红色基因——传承与创新》一书。本书分为上下两篇：上篇为"理论·历史"篇，分为 2 个专题。在理论专题主要对辽沈战役中党的建设思想、毛泽东人民战争思想在辽沈战役中的实践、辽沈战役中我军纪律作风建设等问题进行了理论逻辑层面的深刻分析。在历史专题，主要对塔山精神、辽西会战的作战方针、中国共产党在解放区的教育工作等问题进行了历史逻辑层面的深远解读。下篇为"保护·利用"篇，主要从实践的层面探讨了辽沈战役红色文化遗址的保护、如何让红色革命史诗在讲解中生动呈现、数字化在纪念馆博物馆展陈中应用等相关问题。

　　本书的出版，将学术思想和地域红色文化紧密结合，尝试构建出高校和地域红色实践基地之间的创新性合作体系和模式，深化了辽沈红色文化的内涵研究，促进了红色基因的传承，推进了"大思政"格局的构建，以实际行动践行了习近平总书记提出的"讲好党的故事、革命的故事、英雄的故事，把红色基因传承下去"的重要讲话精神。

　　"不忘历史才能开辟未来，善于继承才能善于创新"。未来辽宁工业大学将与辽沈战役纪念馆继续加深合作，深入学习贯彻党的二十大精神，发挥出辽沈战役纪念馆及锦州的红色资源优势，推动辽沈红色文化与党史研究、辽沈红色文化与革命精神传承、辽沈红色文化与思政课教学有机融合，力争将"辽沈红色文化与思政课建设研究所"建设成为辽沈红色文化研究的资料中心、咨询中心和教育中心，提升立德树人的工作实效，增强"四个意识"，坚定"四个自信"，做到"两个维护"，为打赢新时代辽宁全面振兴新突破三年行动贡献力量。

钱英伟

2023 年 5 月于锦州

目　录

保护·利用篇

理论·历史篇

辽沈战役中党的建设研究

一、党的建设在辽沈战役中的实践探索

辽沈战役期间，在党中央的集中统一领导下，各地的党组织和党员在思想、组织、作风以及纪律四个方面开展了许多重要的工作。

（一）党的思想建设实践

在思想建设方面，党从"办党报、开党校、出党书"三方面入手，大力宣传党的政策，持续推进党员教育，不断充实党员思想。

力行全党办报宣传党的政策。各地区要求各级党委认真贯彻"全党办报，群众办报"的方针，采取许多有效措施，动员全党参加办报。辽宁地区积极号召主要负责干部积极撰稿并把"建设党报、爱护党报、直传党报、运用党报"作为自己当前的责任。吉林地区也把办报作为工作的重中之重，积极发展报纸事业，创办不同的刊号，并说道：报纸"是人民公开说话的工具，是为大众服务的"，积极报道辽沈战役的时局，为人民发出了和平、民主、团结的呼声，宣传了中国共产党的主张，引起了社会广泛的共鸣和支持。

创立省级党校推进党员教育。党校是在同级党委的直接领导下，培养党政领导干部和理论宣传骨干的学校，是党委加强党的建设的一个重要部门。辽沈战役时期党校的基本任务是用马列主义、毛泽东思想和党

的路线、方针、政策教育党员和干部。在理论教学的内容方面，这些党校根据多数学员政治理论和文化水平较低的实际情况，强调讲课内容要简要、通俗、集中。初级课程主要围绕党的基础知识、中国革命基本问题、形势与任务以及土地改革、政权建设、生产劳动、统一战线等内容展开，还设有文化知识课程。在一些高级课程中，还增加了社会发展史、党的建设、政治经济学等内容。在实践教学上，强调教学不能只满足于书本知识的灌输，必须把理论与实践紧密地结合起来，学员生活实行半军事化管理。除了完成学习任务外，还要帮助群众挑水、扫院子、干农活等，搞好群众关系，培养学员的群众观点和艰苦奋斗的思想作风。

出版进步书籍充实党员思想。创办出版发行机构，以出版进步图书来加强马列主义教育，提高广大党员文化理论水平，"是巩固党的中心一环"。在当地党委的领导下，出版社一直致力于出版和发行马克思列宁主义以及中国共产党主要领导人的相关著作，传播马列主义、毛泽东思想，宣传党的方针政策，用以教育党员。

（二）党的组织建设实践

在组织建设方面，各地区推进建立了各级党组织、培养本地人才，不断完善了地区的组织架构，解决了干部人数不足、党员人数较少的问题。

建立完善的组织机构。建立完善的组织机构，是辽沈战役中党的建设的一项重要任务。各省级组织在成立各地县委、地委上下了很大的功夫，成立了大量的市（县、地）一级组织。各地区并根据实际工作的需要，还建立了由东北局或分局直接领导的市委（特别市委、特别市工作委员会）。随着工作如火如荼地开展，结合新培养出的本地干部以及新发展的党员，中国共产党在辽宁和吉林地区逐步扩大了市（县、地）一级组织，同时又将组织进一步深入基层。这些组织的逐步建立，使得中国共产党在辽宁和吉林地区的势力逐步拓展到各方面，这是中国共产党广泛赢得了群众的支持的表现，为贯彻落实中央的决策部署、完成党的中心任务、实现党的建设目标、取得辽沈战役伟大胜利奠定了重要的组织基础。

培养本地人才充实干部队伍。政治路线确定之后，干部就是决定性因素。在辽沈战役时期，群众还没有完全发动起来，发展党员的群众基础还较为薄弱，在此期间农村党员人数较少。但在市工委发动工人和学生运动的时候，农村中涌现了不少先进分子，成为了发展党员优质"土壤"。辽宁和吉林地区积极推动党员的培养，挖掘各种人才，积极探索和制定本地干部的方针和路线，四年间培养和训练了干部约 11 万人，干部数量缺乏的问题得到了解决。

（三）党的作风建设实践

密切联系群众是中国共产党三大优良作风之一，在辽沈战役时期，中国共产党进一步发扬密切联系群众的思想。

一方面组织参军动员。人的行为是受其思想支配的，而支配行为的思想是客观外界反复作用于大脑的结果。革命战争通常是全民族的战争，没有广大人民群众的支援，战争是很难取得胜利的。如何使广大人民群众积极主动地投入到轰轰烈烈的革命战争中去，可谓一项艰难的群众工作。毛泽东在 1948 年对《晋绥日报》谈话中指出："要善于把党的政策变成群众的行动，使广大群众都能懂得，都能掌握。"[1] 然而提高人民群众的觉悟并非易事，群众参加和支持革命战争必须进行动员。辽沈

---

① 毛泽东选集：第四卷 [M]. 北京：人民出版社，1991：1214-1215.

战役中，抗战动员工作的实施一直是全党战时工作的重心。在政治上，依托于群众思想政治教育，通过采取适当的形式，帮助人们确立正确的世界观和方法论。辽沈战役时期，由于战役规模庞大，战争进程和演变速度较快，参军动员和兵员数目的及时补充，逐步上升为决定战争胜负命运的重要关节点。而要在有限的时间内高效率地政治动员大部分人民群众，又不能违背参军动员的自觉自愿原则，群众思想政治教育的至关重要性和无可比拟性就愈发显得突出。辽沈战役期间，各级党组织悉数以思想政治教育作为全党政治动员工作的中心环节，全力开辟对敌政治攻势第二条战线。在行动方面，积极开展各种运动，农民是革命运动中的最大动力，"只有动员群众才能进行战争，只有依靠群众才能进行战争"①。辽沈战役中，大量参军任务名额的完成，不仅仅需要依靠政治动员和经济动员，党群组织的组织动员亦是其基本保证，我们党的各基层党组织亦采取了动员社会各方面力量的办法。

另一方面，落实后勤保障。辽沈战役规模宏大，需要巨大的人力和物力支持，如此大规模的后勤供应工作，在我军历史上实属空前。辽沈战役前夕，东北局、东北行政委员会发出指示，要求大力发动群众全力以赴地支援革命战争。东北各级党政机关纷纷响应号召，建立起完备的支前作战系统。在所有后勤保障内容中，军需物资的筹措问题始终被置以战略性的高度。主要包括有粮秣用需、武器弹药、军衣鞋袜等几大范畴。在做好军需物资保障的同时也做好组织运输保障工作。辽沈战役期间，将物资运输到前线是一项极其复杂、细致的浩大工程。发动群众的程度

---

① 毛泽东选集：第一卷 [M]. 北京：人民出版社，1991：136.

决定着战争胜利的进度。因此，精心组织动员群众，将战略物资及时运往前线，俨然成为对于战争胜负影响具有决定性意义的最活跃最生动的因素。整个辽沈战役期间，党组织动员人民群众支前多达183万人，成功地将物资源源不断地运往前线。

（四）党的纪律建设实践

在纪律建设方面，中共中央东北局以推进"三查三整"等方式，严肃了党的纪律，维护了中央权威。在辽沈战役期间，党的队伍也在迅速壮大，针对各地党组织有些不纯的情况，全军开展了新式整军运动，通过诉苦（诉旧社会和反动派给劳动人民造成的痛苦）、"三查"（查阶级、查工作、查斗志）、"三整"（整顿组织、整顿思想、整顿作风），达到政治上高度团结、生活上获得改善、军事上提高技术和战术的三大目的，战斗力进一步提高。1947年12月31日，中共中央东北局在《关于1948年任务的决定》中明确指出："整顿党内思想及工作作风，由自上而下与自下而上的展开关于思想、工作作风、生活等等的检讨会议，把全党的思想提高到新形势与新政策的认识水准，反对地主富农及城市资产阶级的思想，改造小资产阶级思想的迎合性，反对官僚主义、军阀主义的工作作风，严肃生活的风气，清除贪污腐化之侵蚀。"在对待知识分子成分中，该决定指出"对党内审查干部成分，首先是为了弄清思想，不要变成一般的清洗运动。要坚持党内与党外斗争的严格区别……防止产生反知识分子的倾向"①。辽沈战役期间，"三查三整"等方式，

---

① 东北解放区财政经济史编委会.东北解放区财政经济史资料选编（第一辑）[M].哈尔滨：黑龙江人民出版社，1988：75.

提高了对形势任务和党的政策的认识水平。

二、辽沈战役中党的建设的成功之处

（一）党中央的审时度势

抗日战争胜利后的中国，面临两种前途和命运的抉择。中国共产党的人民军队面对国民党的挑衅，以革命必须胜利的坚定姿态，奋不顾身地投入决定中国命运的解放战争当中。以毛泽东为代表的党中央，着眼全局，抓住 1948 年的决战时机，将解放战争的首次战役放在形势最有利的东北战区，提出"准备五年左右根本上打倒国民党"。当时东北军队的总兵力达百余万人，其中东北野战军主力 70 余万人，地方部队 30 余万人。国民党在东北的总兵力达 55 万人，被分割在沈阳、长春、锦州各个不同地区。共产党在东北的经济实力位于解放区之首，拥有雄厚的物资力量支援，补给充足。解放军在东北战略态势具有较大优势。毛泽东最终决定把解放战争第一战放在东北，首战放在具有重要战略地位的锦州。锦州是山海关内外路上的交通咽喉，攻下锦州，相当于切断国民党军队撤出东北的唯一道路。东北"剿总"副总司令兼锦州指挥所主任范汉杰认为"贵军神机妙算，弃长春，舍沈阳，突然闪击锦州，扼住我军战略咽喉重地，乃出我军意料之外。锦州，犹如一条扁担，一头挑东北，一头负华北。贵军夺下锦州，恰好像从中间折断扁担，使东北与华北分离，棋着厉害"①。

---

① 王永盛、张伟.毛泽东的艺术世界 [M].济南：山东大学出版社，1991：741.

（二）党内部队的纪律教育

为保障辽沈战役的胜利，东北野战军决定整肃军纪、政治建军。解决部队中存在的纪律观念不强、作风不良等问题。辽沈战役时期，恰值辽西苹果采摘之际，时任东野政治委员罗荣桓指示："教育部队保证不吃老百姓一个苹果，无论是挂在树上的、收获在家里的、掉在地上的，都不能吃，这是一条纪律，要坚决做到。"[①] 部队经过之处，整个部队做到"不吃老百姓的一个苹果"的要求，战士们懂得：人民的苹果，我们只有保护的责任，没有侵犯的权利。同时，党内领导对战士们展开"倒苦水"的阶级教育活动，战士们明白了自己的苦、家庭的苦均源于阶级的苦，没有革命的胜利，就不会有家庭的解放，为阶级解放奋斗，为共产主义事业奋斗，是作为战士最大的光荣，这些教育极大地鼓励了将士们勇敢杀敌的斗志。负责坚守塔山的东野四纵队党委进行了战前的政治动员，在战斗中，战士们拿出十分气魄保卫塔山，为解放锦州立下第一战功。这些战绩均源于党的正确教育和思想政治建设，不惜抛头颅、洒热血的革命精神是革命军队克敌制胜的重要力量保障。

（三）军队战士的牺牲精神

1948 年 9 月 12 日，东北野战军主力挥师南下北宁线，会同南线部队，开始包围绥中、兴城、义县等地，发动了辽沈战役。人民军队肩负起了解放全中国的重任，英勇杀敌。其中，在义县战斗时，东野二纵队张作培与国民党军队作战过程中，"带着两个爆破筒，几个就地十八滚，

---

① 中共中央文献研究室第一编研部. 毛泽东军事箴言 [M]. 沈阳：辽宁人民出版社，2017：141.

迂回到大地堡国民党军队右侧，此时他已身中数弹，拉响爆破筒后来不及躲闪，在此次战役中英勇牺牲"①。东北野战军清除锦州的外围据点，主力部队指向锦州，将国民党调兵增援锦州的东进兵团阻击于塔山。国民党军在低空投弹 5000 余枚，3 个师组成密集冲锋队疯狂冲锋。东野四纵在十一纵的配合下顽强防守、死打硬拼，视死如归的革命精神令国民党军心生畏惧，经六昼夜鏖战，歼灭国民党军 6549 人，塔山阻击战取得胜利，为攻克锦州排除了障碍。战场上，战士们依靠群众力量奋勇杀敌，英勇牺牲，用血肉之躯守住了锦州城，直至流干最后一滴血，最终取得了革命的胜利。党员军队战士不畏艰辛、勇于牺牲的精神是最终取得革命胜利的关键。

三、辽沈战役中党的建设历史意义及当代价值

辽沈战役作为解放战争三大战役之首，此次战役的胜利使中国革命发展到了一个新的历史转折点，这一转折是中国革命的成功和中国和平的实现已经迫近的标志，加速了中国革命战争胜利的进程，辽沈战役的胜利及党建方式具有重大的历史意义。

（一）辽沈战役党的建设历史意义

辽沈战役的胜利解放了东北全境，在国内外均产生了巨大的影响。在国内，增长了我军必胜的信心，增强了人民对我军的信任，取得人民更可靠的支持；而国民党军方面厌战情绪日深、失败主义蔓延，蒋介石

---

① 牟永富、周铁钧 . 解放义县打响辽沈战役第一枪 [J]. 山西老年，2018（5）：17-18.

也不得不哀叹"这一次东北战役是我们革命史上最大的教训，也是我们革命过程中最大的挫折"。在国际上，东北的解放沉重地打击了美帝国主义的"扶蒋反共"政策，极大地鼓舞了世界被压迫和争取解放的人民。法国电社记者对辽沈战役做出评价："国民党在满洲军事挫折，现在已使蒋介石政府比过去二十年存在期间的任何时候都更接近崩溃的边缘。"

在经济建设上，此时的东北作为全国工业化发展程度最高的城市，有利的战争条件已经为全国解放战争的胜利及战后国家经济的发展提供有利的战略支撑，奠定了共产党在数日内解放中国并将中国逐日发展为工业化国家奠定基础。

辽沈战役胜利后的东北解放区在军事形势上发展到一个新的历史转折点，最明显的趋势是东北解放军在敌我力量上发生根本性变化，东北国民党的军队武器均为我军所获，使我军的战斗力得到空前提高。同时，东北地区雄厚的工农业基础成为全国解放战争的强大后方基地，共产党已经真正具备了最后战胜国民党的军事和经济实力，对加速全国解放战争胜利的进程具有重要的意义。辽沈战役结束后，东北解放军便即刻入关作战，极大加速了最后胜利的到来。

（二）辽沈战役中党的建设的当代价值

1. 坚定理想信念践行社会主义核心价值观

坚定革命理想信念，顽强拼搏，坚信革命的正义事业必然胜利，这是中国共产党人的精神支柱，更是中国共产党人安身立命的根本。东北野战军因为始终坚信革命必胜，才得以在艰苦卓绝的斗争环境下，以解放战争大局为重，严守革命和群众纪律，奋勇杀敌，保证了辽沈战役的胜利。战争中军人们抱着革命必胜的信念、视死如归的气魄、敢于牺牲的胸怀是激励当代中国人民不断进取、攻坚克难，勇于奉献、敢于创新的强大精神动力。作为新时代共产主义的接班人，应坚定信念，坚持个人利益服从国家利益，自觉践行社会主义核心价值观。辽沈战役中的将士与东北儿女军民一条心，拧成一股绳，将个人的小我融入到整个国家的大我当中，不畏艰辛、艰苦奋斗并取得解放战争的首战胜利。历史证明，只有共同坚守伟大的理想和信念的民族，才能凝聚成一股坚不可摧的民族力量，共同奋斗。同样，只有胸怀伟大理想和信念的人，才能摆正人生的航向并为之不懈努力。社会主义核心价值观的践行离不开革命精神为其注入灵魂，辽沈战役中的斗争精神为当代社会主义核心价值观的践行注入精神力量。

2. 培养当代青年的社会责任感

东北野战军，为了人民解放，不畏艰难、勇敢战斗、不怕牺牲、前仆后继，用实际行动对理想信念、责任担当，以及个人发展与国家命运的关系等重大现实问题做出了回答。直至今日，重新回顾东北野战军在辽沈战役中出生入死的场面，对当代青年来说仍具有十分重要的教育意义。正如一位杨姓老人所说："辽沈战役是一部永恒的教科书。一定要让后代了解过去，了解历史，使他们懂得革命胜利来之不易，要继承发扬过去的革命精神，保护好今天的胜利果实，以告慰长眠地下的英灵。"[1]我们的后代是民族的希望与未来，青年的成长需要优良的价值观指引，辽沈战役精神是培养当代青年进步的鲜活资源。

---

[1] 龙华烈士纪念馆. 烈士与纪念馆研究：第 5 辑 [M]. 北京：中共党史出版社，2001：169.

3. 依靠群众，扛起当代共产党人的角色担当

辽沈战役的胜利，是中国共产党领导的人民军队的胜利，是辽宁人民支前斗争的胜利，更是党的群众路线的伟大胜利。"兵民乃胜利之本"，辽沈战役的胜利离不开人民的支持，哪里有战斗，哪里就有人民的支援。据战争数据统计，参加辽沈战役的民工有 183 万人，为战役提供的担架 13.7 万副、粮食 5.5 万吨，为战争需要而修的路总计 2185 公里。东北野战军严于律己、艰苦奋斗、敢于胜利的行为，鼓舞后方的百姓奋不顾身地奔赴最危险的前线。军民并肩，场面何等的壮观、何等的动人心魄。中国共产党人时刻牢记为人民服务的根本宗旨，始终把"万事民为先"作为行动准则，"始终把人民立场作为根本立场，把为人民谋幸福作为根本使命"。中国共产党人始终以人民的利益为根本出发点，坚持"一切为了人民、一切相信人民、一切依靠人民"，尊重民意、致力民生、造福人民。作为新时代的党员，在工作、生活中必须严格要求自己，自觉做共产主义远大理想和中国特色社会主义共同理想的坚定信仰者、忠实实践者，传承辽沈战役中依靠群众的优秀品质，心系群众，始终将人民利益摆在第一位，这份珍贵的精神遗产，对于实现中华民族伟大复兴、建设现代化强国具有震撼心灵的魅力，应当得到我们充分的认识、系统的研究和认真的传承。

刘建涛　李　柳　孟令红　王雪婷　辽宁工业大学马克思主义学院

李　曼　李　帅　辽沈战役纪念馆

东北解放战争时期中国共产党基层组织建设的重点、特征与启示 ①

东北解放战争时期中国共产党组织建设重点集中于人民武装力量中的组织建设与地方上党的组织建设两个方面，形成了鲜明特征。这一时期，党的组织路线服务于政治路线，将基层组织建设与根据地建设相结合，在土地改革中开展基层组织建设，既加强了党的群众基础，也获得了重要的战争力量来源，有效强化了党员理想信念与党的思想引领。新的历史条件下，基层党组织建设需要把政治建设摆在首位，将思想教育作为基础，提升党的政治领导力、党员身份认同，进一步深入联系群众，增强组织宣传和服务群众的能力。

一、东北解放战争时期中国共产党基层组织建设的重点

抗日战争胜利后，蒋介石执意发动内战，中共中央制定"向北发展"的战略方针，派冀热辽部分部队进入东北配合苏联红军作战。中共中央作出明确指示，目前全党全军的主要任务就是继续打击敌伪，完全控制

---

① 本文为辽宁省社科基金项目：中国共产党组织建设特征分析（L21BWT009）阶段性成果。

东北，以此加强全国各解放区即国民党地区人民的斗争，为争取和平民主及国共谈判争取有利地位。由于力量对比上的敌众我寡，取得东北地区的绝对控制权亟须建立稳固的根据地成为首要任务。毛泽东指出："我党现时在东北的任务，是建立根据地，是在东满、北满、西满建立巩固军事政治的根据地。"① 为此，中共中央从全国抽调 11 万人部队和 2 万名干部前往东北，其中包括中央委员 10 人，候补中央委员 10 人，在东北局的领导下开展创建东北根据地工作。总的来说，这一时期，中国共产党的组织建设是服务于党的政治任务，并随着革命形势的变化做出了适时与必要的改革与调整，重点集中于人民武装力量中的组织建设和地方上党的组织建设两大领域，既实现了党对人民武装力量的领导，又保证了党的组织力量随着解放区的延伸得以同步推进。

在实施根据地建设战略中，党的基层组织通过发动人民群众参加革命斗争，建立党在群众中的政治影响，并从人民群众中培养了大批积极分子和干部。为了确保将广大农民充分发动起来，党中央将土地改革作为党在解放战争时期的一项重要政治任务，基层组织工作也通过土地改革扎根社会基层，也奠定了开展群众工作的组织基础。对此，《七七决议》强调，创造根据地的主要内容是发动农民群众，发动农民的方法是发动反奸清算、减租减息、分粮分地的斗争，提高农民的觉悟，吸引农民参加战争的各工作。1946 年 5 月 4 日，党中央决定把没收地主的土地分配给农民，各解放区抽调大批干部"深入发动群众，领导农民开展反奸

---

① 毛泽东选集：第四卷 [M]. 北京：人民出版社，1991：1179.

清算、分配土地的斗争"①。其中，明确要求"在运动中及土地解决后，应注意……发展党的组织，培养提拔干部，改造区乡政权"，要把发展党的组织作为巩固和发展土改成果的重要环节。在东北局审慎的建党方针指导下，各地土改运动与各种组织工作相结合，初步奠定了广大农村中的党的基础，巩固了东北根据地。

为了进一步巩固根据地建设，在农村的基层党组织建设过程中，土地改革运动伴随整党运动同时展开。全面内战爆发后，为在敌强我弱态势下能够取得革命的胜利，必须通过满足农民对土地的要求来调动其参与革命的积极性，进而获得持续的人力物力支持。因此解放区的土地问题成为当时一切工作的最基本环节，但土改运动发展的并不平衡，有一些思想和作风不纯的人混入党内，表现出一些党员阶级观点模糊，不能坚决执行党的土改政策，侵占群众利益，包庇地主富农分子，官僚主义严重等问题。对此，党中央高度重视，毛泽东向全党指出："全党同志必须明白，解决这个党内不纯的问题，整编党的队伍，使党能够和最广大的劳动群众完全站在一个方向，并领导他们前进，是解决土地问题和支援长期战争的一个决定性的环节。"②1947 年秋季的全国土地会议中，明确提出结合土地改革普遍整顿党的组织。同年，在中共中央的直接领导下，各解放区结合土改工作相继开展整顿农村党组织的工作。1948年 5 月，中共中央发出《一九四八年的土地改革工作和整党工作》的指示，要求"按照正确政策实行初步整党。"这段时间，土地改革与整党紧密

① 陈至立、刘吉.中国共产党建设史 [M].上海：上海人民出版社，1991：524.
② 毛泽东选集：第 4 卷 [M].北京：人民出版社，1991：1253.

结合，东北根据地大量发展党员壮大党的队伍，党的各项工作得以顺利开展。

二、东北解放战争时期中国共产党基层组织建设的特征

东北解放战争时期，党的基层组织建设服务于党的政治任务，与根据地建设、土地改革和建党整党等内容相结合，并根据实际革命任务的变化而不断调整，呈现出鲜明特征。

一是将基层组织建设与根据地建设相结合，以组织路线服务政治路线。正确的政治路线要靠正确的组织路线来保证。习近平总书记指出："我们党一路走来，始终坚持组织路线服务政治路线。"[①]这个特征在东北解放战争时期表现尤为明显。全面内战爆发以后，为了在东北地区形成有力的控制拓展革命力量，建设根据地就成为摆在中国共产党面前的首要问题。从东北解放战争开始的最初，中国共产党的基层组织建设就伴随根据地建设而展开。为此，中共中央制定正确的组织路线，及时调整和完善党的各级各类组织，进一步调整中央领导机构，继续调整与充实各根据地的中央局，以此保证党的组织体系完整，有效贯彻执行党的政治主张。这一期间，东北地区的党组组织建设经历了1946年6月的中央派驻干部巩固东北根据地，1947年东北中央分局的撤销，通过调整组织结构、扩大组织规模和建立健全组织制度等一系列建设性举措，以适应革命形势发展。为了开创东北根据地，中共中央抽空了陕北和其

---

① 习近平. 在全国组织工作会议上的讲话卷 [M]. 北京：人民出版社，2018：10.

他根据地，把最得力的部队和干部都派往东北。这在以往的革命历史上是没有先例的。

二是将基层组织建设与土地改革相结合，坚持群众路线获得战争力量来源。党的基层组织是党的肌体的"神经末梢"，直接与群众相连，而土地改革正是在发动农村群众参与革命，扩大党的群众根基与力量来源，因此将基层组织建设与土地改革相结合成为这一时期基层组织建设的重要特征。此外，群众路线是党的一切工作的根本路线，从这视角看，基层组织建设也必然要求广泛的群众参与，特别是在广大农村地区发动农民参与革命，这是长期革命形成的宝贵经验。可以说，将基层组织建设与东北土地改革深入结合，有效强化了党的群众基础，巩固了党在东北地区的领导地位。1946年4月22日，东北局在《关于发展党的指示》中指出，土地改革斗争已开始发动，党和群众已开始建立联系，要农村着重在大的村屯中发展党组织，从而建立起坚强的战斗堡垒。到1949年上半年，东北解放区完成了土地改革，广大农民在政治上得到翻身，经济上得到改善，积极踊跃地支援人民解放战争，党中央在东北有了广泛的群众基础与战争力量来源。毛泽东在中共七届三中全会中总结说："我们已经在北方约有一亿六千万人口的地区完成了土地改革，要肯定这个伟大的成绩。我们的解放战争，主要就是靠这一亿六千万人民打胜的。"[①]

三是将建党与整党相结合，强化党员理想信念与党的思想引领力。由于需要尽快实现对东北的有效控制，在解放战争初期，东北局率先开

---

① 毛泽东选集：第六卷 [M]. 北京：人民出版社，1999：73.

展建党工作。随着党员人数的快速增加，在根据地建设与土改运动中出现的党内思想不纯与组织不纯现象较为严重，因此，这一时期在开展建党的同时也伴随着整党工作。1947 年冬，农村基层党组织进行阶级、思想和作风三个方面的"三查"与"三整"，成为东北解放区进行的整党运动的重点对象。随着东北各地土地改革运动基本完成，在群众中涌现出大批经过斗争考验的积极分子，在一些具有深厚基础的地区，公开建党的条件也已经成熟。按照中共中央《关于东北积极地、公开地、审慎地建党工作的指示》和东北局的部署，东北根据地开始进行了公开建党工作，地方也相继建立起农村基层党支部。在东北地区，从 1948 年年初至年底，各地新发展的党员 4.6 万多人，连同军队中新发展的党员，则有 15 万多人；黑龙江、松江、合江、嫩江四省和哈尔滨市的党员达 6 万余名；到 1948 年年末，黑、松、嫩、合四省已经建立农村党支部 3500 个，比公开建党前增加了 1 倍①。

三、东北解放战争时期中国共产党基层组织建设的启示

（一）把政治建设摆在首位，突出基层组织的政治功能

党的基层组织是为了实现党的政治目标而存在的政治组织，确保党的政治路线、思想路线和群众路线得以落在实处。突出基层组织的政治属性发挥其政治功能，必须将党的政治建设摆在首位，这是马克思主义政党为保持自身的先进性和纯洁性而进行的根本性建设。马克思和恩格

① 朱建华. 东北解放战争史 [M]. 哈尔滨：黑龙江人民出版社，1987:231.

斯强调无产阶级政治属性问题，特别是无产阶级的政治先进性要求其组织成员必须从政治上看问题，必须是讲政治的政党。东北解放战争时期，围绕根据地建设而展开的党的基层组织建设，以及在建党过程中的整党工作，都是在为实现政治目标而进行的党的政治建设，旨在加强党的政治领导，坚定党员政治信仰，净化党内政治生态。

将政治建设摆在首位，是在强调基层党组织要在融入社会过程中坚持其区别于其他社会组织的根本政治属性。这是确保党的基层组织有效嵌入社会，积极发挥政治功能，部署落实党的各项政策的前提条件。对此，习近平总书记强调，在新的征程上要"以党的政治建设为统领，继续推进新时代党的建设新的伟大工程"①。将政治建设摆在首位要求在党的基层组织建设中突出其政治功能。首先，要自觉维护党中央权威，这是发挥基层党组织政治功能必须牢牢把握的根本政治方向。其次，需要严肃党内政治生活，以政治生活提升基层组织和党员队伍的先进性和纯洁性，增强党员的角色意识和政治担当。最后，发挥基层党组织在理论、政治和组织上的优势，积极向群众宣传党的理论和政策方针路线，增强党员和群众对党的政治认同，引导群众积极投身党和国家的各项事业建设。

（二）将思想建设作为基础，提升党员的政治身份认同

作为一个政治组织，政党是由众多党员个体组成的"政治集合体"。党员的政治身份认同是个体对自身政治身份的接纳程度，能够反映出个

---

① 习近平. 在庆祝中国共产党成立 100 周年大会上的讲话 [M]. 北京：人民出版社，2021：19.

体所在政党的执政理念，以及自身的政治信仰。基层党组织中的党员政治身份认同，即是在情感与价值上强化党员与组织之间的紧密程度，由此影响党员的政治倾向和政治价值标准，形成对组织的政治归属感和获得感。基于政治身份认同而进行组织建设，可以有效地动员、组织和整合基层组织活动中的人员和资源，增加基层党组织的战斗堡垒作用。东北解放战争中在思想政治工作方面的诉苦教育和新式整军运动，正是在士兵个体与东北民主联军之间增加了情感上的联系，使得个体与组织的融合度提升，使部队在思想上得到巩固，成为战无不胜的劲旅。

党员政治身份的认同关键在于做好思想工作，做好党的思想建设。注重从思想上建党，是中国共产党的一大政治优势，是党在长期实践中得到的重要结论。基层组织建设中的群众工作，也是要在思想上对群众进行说服教育，同时完成党员自身思想境界的提升，增强政治认同。因此，本质上党的思想教育关键就是用无产阶级思想去克服与改造非无产阶级思想。面对当下日益多元的社会思潮，党的思想建设要坚持马克思主义在意识形态领域的指导地位，通过强化学习教育牢筑信仰之基，补足精神之钙，以理论之清醒强化政治之坚定，提升党员的政治身份认同。在具体方法上，将经常性教育和集中学习教育有机结合，将党的政治理想、政治路线、政治主张内化为增强党性修养、提高思想觉悟，陶冶道德情操的自觉行动。在全面建设成社会主义现代化强国的新的历史方位上，始终把学习贯彻习近平新时代中国特色社会主义思想作为根本前提，推动各级党组织和广大党员干部不断提高马克思主义理论水平和运用能力。

（三）进一步深入联系群众，加强和改进农村基层党建

马克思主义的党建理论中，将密切联系群众作为一条重要的原则。

东北解放战争中党的基层组织活动实践也说明了，通过密切联系群众党组织获得重要力量来源，得以实现自身的政治主张。面对武器装备都优于自身的国民党，中国共产党通过宣传组织群众，引导广大农民投入到革命战争中来。从这个意义上讲，强化基层组织建设是要强化基层组织走群众路线，深入了解农民需求并将农民内在积极性动员起来的能力。因此，新的历史时期党的基层组织建设必须将党的组织路线与群众路线紧密结合，满足人民群众之所需，在联系群众中汲取智慧，在服务群众中汇聚力量。

在全面建成社会主义现代化强国的新征程上，三农问题依然是摆在党和国家面前的重要问题，农村党组织建设是否完善直接关系到农村的稳定、发展和繁荣。因此，需要进一步加强和改进农村基层党建，以抓党建促进乡村振兴。首先，需要坚持党的农村基层组织领导地位不动摇，保证农村的各类组织和各项工作在党的农村基层组织全面领导之下。其次，规范农村基层党组织设置，严格履行农村党组织的主要职责、明确重点任务。最后，要加强农村基层党组织领导班子和干部队伍以及党员队伍建设。

安　恕　辽沈战役纪念馆

薄　海　辽宁工业大学马克思主义学院

东北解放战争中基层党组织建设研究

一、中国共产党早期基层组织建设基本状况

《中国共产党早期组织及其成员研究》一书提到，在共产党成立初期，仅仅有 58 名党员，而未提及基层组织建设的任何相关信息，这说明在当时党的建设方面并不完善。在中共二大通过的决议中提到了党的内部必须有严密的、高度集中的、有纪律的组织和训练，还提及了在农村等各个领域，满足有 3-5 名党员条件的可以成立组，这也是关于党的基层组织的最早描述，具有里程碑式的意义。中共三大提出将基层组织由"组"改为"小组"，每个小组的党员人数从原来的 3-5 人扩充为 5-10人。在中共四大上通过了《中国共产党第二次修正章程》，该章程对基层党组织建设进一步进行完善，规定三人以上即可成立党支部，这是历史上第一次将党支部规定为党的基层单位，并对支部的工作制度、工作原则等进行了详细规定。

中国共产党坚持以马克思主义作为自己的指导原则，密切联系群众，凝聚一切力量推翻资本主义，坚信无产阶级终将推翻资产阶级。中共二大提出，"要到群众中去，要组成一个大的群众党"。中共三大着重强调重视工人的力量，要凝聚工人的力量进行革命。中共四大进一步提出

了"工农联盟"这一名词。在中共五大上，进一步扩大了革命的阶级，更加密切地联系各个领域的群众，开始吸收接纳小资产阶级和知识分子扩充到革命队伍中。我党党员数量最开始的 58 人到 1927 年增加到 5.8 万人，基层党组织数量也进一步扩充，显著扩大了中国共产党的影响力。[①] 中国共产党在基层组织建设的过程中，始终坚持具体问题具体分析这一原则，在不同时期对基层党组织进行针对性调整，从而进一步完善了基层党组织建设体系，积累了丰富的组织建设实践经验，为全国各地区基层党组织建设发展奠定了基础。

1945 年 8 月，日本投降抗日战争取得胜利后，国内国际形势发生了巨大变化，由于东北地区在军事、政治、经济等方面具有重要的战略地位，共产党、国民党双方甚至苏联、美国为了在斗争中取得先机对中国东北地区展开了激烈争夺。中共中央和毛泽东根据当时的国内国际形势，做出了必须立即进军东北、争取东北、抢占东北的战略决策，并着手在东北地区建立基层党组织，为获得占据东北的主动权奠定了组织基础。

二、东北地区基层党组织建设的必要性

（一）稳固东北根据地的需要

东北地理位置极其优越，三面与邻国接壤，山水环绕，是战略要塞，也是兵家必争之地。森林资源也十分丰富，长白山和大兴安岭属于原始

---

① 毛泽东军事文集（第一卷）[M]. 北京：军事科学出版社，1993: 88-91.

森林，森林覆盖面积接近 80%。^①农业资源富足，东北黑土地土壤肥力旺盛，农作物产量极高，非常适宜发展农业生产，被认为是最重要的粮食生产基地。东北河流资源丰富，山川河流遍布东北各个区域，工业也十分发达，相应地带动了交通运输业的发展，公路、铁路线遍布。^②据统计，当时东北地区大豆产量占世界总产量的 60% 以上；生铁产量占全国总产量的 87.7%，钢材产量占 93%，水泥产量占 66%，发电能力占 78.2%，铁路里程占全国铁路总长的 50% 以上。^③因此，不论是从东北所处的地理位置、自然资源条件看，还是从当时的战争形势看，中国共产党都需要在东北建立稳固的革命根据地，并以此发动广大人民群众，扩大党在东北地区的基础组织，从而使我党能够在争取东北的斗争中占据优势。

（二）发动群众参与革命战争的需要

抗日战争结束后，蒋介石打算占领东北这块战略要地，从而指挥国民党军队迅速向东北发起总攻。中国共产党紧紧依靠人民群众，以基层党组织为依托进行募捐，积极号召和发动老百姓参军参战并且开展保证军需、支援前线的运动，东北三省共捐赠 1340 亿元支援前线，还以支队为单位，在昂昂溪、安达两处先后组织人员 4000 余名，提供担架 500 副，大车 300 台，马 1000 余匹；冬季攻势开始时，嫩江人民组织

---

① 邢安臣. 解放战争与东北 [M]. 沈阳：辽宁大学出版社，1993: 53.
② 唐洪森. 东北解放战争研究 [M]. 沈阳：辽宁大学出版社，1994: 102.
③ 吕博博. 解放战争时期中国共产党东北基层组织建设研究 [D]. 长春：东北师范大学，2021: 9.

战勤第三支队，人员 2000 余名，担架 300 副，大车 100 余台，马 600 匹。[①]因此，东北解放战争的胜利离不开人民群众的拥护和支持，只有充分发动人民群众、密切联系人民群众，不断完善基层党组织建设，号召人民群众支援才能赢得东北地区的彻底解放。

（三）扩充党的组织力量的需要

抗日战争期间，日本长期占领东北地区，中国共产党由于始终坚持领导和组织东北抗日联军与日军部队长年斗争，因而遭到了日本侵略者的残酷镇压和疯狂打击报复，致使我党在东北地区的基层党组织遭受极大破坏，极大地削弱了我党在东北地区的组织力量。抗日战争胜利后，东北地区依然是各种政治力量交织，土匪横行，国军党军队向北扩张，百姓饱受欺凌和压迫，形势异常复杂，而且，民众对中国共产党领导的军队和革命认识不足，甚至存怀疑态度。因此，中国共产党迫切需要团结各阶层的先进分子以及进步力量，快速建立、发展基层党组织，建立牢固的统一战线，扩大党的影响力。1945 年秋季至 1946 年春季这一期间，我党派党员干部陆续到达东北地区后，在哈尔滨先后建立了铁路工人党支部、新阳党支部、顾乡党支部等基层党组织；1946 年春，黑龙江省工委也对支部党员数量提出了要求，有候补党员 3 人以上，即可成立支部。[②]随之群众被发动起来，各阶层中的优秀分子被调动起来，党的力量不断扩充，党员人数迅速增加。

---

① 黑龙江省档案馆. 支援前线 [M]. 哈尔滨：黑龙江省档案馆，1984：83-85.
② 吕博博. 解放战争时期中国共产党东北基层组织建设研究 [D]. 长春：东北师范大学，2021：12.

三、东北解放战争中基层党组织建设的特点

（一）灵活吸收党员，党员数量快速增加

解放战争后中国共产党将解放东北视为一项重要的任务，在该任务的指引下，东北地区将大力发展党员、建立和巩固党的基层组织作为一项基础性工作。对于发展党员、建立和巩固党的基层组织，我党一般采取自下而上的方式开展工作，从中共一大、二大直至中共五大，逐渐在县、村成立支部，支部人员数量也逐渐放宽，也逐渐吸纳知识分子和小资产阶级加入党组织，从而逐渐成立动委会、青救会、救国会、工救会、农会以及妇救会等抗日组织，并在这些抗日组织中选拔优秀人员，吸纳进党员队伍中。[①] 在 1938 年提出的《关于大量发展党员的决议》中，打破了发展党员的界限，实现了对社会各个阶层发展党员的全面覆盖，随着解放区域数量增加，1938 年，全国党员数达到 50 万人，基本形成了高效的组织管理模式。解放战争时期，东北地区基层党组织注重在斗争中从工人农民群众等阶层中大量、但慎重发展党员，不但及时扩充了党的基层组织，也确保了党员队伍和基层组织的纯洁性。据不完全统计，至 1948 年 12 月，黑龙江省农村党员有 14000 人，农村支部 1000 余个；合江省农村党员有 16000 余人，农村支部 1200 余个；嫩江省农村党员有 11000 余人，农村支部 900 个。[②]

---

① 金冲及.较量：东北解放战争的最初阶段 [J].近代史研究，2006（04）：1-28+3.
② 艾书琴，曲伟，高晓燕.黑龙江通史（解放战争时期卷）[M]：北京：社会科学文献出版社，2019：62.

（二）引导群众自发形成爱国统一战线团体

中国共产党的宗旨是全心全意为人民服务，东北地区基层党组织在斗争实践中充分意识到人民群众在战争中的巨大作用，因而也时刻践行这一宗旨，一切的政策制定、计划实施都以人民为中心，极大地激发了人民群众的革命热情和向党组织靠拢的积极性主动性，引领广大人民群众自发形成各类爱国统一战线团体，促进了人民群众爱国意识的不断觉醒。周恩来在《目前抗战危机与华北坚持抗战的任务》中提到，"民众的条件是基本的，日寇侵略中国，不论他怎样欺骗利诱，只能收买少数汉奸，大多数人民的财产是遭蹂躏的。故民众的反抗，是持久战的最主要的条件"，这也证实了中国共产党意识到了想要全民族解放，必须依靠人民群众。为了赢得战争胜利，我党团结一切可以团结的力量，深入和走进到人民群众中，并制定各种政策加以贯彻执行，获得人民群众的拥戴和支持。解放战争期间，东北地区各基层党组织以民主方式吸纳了众多进步人士和优秀分子加入党员队伍，引导人民群众以各种方式参与到斗争中去，加快了东北地区的解放。解放战争最伟大之处就是充分依靠了人民群众的力量，牢牢抓住群众，依靠群众，始终秉持全心全意为人民服务的宗旨，并以此作为党的一切工作的出发点和落脚点，从而获得人民群众的广泛支持，也为解放战争的胜利奠定了良好的群众基础。

（三）坚持全面建党、从严治党相结合

解放战争时期，东北地区基层党组织在发展党员上打破了阶层的限制，吸收党员方式灵活多样，党员数量快速增加，但受历史局限，当时并没有一套良好的、完善的、全面的组织纪律及规章制度，一些党组织

尤其是农村地区的基层党组织出现思想、作风、组织不纯等问题，为了最大程度解决这些问题，东北地区基层党组织立即着手开展整党治党运动，在保持不断吸纳社会各界的优秀人士入党的同时也加强党风治理。因此，东北地区基层党组织建设呈现出建党、治党相结合的特点。在当时固有条件下，部分党员阶级立场不明确，不能代表人民的利益甚至官僚主义盛行，徇私舞弊、包庇纵容、侵犯人民群众利益等现象逐渐显露出来，中共中央东北局（以下简称"东北局"）针对系列问题，开展"煮夹生饭"、"砍挖运动"，彻底清除了混入党内的一些坏分子，还通过"三整"、"三查"纠正了官僚主义等其它问题。通过全面建党、从严治党的结合，东北地区不但持续吸纳大量的优秀分子加入党组织，而且肃清了党内的不正之风，提升了党员干部的政治觉悟，提高了党员之间的信任度，密切了党群关系，最大程度地保证了基层党组织的先进性和纯洁性。

四、东北解放战争中基层党组织建设的意义

（一）有利于东北地区的稳定

抗日战争初期，百废待兴，仍然有帝国主义、官僚主义等旧势力的残余存在。据统计，抗日战争结束时，东北154个县65%左右被土匪占据，共产党所占尚不足50个，而且这仅有的不到50个县也不稳定，社会秩序极其混乱。由于战争原因，一些交通设施以及社会基础设施受到破坏，部分农民因战乱等原因投奔土匪，土匪势力壮大，威胁到人民群众的生命财产安全，影响了当时东北的社会秩序。为此，解放战争期间中国共

产党通过调整相关政策，加强基层党组织的建设，扩充党员队伍，提高其政治影响力；充分依靠群众，发动群众，清除旧势力残余，清剿旧势力残余，提高了党组织的建设水平。陈云同志对黑龙江地区的匪患具体了解后电告林彪、彭真，对北满地区革命斗争做出部署："将主力部队和军事干部派驻到各县，放手发动群众，积极组织群众武装，肃清反动土匪，建立政权。"这也再次阐明了革命斗争中人民群众的重要性。东北地区的基层党组织通过依靠和发动广大人民群众，很好地激发了人民群众革命的积极性、主动性，从根本上扩大了共产党的政治影响力，有力肃清了反动残余势力，稳定了东北的社会秩序。

（二）促进了党群关系的和谐

人民群众和党的关系一直都是水和舟的关系，水能载舟，亦能覆舟。习近平总书记在党的二十大报告中指出："江山就是人民，人民就是江山。中国共产党领导人民打江山、守江山，守得是人民的心。"建党初期，我党们依靠人民壮大自身队伍。解放战争时期，东北地区党组织依靠人民清剿了反动残余势力，组织生产生活，通过采取地主减租减息，农民交租交息，实现了农民阶层的翻身，更是通过号召，扩充军队，守住东北的同时也守住了东北人民的心。[①]申我党始终坚持"人民至上"，一切为了人民，不断向人民群众宣传党的职责使命、党的性质等，并且始终保持党的先进性，不断加强同人民群众的密切联系，同时虚心接受广大人民群众的意见建议。通过宣传，广大人民群众进一步加深了对共

---

① 亚红 . 东北解放区党的建设研究 [D]. 长春：吉林大学，2020: 13.

产党的了解，在双方相互了解中，共产党以实际行动赢得了东北人民的信任和支持，从而进一步巩固了基层党组织建设。

（三）加速了东北解放的进程

抗日战争胜利后，国民党迅速向东北地区发起大规模进攻，在夺取东北的艰苦斗争中，中国共产党深入人民群众、依靠人民群众，在解放区建立和发展基层党组织，扩大自身政治影响力，深得民心。在此基础上，广大人民群众意识到解放东北就是解放自己，保卫东北和平就是保卫自己，因此，大量群众参军参战，为战争的胜利提供了人力保证。中国共产党与国民党交战时充分认识到，不依靠人民，就无法保卫革命胜利的果实。我们党以基层党组织建设为重要任务，号召广大青年群众参军参战，从而使军队在短期内得到充分、快速地发展，东北民主联军人员迅速增加到 38 万人，地方部队也增加到 5 万人左右。① 我党在号召人民群众参军参战的同时，大量的衣物、粮食以及弹药等必备军需物品被源源不断地运往前线，这从根本上为中国共产党解放东北提供了充足的保障，也加快了东北解放的进程。

五、东北解放战争中基层党组织建设的历史经验

东北基层党组织建设工作在解放战争期间复杂多变的国际国内形势

---

① 吕博博. 解放战争时期中国共产党东北基层组织建设研究 [D]. 长春：东北师范大学，2021：34.

下取得了巨大成功，党员数量从少到多，基层党组织从无到有、从弱到强，有效地激励了东北人民参与革命斗争的信心，为党的基层组织建设积累了诸多宝贵的经验。

（一）提升党员教育质量是基层党组织建设的基础

解放战争时期中国共产党在东北地区十分重视加强党员思想政治教育，在发展新党员时，要求他们深入理解党的宗旨，坚定理想信念，增强政治敏感性和政治判断力。东北地区基层党组织从群众工作的根本出发，要求全体共产党员应该以极大的热情投身于党的建设工作，将敢于担当、志愿为人民服务的先进分子吸纳入党，以此来推动党的事业繁荣发展。为了提升新党员的素质，各地均举办了培训班，要求老党员以身作则，发挥表率作用，强化入党积极分子对党的本质的理解，提高新发展党员的理论水平。党组织发展党员时，严格审查发展对象的阶级成分，确保党员队伍的纯洁性，有力地巩固和发展的了党的基层组织，在人民群众心中塑造了东北地区基层党组织的良好形象，并因而具有很高的威信。因此，提升党员的教育质量是党的建设的重要任务，也是中国共产党基层组织建设的基础。

（二）正确处理党群关系是基层党组织建设的重心

解放战争中，中国共产党在东北地区深入到群众中，引导广大群众积极参与革命斗争，为东北根据地的建立和巩固奠定了扎实的社会群众基础。为了让东北地区人民更加清楚地了解共产党的性质、宗旨以及代表谁的利益，东北局采取了一系列措施，包括实施肃清土匪、改革政体、积极组织生产等举措，加强了与广大人民群众的联系，使东北地区的人民更加坚定了以彻底的革命赢得解放的斗志，团结起了广大的人民群众。通过深入开展反奸清算斗争、减租减息等各项工作，使广大人民群众获得了实现自身价值的机会。同时，东北局坚定不移地以人民为中心，坚持走群众路线，向人民宣传党的历史，传播党的政治主张、党的性质，讲述党与人民群众的关系，还将党的基层支部和党员名册向人民群众公开，自觉接受人民的监督。[1] 党组织还通过定期开展批评和自我批评净化党内政治生态，使党员干部深刻认识到党的宗旨和服务人民的本质，从而巩固了党在东北地区的领导地位。

（三）加强干部队伍建设是基层党组织建设的关键

基层党的干部是党的路线方针政策在人民群众中得以贯彻落实的组织者、推动者和实施者，是联接党心民情的重要纽带 [3]。解放战争时期，东北地区各基层组织对干部队伍进行整改，要求基层政府严格遵守党的政策，自始至终坚持党的领导，坚决反对享乐颓废的作风，坚持以人民群众为中心，以服务群众为主线，始终把人民群众的利益放在首位。要求党员干部积极工作，不断提升服务意识，努力满足人民群众需求，坚决抵制官僚主义和"当官做老爷"的思潮[2]，积极密切联系人民群众，主动为群众解决现实问题。东北根据地的基层党组织还精减了干部队伍，改善了党员干部的工作作风，提高了党的执政能力和为人民服务的本领。此外，还在农村地区建立了较为完善的基层党组织体系，为实现社会公

---

[1] 吕博博 . 解放战争时期中国共产党东北基层组织建设研究 [D]. 长春：东北师范大学，2021.

[2] 郝宇青 . 加强基层组织建设的政治逻辑 [J]. 行政论坛，2018，25（01）：16-22.

平正义最大程度地发挥了基层党组织的效能。

六、东北解放战争中基层党组织建设的现实启示

解放战争时期，中国共产党在东北地区积极推动和实施基层党组织建设工程，围绕党员队伍建设、党的领导班子建设、党的思想作风建设等方面，从根本上保证了党员干部队伍的先进性，赢得了东北人民的衷心拥护和信赖，同时进一步建立、发展和完善了基层党组织。在新时代的大背景下，中国共产党必须从党的基层组织建设的历史经验中汲取有益的启示，以应对新时期世界、国家形势的新变化。

（一）坚持政治建设标准，增强党的政治领导力

历史证明，党的政治建设是党的各项工作的根本，决定党的发展方向。解放战争时期中国共产党在东北地区始终坚持将政治建设摆在第一位，在实践中锻炼、考察和发展共产党员，严把发展党员的入口关，坚持吸纳有坚定政治信仰的积极性分子加入党组织，既维护了党的纯洁性，又为党在东北地区开展各项工作提供了强有力的支持。然而，当前东北地区的一些党组织仍存在着拖延行事、缺乏责任感和服务意识等问题，在处理与人民群众利益密切相关的问题上关注度还不够，解决人民群众急难愁盼的问题的能力不足等。新时代东北地区基层党组织必须始终坚持把政治建设放在首要位置，确保基层党建工作取得更大成效。首先，基层党组织要明确主责主业，压实政治责任。其次，要提高党员干部的服务意识，加强对基层党支部的管理，严格落实党内规章制度。最后，

基层党组织应认真执行组织生活会、民主生活会、谈心谈话以及民主评议党员等制度，使党的基层组织生活常态化、严肃化。① 此外，还要发挥党内监督作用，提升基层党组织的自我净化能力，及时发现存在的问题并进行改正，第一时间遏制可能出现的不良苗头和倾向，切实推动从严治党到支部、从严治党到党员，将群众监督落实到基层。

（二）强化党员思想教育，增强党的思想引领力

解放战争初期，东北地区由于环境的改变，个别共产党员革命斗争的决心出现了动摇，部分党员在思想、作风上出现了一些问题。针对这些现象，一方面，东北局积极采取有效措施，号召广大党员领导干部深入乡村和基层，走进人民群众的生产生活中，在实践中加强与人民群众的密切联系，以实际行动落实党的路线、方针、政策。另一方面，深入开展整党整军整风运动，坚决彻底地反对资产阶级等西方不良思想的渗透和腐蚀，坚决抵制官僚主义、军阀主义的腐败行为。通过整肃党内腐败和享乐主义等不良思想，提升了党在群众心目中的威信。新时代基层党组织应持续加强党员的理想信念教育，重视党的思想引领，把习近平总书记的系列重要讲话精神融入到基层党建工作中去，把党的二十大精神以及党的最新理论创新成果落实到工作实践中去，促进党员的政治意识和理论素养不断提升。

---

① 李毅弘，孙磊. 习近平关于基层党组织建设的重要论述探析 [J]. 思想理论教育导刊，2020（09）：33-37.

（三）完善基层组织体系，增强党的群众组织力

东北地区的基层党组织在抗日战争时期一度遭受了严重破坏，党员数量不足严重影响了党的各项工作的顺利开展。为解决这一问题，东北根据地大力发展先进分子加入党组织，不断扩充和壮大党员队伍，完善了党的组织网络，建立起了严密的组织机构，有力地推动了基层党组织建设工作。目前部分基层党组织仍然存在着组织建设体系不完备、一些工作难以落实等问题。为进一步做好基层党建工作，在新时代，一方面，党组织必须不断健全、完善基层党组织体系，拓宽基层党组织的涵盖面，做到有群众的地方就有党的工作，有党员的地方就有党的组织，使党的各项工作能够更多地服务群众、服务基层。另一方面，还必须加强基层党组织为民服务意识的引领，切实帮助人民群众解决生产生活中出现的问题，真诚地为群众谋利益，将人民群众紧密团结在党的周围。

（四）加强干部队伍建设，增强党的社会号召力

党的基层干部是党的核心力量，基层干部的工作直接影响党的发展方向。解放战争时期东北局在实践中充分认识到基层干部队伍建设的重要性，进驻东北后，始终将培养优秀共产党员、发展壮大党的的基层队伍作为重要的政治任务，不断增强党的号召力。新时代中国共产党肩负着建设社会主义现代化国家的历史使命，要完成这一重任，更要注重党员干部队伍的培养。目前，我国东北地区人才流失问题严重，高素质人才干部难以长期驻留东北地区，后备人才短缺的现象日益凸显。因此，基层党组织要不断加强干部队伍建设。一方面，要锤炼和培养一大批思想过作风过硬、能力素质强的党员干部队伍，以党组织领导班子为核心，

以基层党组织书记为重点，引导广大党员干部树立正确的政治观、政绩观，坚决贯彻实施党的方针政策。[1] 另一方面，要严格教育管理党员干部队伍，把党要管党、从严治党贯穿到党的思想、组织、作风、制度建设全过程，从而建设一支信念坚定、为民服务、勤政务实、敢于担当、清正廉洁的党员干部队伍，不断增强基层党组织的凝聚力和战斗力。

王福全　薄　海　辽宁工业大学马克思主义学院

---

[1] 王锐.习近平关于基层党组织建设的思想探析[J].广西社会科学，2018（09）：6-10.

关于辽沈战役中我军纪律作风建设的研究
——以新式整军运动为例

一、新式整军运动的背景与必要性

纪律作风建设不仅是中国共产党的鲜明特色和政治优势，更是在党指挥枪的要求下，军队建设的重要组成部分。在辽沈战役期间，我党为了清除部队中思想不纯、作风不正、右倾情绪等问题，开展了包括诉苦教育和"三查三整""五整一查"在内的新式整军运动，其目的在于加强中国共产党对军队的绝对领导，提升广大将士的政治觉悟，密切军民关系和军政关系，增强军队内部的凝聚力。这是打造一支听党指挥、能打胜仗、作风优良部队的铸魂之举。

（一）新式整军运动的历史背景

中国人民革命的战略转折点带来的新任务。东北人民解放军经过1947 年夏、秋、冬三大攻势，使东北的形势发生了根本性变化：50 余万的国民党军被分别压缩于长春、沈阳、锦州等孤立地区，重点据守大中城市，已没有力量转守为攻。东北人民解放军迅速发展壮大，兵力已超过国民党军，解放区面积占东北面积的 97%，并且拥有着 86% 以上的人口。在这种形势下，中共中央军委为了将东北变成支援全国解放战争的基地，要求东北人民解放军在封闭蒋军并各个歼灭的基础上获得东北解放战争的首先胜利。新式整军运动正是在解放战争和中国人民命运转折的紧要关头应运而生。辽沈战役历时52天，共歼灭国民党军47万余人，东北全境获得解放。这一胜利使人民解放军获得巩固的战略后方和强大的战略预备队，从根本上改变了国共双方总兵力的对比，对加速解放战争的进程具有重大意义。其间，毛泽东同志从对党和人民高度负责的态度出发，始终把严明纪律摆在军队各方面工作的突出位置，紧抓狠抓，谋求最终成效，为中国共产党领导解放战争的胜利奠定了坚实政治基础。作为中国人民解放战争中具有决定意义的三大战役的第一个战役，这是一场红色将帅运筹帷幄、斗智斗勇，革命将士英勇顽强、无畏牺牲的荡气回肠之战。随着人民解放军的战略部署由守转攻，我军获得了节节胜利，但部队内部开始出现了若干与革命形势不相适应甚至妨碍自身发展壮大的不良倾向。这比如：大批新战士和解放战士涌入部队后带来了组织上的不纯；战斗频繁，部队政治教育时间少，各种非无产阶级思想和不良作风滋长较快；违反纪律的现象时有发生；一些干部的思想跟不上革命形势的发展；部队的军事技术和战术跟不上大规模作战的需要；不少人对土地改革的伟大意义缺乏全面深刻的认识；一些军阀主义作风重新在部队出现；等等。这些不良倾向虽不是人民解放军的主流，但问题的性质与程度较为严重，因而必须进行整顿。

早在1946年7月下旬，部队在柳河整训时，第三纵队第七师师长曾国华、政治委员李伯秋和政治部主任李改等人在连以上政工干部会议上就提出开展阶级教育，用马克思主义的阶级斗争理论教育改造部队，师政治部提出了"谁养活谁""为谁当兵、为谁打仗"等10多个问题，组织部队战士进行讨论；在官兵中开展"诉苦"（诉旧社会和反动派所给予劳动人民之苦）教育，组织干部战士学习土地政策，采取批评与自我批评的方法检讨思想，肃清剥削阶级的反动意识，端正消灭封建势力的认识，树立起坚强的阶级观念。诉苦教育的贯彻实施对部队政治思想建设起到了巨大的积极的推动作用。罗荣桓同志对此评价道："这在部队政治教育工作中是一个具有重大意义的创造，解决了当前教育的主要内容和方法问题，是部队政治教育的方向。"[①]1947年9月7日，在全国土地会议研究部署整顿党的队伍的时候，朱德总司令就提出："我们的军队需要从思想上组织上加以整顿，需要一个查思想查作风的运动，使军队在思想上达到一致拥护土改，组织上纯洁严密。"[②]1947年9月28日，毛泽东亲自修改并向全军批转东北三纵诉苦运动的经验，在全军开展"新式整军运动"。在新式整军运动中，为了贯彻中央军委的"三查三整"，1948年初东北军区政治部召开整治工作会议，罗荣桓作了《关于建军问题的报告》，谭政作了《关于开展"五整一查"（整思想、整作风、整关系、整纪律、整编制、查成分）的整军整党运动报告》。1948年1月30日，中共中央军委发出《军队内部的民主运动》的指示，要求在军队内部放手发动士兵群众、指挥员和一切工作人员，有领导地有秩序地进行三查、三整（整顿组织、整顿思想、整顿作风），发扬政治、经济、军事三大民主，达到政治上高度团结、生活上获得改善、军事上提高技术和战术的目的。

---

① 纪念罗荣桓同志诞辰100周年 [N]. 人民日报，2002-11-26.
② 朱德选集 [M]. 北京：人民出版社，1983:208.

（二）新式整军运动的必要性

自辽沈战役打响以来，东北人民解放军在军事作战和创建东北根据地等方面取得了卓越的成绩。绝大多数的干部和将士能够全心全意地投入解放战争当中，做到一心为民，作风优良、纪律严明，有一定的政治觉悟。但军队内部仍有部分人员存在一些问题，如思想不纯、作风不纯、右倾情绪严重等。具体来说，新式整军运动所要解决的问题主要包括以下几点。

解放军战士成分复杂，影响整体作战效率。随着解放战争的深入，军队新编入的成员中混入了少数地主、流氓、兵痞、日伪宪兵和国民党俘虏。虽然大多数农民出身的战士对党和军队有深厚的阶级感情，但在部分人员中还存在着某些严重的问题，主要是思想不纯、作风不纯、组织不纯。这些个别问题影响了整体正确执行中共中央政策，妨害了军队的统一指挥力度，不利于部队内外的团结和战斗力的提高。不能完全适应新的作战要求。

第二，部队内部滋生有害思想和错误的阶级意识。部队成员成分不纯，导致军队内思想混乱，享受主义、个人主义、官僚主义、军阀主义等不正之风兴起，出现追求享受、疲于战斗，计较个人荣誉、追求特权，投机倒把、贪污腐化等问题，这些思想不利于军队内部团结和战斗力的提升，需及时更正修正。而错误的阶级意识则导致了部分官兵对群众路线认识不足，右倾情绪严重。这主要表现为，有的干部阶级意识模糊，对党的土地政策认识不足，不了解土地改革与革命战争的关系，因而怀疑"土改"的正确性和必要性，对群众斗争态度冷淡；个别人员甚至丧失立场，包庇地主，干涉群众斗争；有一些地主或富农出身的知识分子干部，或顾虑家庭利益，或怀疑组织不信任自己；也还有少数中下级干部，对敌人力量估计过高，对革命力量估计过低，厌倦长期战争，等等。另外，有部分干部在胜利发展的形势下，还错误地滋生了骄傲自满情绪和本位主义。

第三，一些官兵的组织纪律观念不强，出现脱离群众、贪污腐败、破坏民主等行为。一些官兵由于组织纪律观念不强，在执行党的政策纪律和维护部队民主生活方面曾发生了一些问题。比如，一些官兵在物资供应和缴获处理方面，各自为政，虚报冒领，发展小家务，缴获不归公，执行规章制度不坚决，强调自己的特殊利益，随便扩大编制，事先不请示，事后不报告。在新区行动时，没有认真地宣传没收征发政策，对大中小地主和富农没有区别对待，甚至侵犯中农利益，在解放城市之后，争抓物资，伤害团结，不见保护工商业。甚至在接收解放城市时，出现破坏工厂，争抢物资等现象；在供应和处理缴获物资上，出现虚报瞒报、缴获不归公、发展小家务等问题。有一部分干部受到资产阶级思想的影响，追求享受，计较个人名誉地位，生活特殊，脱离群众；个别人竟私做生意，投机倒把，贪污腐化。

二、新式整军运动的内容

针对以上各种情况，根据中共中央军委的指示，各战略区人民解放军结合本军的实际，从1947年冬季开始，陆续开展了整军。毛泽东同志把用诉苦、三查方法进行的整军运动，称之为"新式整军运动"。新式整军运动是在解放战争时期，人民解放军在作战间隙，用"诉苦"和"三查"等方式，在解放区范围内开展的民主整军运动。"诉苦"即诉旧社会和反动派压迫之苦，"三查"即查阶级、查工作、查斗志。这不仅是一场群众性的自我教育运动，更是我党思想政治工作上的一个新创造。

（一）开展"诉苦"教育和"三查"运动

诉苦教育，是人民解放军特有的、旨在提高指战员阶级觉悟、加强军民团结、提高部队战斗力的一种部队教育方式。此方法可追溯到 1946 年，在东北战场最困难的时期，民主联军第三纵队第七师二十团九连以房天静为典型，用阶级教育的方法，提高了官兵们的觉悟，激发出他们对国民党反动派的仇恨。此做法在全纵队推广，形成了"倒苦水、挖苦根、查立场、宣誓杀敌立功"等一系列动员教育的方法。房天静作为诉苦代表述说了自己的苦难经历：他 16 岁就被国民党抓丁来到了东北，父亲被地主逼债身亡；而母亲来东北寻他的过程中，因生活所迫，无奈卖掉了他的两个弟弟，当母子终于得以相见时，二人只能隔着铁丝网没能说上几句话就又被迫分离，之后他的母亲仇疾交加，不久便去世了。在场的战士们听到诉苦同志的磨难，无不感同身受，也都争相诉说自己的苦难，激发了在场官兵对剥削阶级和反动派仇恨，以此获得了深刻的教育并提高了思想觉悟。

毛泽东同志将这个经验亲自修改后，对全军的阶级教育提出了重要的指示。1948 年 3 月他把诉苦和"三查"的方法概括为新式整军运动。第三纵队诉苦经验一经转发后，诉苦运动就在各部队继续深入普遍展开，并且被当作新式整军运动的中心内容之一。概括来讲，诉苦教育的主要方法是部队领导首要指明诉苦的重要性，发动广大官兵想苦、寻苦，利用些苦大仇深的示范典型将大家的苦都给引出来，进而开始全面诉苦。

通过揭露压迫阶级反动统治的罪恶，激发广大指战员的阶级觉悟。诉苦之后还要挖苦根，把个人的苦同阶级的苦衔接起来，讲明解放战争的目的在于解放被剥削的劳苦大众。彭德怀对此说道："我军新老战士、干部，多数都有一本不同程度的血泪史，过去各不联系，不能成为同仇敌忾的阶级感情。诉苦大会普遍开展后，大会小会紧密结合，一个人的痛苦，就变成大家的痛苦，大家的痛苦也就是每个人的痛苦。很自然地提高了阶级觉悟，凝结为阶级仇恨。"①

"三查"工作指的是查阶级、查工作、查斗志。针对每个人的阶级成分以及个人在思想、工作和战斗中出现的问题和不良倾向，开展揭发、批评与自我批评的活动。此外，"三查"工作还配合着阶级教育、土地改革教育和将革命进行到底的教育。因此，毛泽东认为"三查"运动让"部队的纯洁性提高了，纪律整顿了，群众性的练兵运动开展了，完全有领导地有秩序地在部队中进行的政治、经济、军事三方面的民主发扬了。这样就使部队万众一心，大家想办法，大家出力量，不怕牺牲，克服物质条件的困难，群威群胆，英勇杀敌。这样的军队，将是无敌于天下的。"②"三整"即整顿组织、整顿思想、整顿作风。将"三查"与"三整"结合起来进行，既提高了个人的思想觉悟，又把群众热情引向练兵和立功运动中去。

（二）新式整军运动的深入开展

东北人民解放军的新式整军运动，是经过充分准备、试点取得经验

---

① 彭德怀自述 [M]. 北京：人民出版社，1981:251.
② 毛泽东选集：第四卷 [M]. 北京：人民出版社，1991:1294.

后，于 1948 年 3 月中旬到 4 月底全面进行的。东北全军在诉苦教育的基础上，把整党与整军结合起来，在干部中开展"五整一查"即整思想、整作风、整关系、整纪律、整编制、查阶级的运动；在战士中进行土改教育和开展民主运动。会议强调要以整思想、整作风为主，不以查成分为主。"一查"的重点是团以上干部。在运动中，坚持依靠群众自己教育自己和惩前毖后、治病救人、提高认识、改造思想的方针；坚持以整思想、整作风为主；通过上级带头、开展批评与自我批评的方式，着重检讨缺点、错误，克服不良倾向，解决思想上、作风上和组织上所存在的问题。既强调严肃认真，又强调防止"左"的偏向，保证了运动的健康发展。

整军运动在干部和战士之间同时进行。干部的"五整一查"运动，自上而下，以党委扩大会的形式，从纵队、师、团再到营。各级党委扩大会议均吸收下一级的领导干部参加，逐级进行检查整顿，一级一级地解决问题。带头人动员全体干部积极开展批评和自我批评，特别是开展相互间的批评，尤其是下级对上级的批评和意见，使广大干部认识到了自身在思想、作风等方面存在的缺点和毛病，明确了今后努力的方向，从而提高广大干部的思想觉悟和政策观念。较好地解决了对土地改革的立场态度问题，克服了右倾思想、本位主义、军阀主义、官僚主义和享乐思想以及闹名誉地位等倾向，消除了同级干部间、上下级干部间的隔阂，加强了团结，树立了集中统一的整体观念。查成分，是在干部、战士普遍提高觉悟，弄清党的各项政策的基础上，采取群众民主评定和领导审查相结合的方式进行的。本着既反对忽视成分、又反对唯成分论，对干部必须从严、战士可略为从宽，基础弱的部队必须从严、基础强的部队可略为从宽的原则，对混入部队的地富分子、地痞流氓、伪满宪兵警察、国民党下级军官等，分别情况进行清洗和遣送，从而纯洁了队伍，巩固了党的基础。

在战士中主要进行土改教育和开展民主运动。在教育前，首先认真学习中国共产党的土地政策和中共中央的有关文件，统一思想，提高认识。然后在师、团党委的直接领导下，以连为单位，进行土改教育。第一步，组织战士进行"诉苦与追根"。诉苦时，或官兵同诉，或军民共诉。在此基础上挖苦根，弄清苦从何处来，穷人为什么受剥削压迫，从而把个人苦与阶级苦联系起来，把为个人报仇提高到打倒蒋介石、解放全中国这个总任务上来，激发广大战士杀敌立功的积极性。第二步，进行土改政策教育。负责人组织全体的战士介绍中共中央有关土改的文件和指示，由翻身农民入伍的战士介绍地方的土改情形，发动大家进行认真讨论，领导干部及时给予正确引导，并结合进行城市工商业政策教育，使广大战士懂得了依靠贫雇农为骨干，保护与团结中农，对地主、富农不能同等看待等方针政策。这一举措让官兵们透彻地知晓了土地改革与农民、战士之间的切身利益关系，以及土地改革与解放战争、民族独立的关系，甚至是保护城市工商业，爱护人力物力的重要意义，从而提高了战士们的读懂和贯彻政策的水平。第三步，在土改教育的基础上转入民主运动。民主运动主要进行两个方面的工作，首先是对干部进行民主教育，发动战士提意见，评干部、评党员，干部进行检讨。然后对战士进行纪律教育，检查不尊重领导、不服从指挥、不遵守纪律等问题。通过民主运动，调动了全体官兵的积极性，克服了军阀主义、官僚习气，密切了官兵关系、上下级关系和军政军民关系。运动后期，遵照中共中央军委的指示，为巩固和发扬成绩，将民主运动转为集中领导下的经常性的民主生活，连队普遍成立了士兵委员会。

（三）新式整军运动的影响

新式整军运动不仅是一次以阶级教育为基本内容的思想改造运动，也是一次大规模的有领导有秩序的民主运动。经此运动，东北人民解放军全体官兵提高了战胜反动势力、解放劳苦大众、推进土地改革等方面的思想觉悟与行动积极性。这场运动还加强了中国共产党对军队的有效领导，增强了部队的凝聚力和战斗力。各级党委在运动中成为了解放军坚强的领导核心，帮助许多的官兵获得了高尚的无产阶级思想觉悟和人民军队的角色感。他们回答了"为谁当兵、为谁打仗"的问题，让许多官兵认清了周围战友苦难的来源，激发了对帝国主义、封建主义和官僚资本主义的阶级仇恨，让许多指战员从被动的当兵打仗，转变为主动的为了解放被剥削的人民、为消灭国民党反动派而战斗的信念与决心。新式整军运动带来了为人民而战、为消灭剥削而战、为美好新中国而战的高昂气势，为加速解放战争的胜利进程起到了巨大作用。

此外，新式整军运动从根本上提高了广大指战员的政治觉悟，密切了军政、军民关系。增强了军队内部团结。通过新式整军运动，提高了广大指战员热爱人民、尊重人民、为人民服务的自觉性。各部队严格遵守"三大纪律八项注意"，在行军作战中，尽量减轻地方的负担，减少向地方要军粮要马料，保护城市工商业，保护学校等公共设施。一张张"宁睡马路也不进百姓家"的照片，一面面"秋毫无犯""仁义之师"锦旗，说明新式整军运动的成效受到了解放区人民群众的赞誉，给国内外关注中国命运发展趋势的同胞留下了良好印象。

三、新式整军运动的作风建设启示与道德探析

习近平总书记指出，党在新形势下的强军目标是要建设一支听党指挥、能打胜仗、作风优良的人民军队。纪律作风建设是军队建设的宗旨本色，是我们党的鲜明特色和政治优势。要建设一支听党指挥、能打胜仗、作风优良的军队，在纪律作风上就要克服思想不纯、作风不纯、右倾情绪等问题。在东北解放战争中，我军开展的诉苦教育和"五整一查"等新式整军运动和民主运动对新时代人民军队的纪律作风建设工作，以及关于如何加强中国共产党对军队的绝对领导、如何提升广大将士的政治觉悟、如何密切军民关系和军政关系、如何增强军队内部的凝聚力等问题有着重要的启示作用。

（一）新式整军运动的作风建设启示

第一，听党指挥是军队建设的政治方向。坚持党的绝对领导，确保枪杆子永远听党指挥，是党在兵力火力之争中得出的真理，是建军之本、强军之魂。历史证明，东北解放战争时期新式整党整军运动，将一批党性强、政治纪律严明的共产党员选入党的领导团体，形成坚强的领导核心，确保党的队伍绝对忠诚、绝对纯洁、绝对可靠。在党的领导下，带领人民军队从大决战中战胜各种艰难困苦，不断从胜利走向胜利。实践证明，只有听党话、跟党走，才能在战争中团结一致，才能在敌人面前奋勇拼杀，才能心中有信仰、奋勇向前。

第二，能打胜仗是军队建设的根本指向。习近平总书记关于军队职能的重要指示中提到，能打胜仗是军队的根本职能，也是军队建设的根

本方向。历史证明，在战士中开展的诉苦教育，深化"为谁当兵、为谁打仗、为谁牺牲"的认识，明确军人的使命担当，铸就军人血性刚强。在官兵之间开展民主运动，深化"官兵都是阶级兄弟"的认识，加强官兵革命情感，增强军队内部凝聚力，而军队凝聚力是能打胜仗的根本保证。实践证明，铸牢军人"敢打胜仗、勇打胜仗、能打胜仗"的思想根子，铸牢军人浴血奋战的价值观念，铸牢军人使命担当的血性刚强，才能仅用 52 天取得辽沈战役的胜利，才能有 300 万军民筑起血肉长城，才能坚定革命信仰，共盼胜利曙光。

第三，作风优良是军队建设的宗旨本色。作风优良是我军的鲜明特色和政治优势，要把改进作风工作引向深入。历史证明，在干部中开展"五整一查"运动，通过自我批评、上下级批评、相互批评等方式，自下而上提建议，自上而下抓作风，使军队上下政治素质提升，政治觉悟增强，政治立场坚定，确保军队对党忠诚、听党指挥。在军队内部规章制度建设上，重申"三大纪律八项注意"，下发接收城市纪律作风要求，使军队上下明确为民服务的党性宗旨，塑造一支艰苦奋斗、作风优良、清正廉明的高素质人民军队。实践证明，行军战斗中，战士为保护百姓苹果树，将火力引向他方；整军休息时，不进百姓房屋，不拿百姓吃食，帮百姓挑水劈柴；接收大城市时，保护工商业，不抢一袋米一袋面，帮助群众重建家园。"仁义之师"是百姓对军队最大的信任；"车轮滚滚向前线"是百姓对军队最大的支持；人民选择共产党，拥护共产党执政是党的优良作风最大的底气。习近平总书记多次强调"江山就是人民，人民就是江山。打江山、守江山，守的是人民的心"。① 人民军队的优良作风就是在守住人民拥护红色江山的心。

东北解放战争时期，由于我军对大攻坚战和大运动战的作战经验不足，在组织上、制度上、作风上出现与新的作战要求不匹配的现象和问题，如思想不纯、作风不纯、右倾情绪严重等。为此，东北军区采取诉苦教育、"五整一查"新式整军运动、土改教育和民主运动等针对性措施，并取得了较为可观的成绩。东北解放战争时期人民军队的纪律作风建设，有利于加强中国共产党对军队的绝对领导，提升广大将士的政治觉悟，密切军民关系和军政关系，增强军队内部的凝聚力。历史证明，形成坚强的领导核心，凝聚军队内部团结力，铸就军人血性的使命担当，塑造一支艰苦奋斗、作风优良、清正廉明的高素质人民军队，才能使人民军队不断从胜利走向胜利。实践证明，只有听党话、跟党走，才能铸牢军人"敢打胜仗、勇打胜仗、能打胜仗"的思想根基，在战争中团结一致，在敌人面前奋勇拼杀，展现军人的血性刚强；才能成为人民心中的"仁义之师"，承托住人民最大的信任；才能坚定革命信仰，为江山筑起血肉长城，共盼胜利曙光。

（二）东北解放军纪律作风建设的道德探析

辽沈战役纪念馆存档了诸多关于东北解放军严肃纪律要求的史料，从这些多数还尚未公布于众的文档中我们可以直观地看到，在中国共产党的领导下，人民解放军纪律严明、作风优良，显露出全心全意为人民

① 习近平. 在庆祝中国共产党成立 100 周年大会上的讲话 [M]. 北京：人民出版社，2021:11.

服的宗旨以及马克思所提倡的无产阶级美德。从人民军队和解放战争环境中孕育出的这些宝贵精神财富，同时也为新中国的精神文明建设提供了典范和发展基础。新中国成立以后，人民自发形成的崇军爱军的优良风气以及愈发进步的军旅精神文明成果，都在不同程度继承了辽沈战役期间东北解放军在纪律作风建设方面的高尚道德要求。具体来讲，在新式整军运动及其军政大练兵期间，我军的纪律作风要求主要包含了利他主义的奉献精神以及互帮互助的团结美德。

其中，关于传播利他主义的奉献精神，我们可以从以下几个方面了解。首先，党和人民军队要始终坚持为人民服务的宗旨。经典马克思主义作家坚决反对自私自利的价值观念，马克思在《论犹太人问题》中曾批判了片面追求"实际需要和自私自利"[①]的错误价值取向。1944年9月8日中共中央主席毛泽东同志最先提出"全心全意为人民服务"的共产主义道德规范，因此作为无产阶级的人民军队，在解放战争的锤炼中更要认识到这一点。1946年，东北军《关于拥政爱民指示》要求各兵团开展拥政爱民运动、彻底整顿部队纪律，着重强调为人民服务的宗旨："拥政爱民，是人民军队对民主政府及人民关系的一个不可动摇的原则，是我军的基本任务，每一年度的拥爱运动乃是政府和人民对人民军队的大检阅。我应本着忠实为人民服务的宗旨，要求并诚恳的欢迎接受人民和政府的检阅批评。"

其次，人民军队要爱民遵纪，保护人民。1948年6月4日，军委批转东北野战军入城纪律守则八条，要求各地参考采用。其内容为：（一）

---

① 马克思恩格斯文集：第一卷 [M]. 北京：人民出版社，2009:52.

保护城市人民的生命财产；（二）保护工厂商店，禁止拆毁机件，搬取物资，或私自没收强购；（三）保护学校、医院、科学文化机关及城市公共设备，名胜古迹和建筑物；（四）看管敌人的仓库、物资及其他财产，实行缴获归公，不争夺、不破坏、不自由动用、不打埋伏、听候和服从上级分配；（五）对守法的教堂、寺院、及外国侨民，不得干涉和侵犯；（六）实行讲话和气，买卖公平，借物归还，损坏赔偿；（七）服从卫戍机关的纪律和规则，遵守公共秩序，不入妓院，不滋扰人民，不无故鸣枪；（八）爱护人民解放军的名誉，人人守纪律，人人作宣传，言行一致。在东北野战军八条入城守则的约束下，东北军各部在锦州战役中纪律森严，并获得了社会各界衷心的感谢。这种爱民守纪的具体的行为体现在，保护医院、爱护药材，不占人民丝毫财产，谢绝百姓送的鞋子、烟、苹果，守护百姓的大米白面等生活物资的方方面面。

最后，革命官兵要反对享乐，坚持革命。享乐主义是伦理个人主义在物质享乐方面的极端恶果，马克思和恩格斯极力反对作为资产阶级意识形态的享乐主义，他们称资产阶级的享乐主义继承了封建糟粕，是"穷奢极侈的形式"[1]。享乐主义不仅是利他主义奉献精神的对立面，而且是蚕食革命成果的思想蛀虫。《东北野战部队整军运动总结之一（关于干部方面的）》一文中强调，导致部分军官战争观念弱化的原因就在于他们有浓厚的和平美梦和享乐思想，他们中的一部分人时常沉浸于对第三次世界大战的恐惧之中，觉得总归是"要死，不如活一天待一天，吃点、喝点、乐点为上，表现为战斗积极性不高，强调困难，不积极想办法"。

---

① 马克思恩格斯全集：第三卷 [M]. 北京：人民出版社，1960：490.

享乐主义的另一种表现形式就是物化观念干扰实际行为。上文也提到，若想要纠正本位主义的思想，就要杜绝例如"乱搞生产，乱抓物资，缴获不归公，多领虚报，严重浪费人力物力"等现象。我军在坚守纪律与享乐主义作斗争方面也有典型模范事例，比如"苹果精神"、再比如《方壳表、金镏子，也不眼馋》中记载了通信员由振久在思想斗争之后坚决"缴获充公""争大旗、不给二站丢名誉"的事迹。

关于"官兵互助、兵兵互助"的团结美德，东北解放军主要从以下三个方面来体现。其一，关爱士兵，作风优良。在《训练改造解放来的战士的经验》中，阐述了干部在进行诉苦教育的同时，用自身艰苦作风和模范作用去影响改造新士兵。他们在生活上与士兵同甘共苦，把鞋给士兵穿，把衣服给士兵穿，自己劳动打水打饭给士兵吃。因此，解放来的士兵表示："见了连长就像见了家里人，班里同志就像亲兄弟。"在1948年11月21号《行军中部队管理工作指示》文件中要求各部队"做好拥干爱兵及官兵互助、兵兵互助工作"，强调团结一致的重要性。

其二，提高觉悟，加强团结。马克思和恩格斯对无产阶级联合力量的表述说明，共产主义社会需要"一切人的自由发展的必要的团结一致"①，而无产阶级军队更要率先弘扬团结的美德。在军政大练兵期间，我军将提高政治思想觉悟作为加强团结、解放全东北的重要工作方式。这种提高觉悟的工作方式包括诉苦和整党。通过诉苦，官兵深刻了解了旧社会的压迫和剥削，增强了阶级意识，促进了团结战斗积极性；通过整党，培养了党员的优良作风和服务意识。《军政大练兵》里记载了王

① 马克思恩格斯全集：第三卷 [M]. 北京：人民出版社，1960：490.

佩贤同志对梁士英同志事迹的回忆，他说"这个老梁可真好，他把战士的工作和班长的工作都做了"成为排里"团结的核心"。

其三，注重以平等促团结的工作方法。辽沈战役期间，我军在作风建设的具体工作中注重宣传平等观念，使用平等待人的方法，促进各方团结。在《东北野战部队整军运动总结之一（关于干部方面的）》一文中记载，整军步骤，分干部和战士，同时进行，需注意"先是下级批评上级，继而上级作自我批评，再为下级作自我批评，期间均渗入相互批评，最后进行总结"的彼此平等的批评与自我方法。此外，该文件还记述在领导作风改造方面，注重对事务主义和官僚主义的克服，强调革除"领导干部高高在上，放不下架子"以及"民主作风不够"等弊病，希望通过平等、民主的工作方法促进整体团结。

宋　健　王　鑫　辽宁工业大学马克思主义学院

李元峰　张丽佳　李浩轩　辽沈战役纪念馆

锦州红色文化融入大中小学思政课一体化教学的价值意蕴及实现路径

2022 年 8 月 16 日，习近平总书记来到锦州考察，首站来到了辽沈战役纪念馆。在辽沈战役纪念馆，习近平总书记再次强调了要"讲好党的故事、革命的故事、英雄的故事"。党的二十大报告提出："用好红色资源"。锦州是英雄的城市，锦州有着极其丰富的红色文化资源，将锦州红色文化资源充分融入到锦州大中小学思政课教学中具有重要的价值意蕴。

一、锦州红色文化融入大中小学思政课一体化教学的应然性

习近平总书记指出："在大中小学循序渐进、螺旋上升地开设思想政治理论课非常必要，是培养一代又一代社会主义建设者和接班人的重要保障。"[①]思政课教学的有效开展需要大中小学各级各类学校遵循学生的学习能力和认知规律，循序渐进、螺旋上升、一体化设计。红色文化蕴含着丰富的教育资源，是推进思政课内涵式发展的时代要求，也是

---

① 习近平.用新时代中国特色社会主义思想铸魂育人　贯彻党的教育方针落实立德树人根本任务［N］.人民日报，2019-03-11（1）.

提高大中小学思政课教育教学效果的重要载体。在锦州大中小学思政课教学中开展红色文化一体化教学是培养社会主义建设者和接班人的重要举措，是新时代落实立德树人根本任务的内在要求，是高质量开展大中小学思政课教学的重要方式。

依据锦州教育网 2022 年数据显示，截至 2021 年，锦州市共有各级各类学校 949 所，在校学生 36.5 万人。其中，普通高校 9 所，在校学生 9.9 万人。因此，依据锦州地区教育发展的实际情况，在锦州市实施思政课一体化教学具有必要性和可行性。锦州大中小学思政课一体化教学的开展符合新时代党和国家教育改革的时代要求。锦州地区红色文化资源极其丰富，总体而言可划分为两条主线，一条是以义勇军抗日战争为主线的红色文化资源；另一条是以辽沈战役为主线的红色文化资源。将锦州红色资源融入锦州大中小学思政课一体化教学中能够增强锦州学子对锦州革命故事的学习，能够提高锦州大中小学思政课教学的实际效果。

二、锦州红色文化融入大中小学思政课一体化教学的价值意蕴

锦州红色文化融入大中小学思政课一体化教学具有三个层面的价值意蕴，宏观层面而言，是落实党和国家关于教育的根本任务——立德树人的重要举措；中观层面而言，是改变当前大中小学思政课教学中存在的问题，提升思政课教学实效性的重要方式；微观层面而言，是提高锦州大中小学生思想道德素养的重要途径。

（一）宏观层面：落实立德树人根本任务的重要举措

立德树人是我国教育的根本任务，思政课是落实立德树人根本任务的关键课程。当前，在党和国家对思政课的高度重视下，思政课教学有了很大的提高，取得了诸多新成果。但是，也存在着对红色故事、党的故事和英雄的故事融入不够的问题。将锦州的红色文化融入到驻锦大中小学思政课教学中是落实立德树人根本任务的重要举措。当前，锦州大中小学思政课一体化教学工作取得一些进展，但是，在一体化教学中融入锦州红色文化还没有进行。因此，锦州红色文化融入到大中小学思政课教学具有重要的意义。通过锦州红色文化开展育人能够进一步增强驻锦大中小学生的爱国情怀，也能够将辽沈战役精神代代相传。

（二）中观层面：增强思政课教学实效性的重要方式

思政课是理论性很强的课程，原有的教学模式已经不能适应新时代各类学生的求知欲望。锦州地区红色文化资源极其丰富，其中战斗遗址有配水池战斗遗址、梁士英炸地堡遗址、黑山阻击战101高地战斗遗址、东北交通大学义勇军抗战遗址，纪念场馆有辽沈战役纪念馆、萧军纪念馆、锦州苹果廉政教育基地和东北野战军锦州前线指挥所旧址等。这些红色文化教育基地能够丰富思政课的教学模式，教师可以带领学生到实地进行参观和听取详细讲解，从而实现了理论与实践相统一的教学原则，增强了各个学段学生爱党爱国爱社会主义的情怀，强化了思政课的教学效果。因此，从中观层面而言，锦州红色文化融入大中小学思政课一体化教学是增强思政课教学实效性的重要方式。

（三）微观层面：提升大中小学生思想道德修养的重要途径

当前，随着西方享乐主义、拜金主义和个人主义等错误思潮的不断侵蚀，世界观、人生观和价值观正在形成的大中小学学生难免会受到错误思想的影响。思政课承担着提高大中小学学生思想道德修养的历史重任。通过将梁士英、马云飞、朱瑞的革命故事融入到锦州大中小学的思政课教学中，能够提高大学生的理想信念；通过将辽沈战役期间东北老百姓支援前线的故事融入到锦州大中小学的思政课教学中，能够使学生深刻认识到党和人民群众的鱼水情，深刻理解"江山就是人民，人民就是江山"的深刻内涵。锦州红色文化蕴含的艰苦奋斗、攻坚克难、勇于牺牲、严守纪律、服从集体等重要的革命精神，这些革命精神是指引当代大中小学学生思想进步的精神源泉。因此，从微观层面而言，将锦州红色文化融入大中小学思政课一体化教学是提升大中小学生思想道德修养的重要途径。

三、锦州红色文化融入大中小学思政课一体化教学的实现路径

锦州丰富的红色文化需要一代一代地传承下去，这种传承需要锦州各级学校结合区位优势进行探索和实践，进而将实践模式推广到全国的大中小学思政课一体化教学中。开展大中小学思政课一体化教学的前提是要建立和完善锦州红色文化一体化教学的领导机制、运行机制、教育机制和保障机制，通过各种完善的机制有计划、有针对、有效果地开展红色文化的一体化教学。

（一）树立整体意识，细化顶层设计

一体化教学是新的历史条件下，创新教育教学理念的重要方式之一。

当前，随着经济社会的飞速发展和对教育教学规律的研究，各学段学生的学习内容需要整体规划设计，不能割裂开。红色文化教育更需要结合各学段学生的认知水平、学习能力和思想发展的特点有计划地开展。红色文化教育本身也是需要长期性渗透的。要成立锦州大中小学红色文化教育领导小组，由领导小组负责锦州红色文化教育工作的规划、设计和开展工作。小学阶段注重红色文化的启蒙教育，可以通过锦州义勇军抗日战争和辽沈战役中出现的英雄人物启蒙小学生的红色意识，培养小学生的红色基因。初中阶段注重通过参观锦州的红色文化教育基地培养中学生的红色文化情感。高中阶段注重系统讲述锦州义勇军抗日战争过程和辽沈战役过程，从整体上感知锦州的红色故事，形成整体性的红色文化思想。大学阶段注重从使命担当角度开展，培育大学生的责任意识。

（二）聚焦课程建设，构建体系化教学

任何课程都需要构建系统的体系化的教学内容，锦州红色文化融入大中小学思政课教学同样需要构建一体化的教学内容，这样才能凸显红色文化教育的实效性。锦州红色文化融入大中小学思政课教学可以从课堂教学和实践教学两个维度深入开展。锦州红色文化课堂教学和实践教学都需要依据不同年龄段学生的特点而制定。从课堂教学维度，需要从理论上挖掘出能够与思政课教学深度融合的内容，将锦州红色文化作为提升思政课教学效果的重要抓手。锦州红色文化课堂教学目标总体按照小学、中学和大学三个阶段设定，小学教学目标是熟知锦州的英雄人物；初中和高中的教学目标是了解锦州抗日和解放战争的历史过程，培养学生的爱国情感；大学阶段教学目标是通过课堂教学让学生深刻理解新中国成立的艰辛历程，培养学生的爱国主义精神和担当意识。锦州红色文化课堂教学内容总体上就是义勇军抗日战争和辽沈战役相关内容。锦州红色文化课堂教学方式总体按照小学、中学和大学三个阶段设定，小学阶段主要采取典型事例和红色故事方式开展教学。中学阶段主要采取红色典籍、红色影片等方式对锦州红色故事进行脉络性的讲解。大学阶段主要通过系统的理论性讲解提升大学生对锦州红色文化的认知，提升大学生对红色文化的认同感、自豪感。从实践教学维度而言，大中小学采取校内实践和校外红色教育基地实践两种方式。校内实践可以通过演讲、征文、诗歌朗诵等形式开展。校外实践主要通过参观红色教育基地等方式开展。

（三）强化师资培训，提升育人效果

专业而强大的师资队伍是开展锦州红色文化融入大中小学思政课一体化教学的重要支撑。锦州大中小学思政课教师所学专业和研究方向存在着差异性，对如何开展锦州红色文化融入思政课教学缺乏理论基础和实践经验。因此，要结合教师实际情况开展锦州红色文化理论提升工程。首先，开展专题培训班，在辽沈战役纪念馆分批次举办锦州大中小学思政课教师学习锦州红色文化专题培训班。通过专题培训提升思政课教师的理论水平和宣传能力。其次，建立以赛促教机制，举办锦州大中小学思政课教师锦州红色文化讲课大赛、微课大赛、课件大赛等多种形式的技能提升比赛。最后，形成以科研促教学的提升模式，通过锦州市社科联开展锦州红色文化挖掘和传承专项研究课题。通过科研的方式提高大中小学思政课教师研究锦州红色文化的投入精力和科研能力，达到科研带动教学的良好效果。

　　锦州红色文化是丰富的思想政治教育资源，锦州有着完整的教育学段，因此在锦州开展红色文化融入思政课一体化教学具有必要性和可行性。驻锦大中小学要结合锦州独特的红色文化资源落实立德树人的根本任务，不断提升大中小学思政课教学的实效性，不断提高驻锦州大中小学生的思想道德修养，实现为党育人，为国育才。

　　　　　郭晓亮　辽宁工业大学马克思主义学院
　　　　　郝　悦　孙丽美　于　浩　辽沈战役纪念馆

辽沈战役红色文化融入大学生
思想政治教育途径研究

　　党的十八大以来，党中央高度重视红色文化遗产的保护和传承工作，2022 年 8 月 16 日习近平总书记在考察辽沈战役纪念馆时指出"我们的红色江山是千千万万革命烈士用鲜血和生命换来的"，"要讲好党的故事、革命的故事、英雄的故事，把红色基因传承下去，确保红色江山后继有人、代代相传"①。从文化价值和社会功能来看，辽沈战役红色文化具有不可代替的教化、凝聚、规范等作用，对高校思想政治教育也发挥着引领、德育等方面的作用，具有极高的教育价值和时代价值，促进辽沈战役红色文化与高校思想政治教育相融合可最大程度发挥红色资源的价值。

一、辽沈战役红色文化融入高校思政教育的重要价值

　　辽沈战役红色文化是中国共产党结合古今中外的优良传统和经验，在革命实践探索中形成的物质形态和非物质形态的宝贵资源，具有强烈的革命色彩，不仅体现着我国的民族文化精神，还具有深刻的爱国主义

---

① 在新时代东北振兴上展现更大担当和作为奋力开创辽宁振兴发展新局面 [N]. 人民日报，2022-08-19（1）.

教育意义。充分发挥辽沈战役红色文化的育人功能，将其融入校园文化建设、课堂教学、网络平台等以解决大学生思想政治教育过程中所产生的问题，有助于培育新时代辽沈战役的主力军。

（一）有利于树立正确价值导向，塑造大学生正确价值观

一寸山河一寸血，一抔热土一抔魂。解放战争不仅是炮火兵力的碰撞，还是民心的抗衡。辽沈战役的胜利是东北人民团结一致争取来的，淮海战役的胜利是百姓用小车一点点推出来的，渡江战役的胜利是百姓用船桨划出来的。无数仁人志士为实现民族独立在战场上赴汤蹈火，无数革命先烈为实现人民解放在敌人的酷刑下始终忠贞不贰。先辈们之所以坚韧不拔，是因他们心怀抱负、心系祖国和人民，时刻怀揣着高度责任感和荣誉感。

当前，聚焦大学生理想信念培育，传承民族精神工作成为急迫解决的现实问题，而红色文化便是化解这一问题的突破口。"让有信仰的人讲信仰"，充分发挥革命老兵和时代楷模的榜样作用，积极宣扬革命先烈的英勇事迹，以"红色基因"为教育模板，营造"红色环境"，使其感悟革命烈士奋不顾身、不畏牺牲的民族气节与家国情怀，以培育大学生正确的价值观念，厚植爱国主义情怀。

（二）有利于弘扬红色文化，增强大学生文化自信

红色文化是共产党人用自己的血液谱写而成的一部又一部的史诗，是经过战火不断淬炼的中国共产党人精神之魂，蕴含着共产党人的披荆斩棘的坚定信念，对解放的不懈追求和心系人民的深厚情感，无疑是高校思想政治教育的优秀素材和宝贵经验。学习红色文化，有利于让新时代青年承载历史的光辉，践行文化传承的历史使命，融通古今，点亮中

华文化自信之灯。

从物质层面看，沐浴在英雄光辉中的红色锦州具有独具特色的教育资源，结合辽宁工业大学的东南西北方向有着配水池战斗遗址、白老虎屯、亮甲山战斗遗址、梁士英舍身炸地堡遗址等红色资源，是大学生学习参观的必要场地。2022 年 8 月 16 日习近平总书记在辽沈战役纪念馆考察的过程中强调，"学习党史是每一位党员的义务"，并告诫广大新时代青年要"不忘初心""饮水思源"。

从精神层面看，梁士英舍身炸地堡用的爆破筒、吕正操使用过的毛毯、陈云穿过的棉背心、曾泽生在长春起义时用的手表、张绍柯使用过的照相机、张秀山从延安进入东北时使用的布质地图等，陈列在辽沈战役纪念馆中的一座座雕塑、一件件文物、一张张照片、一块块沙盘、一处处景观……充分展示战士们奋不顾身、赴汤蹈火的豪壮气概和革命先辈为中国人民的解放事业坚持奋斗、不言放弃，甚至不惜牺牲生命的理想信念。

辽沈战役纪念馆中所蕴含着的精神正如中国共产党敢于斗争、敢于胜利的西柏坡精神，不畏艰难险阻的长征精神，开天辟地、敢为人先的红船精神，一切从实际出发的井冈山精神等一样，是中国共产党带领人民在艰苦奋斗中创造的智慧结晶，蕴藏着深刻的教育意义和极大的发扬价值，是思想政治教育独具魅力的教育导向。

（三）有利于明确教育目标方向，提高高校思想政治教育感染力

新时代辽沈战役的号角已经吹响，红色文化是看得见的标杆，是摸得到的旗帜。以辽沈战役为教育背景，围绕红色事迹，发掘红色文化的新时代内涵，发扬红色精神的优秀传统，最大程度地发挥辽沈战役中榜样、标杆的力量，既可以提升立德树人的高度，也可以拓宽立德树人的广度。

辽沈战役红色文化融入思想政治教育，一是可以提高思想政治教育的高度，为立德树人创造有利条件；二是可以加快思想政治教育场域转化的速度，增加文化感染力。并通过互联网等载体，主动适应大学生心理需求，以其喜闻乐见的短视频、影视文艺作品等为切入点，提升红色文化的"热度"，拓宽红色文化宣传的广度，这是对传统思想政治教育方式的有效突破和补充。

二、红色文化融入大学生思想政治教育的现实困境

（一）高校思想政治教育模式相对单一

目前，大部分高校的思政课程仍以传统教学为主，虽通过设置中国近现代史纲要等课程对大学生进行思想政治教育，但依旧局限于传统的理论灌输，停留于书本知识，实践不够深入，红色文化的影响不够深刻，导致大学生对红色文化的学习和吸收的效果不理想。虽出现了翻转课堂等新颖的课堂形式，但仍不能打破传统课堂教学的桎梏，严重削减了大学生的学习兴趣和积极性，同时极易产生对思政课的抗拒心理。

作为大学必修课程，仅以单一的考查形式——期末成绩作为学习成果的判定标准，应试教育观念根深蒂固。机械的教育方式使大学生对课程内容认识不清晰、理解不全面，使其产生"只要期末考试及格就好，课堂内容不需要听讲"的扭曲心理，不理解课程设置的内涵与价值，进而对学科产生误解，种种原因导致了当下大学生对思政课程兴趣降低，

思想政治教育的效果不甚理想。

（二）红色文化的传播教育遭受网络多元思潮的冲击

目前，爆炸式的信息传播模式，使大学生的价值观念和思维模式不断遭受冲击。娱乐周边新闻给人们带来短暂性欢快的同时，也在潜移默化地影响着社会的价值观念。以现代媒介为载体，不断涌现出大量价值空洞、三观扭曲、搞怪戏谑的不良信息，严重阻碍红色文化的传播。良莠不齐的网络文化充斥在学生的生活中，鱼龙混杂的网络虚拟世界中大肆传播着各种不良信息，使文娱、异类、消费主义等成为网络聚焦点，对大学生的身心健康产生不可小觑的负面影响，同时极具传承发扬价值的红色文化日趋被孤立化，红色文化发展场域被压缩甚至被推至时代边缘。

（三）红色文化与思想政治教育缺乏深度融合

高校的教育方法依旧以传统的知识灌输为主，教材中的文字插图为辅，课堂形式单一，一味地灌输而忽视了学生的心理认同度，导致大学生的学习兴趣和自主探索性不高，未能有效发挥红色文化的凝聚、规范、导向作用。二者融合实则"形聚神散"，融合、重组和整合的力度有待提高。

三、辽沈战役红色文化融入大学生思想政治教育的路径建构

（一）坚守红色阵地，打造网络课堂新模式

辽西大地承载着的是以辽沈战役为缩影的中国共产党人带领东北人民攻坚克难的英雄气概，在塔山、配水池、胡家窝棚等战斗缩影中，映

射着革命先烈坚定理想信念，敢于斗争，英勇奋战的精神内涵。高校学子作为新时代红色文化的传承人，要时刻铭记辽沈战役先烈的奉献精神、团结精神等，以革命先辈为红色榜样，积极投身社会主义建设之中。

本土的红色文化代表的是本土先辈们为祖国流淌至今的"鲜血"，对本土人民具有强大的感召力和代入感，以本土红色文化为切入点，有助于增强大学生的切实体验感和使命感。因此，高校应积极发掘独具特色的本土红色文化，通过参加红色精神宣讲活动，抑或参与红色藏馆志愿服务工作等方式使学生近距离接触并感悟革命先辈为实现民族独立、人民解放而浴血奋战的艰辛历程。开展真正的红色文化实践活动，切实提高学生们学习的收获感，正如习近平总书记所说："每一个红色旅游景点都是一个常学常新的生动课堂。"①

打造网络课堂新模式。当前思政课程多传统刻板，少创新互动，主要以"填鸭式"教学，机械性地灌输理论，内容枯燥缺少亲和性，大学生很难真正地感悟其精神内核。亟须创建风格新颖的网络新媒体课堂，以当下热门的短视频、微课等资源为载体，开发高质量的红色文化宣传片，将红色基因注入课堂，引导学生自主学习。此外，要杜绝单一书本化教学以及教师单方面讲解的教学方式，教师可通过网络举办以红色文化为主题的讨论会等，加大大学生与红色文化的接触频率，为思想政治教育注入灵活化的灵魂。教师要充分挖掘红色文化资源，并围绕实际，紧跟时事热点，积极开展革命传统教育。开展"红色主题活动"，如讲革命故事、唱革命歌曲、读革命书籍、参加红色仪式等，让学生享受活

---

① 徐京跃.习近平到韶山 [N].人民日报海外版，2011-03-24（4）.

动的同时了解中国共产党的光辉历史，充分认识新中国的来之不易。

新时代思想政治教育不断与时俱进，对教育团队提出了新的挑战，高校要培养一批既深受红色文化熏陶，极具创新意识，同时具备网络技能的专业教师团队。坚持思想政治工作与现代网络技术相结合，把红色意识形态贯穿于校园网络空间各个环节、各个角落，打破传统教育壁垒和应试教育观念束缚，使红色文化与思想政治教育深入融合，推动红色革命进校园、进课堂、进头脑。

（二）传播红色能量，打造文化育人新空间

习近平总书记指出，开展高校思想政治工作要与时俱进。随着现代化网络技术的超高速发展，广大青年学生与网络的联系日益密切，各高校也应加紧脚步，更新红色文化的普及方式，主动占据网络思想的聚焦地，搭建高效的文化传播平台，创新拓展红色文化场域结构，打造独具特色的红色校园网络机制。

例如：结合辽沈战役红色文化开创网络校史馆、校史馆联合辽沈战役纪念馆共同举办红色精神传承活动等。抑或以观众喜闻乐见的影视文艺作品的载体，通过现代化表演形式"润物细无声"地将红色基因注入校园网络建设之中，使红色思想成为网络聚焦点。但同时，由于网络成员的复杂性、信息的不可辨性等因素，网络空间复杂多变，高校要加强网络平台的监督和管控，防止"歪风邪气"对红色文化的侵蚀。

（三）突出红色主旋律，打造红色校园文化新体系

红色文化具有科学性、真理性、革命性和人民性。

以红色文化的科学性和真理性为底色，确保高校文化建设的稳固落实。红色文化是中国共产党始终以马克思主义为指导，与我国具体实践

相结合的产物。因此，红色文化具有科学性和真理性。将红色文化的科学性和真理性融入校园文化建设之中，发挥红色文化的育人导向作用，帮助大学生明确其自身的崇高使命，明确人生价值。

以红色文化的革命性和人民性为指引，为高校文化建设打造精神支柱。曾参加辽沈战役的革命老兵杨宝怀前辈回忆道，辽沈战役的胜利离不开当地人民群众的拥护和支持。当战士们缺少物资之时，当地群众自发奔走在枪林弹雨之下拼命将物资送到战场。当炮弹倾泻到我方阵地之时，因群众的奋力支援，阵地才失而复得。人民群众积极配合党中央指挥，团结一致，不畏牺牲，热血奋战，才促使辽沈战役取得伟大胜利。

因此，继承和发扬辽沈战役红色文化事关每一位高校学子，作为新时代红色文化的传承人必须将辽沈战役红色文化谨记于心，笃之于行。同时，以红色文化的革命性净化校园文化中的不良因素，用人民性明确当代大学生的历史使命，营造一个充满红色正能量的校园环境。

经过浴火淬炼的红色文化蕴含着丰富的内涵和独特的传承价值。因此，高校应加强红色文化特别是本土红色文化与思想政治教育的融合力度，以红色资源为载体提高思想政治教育感召力和感染力。坚守红色阵地、传播红色能量、突出红色主旋律，通过网络平台充分发扬红色精神，以大学生喜闻乐见的方式潜移默化地占据红色文化主权。只有这样，才能完成厚植大学生爱国主义情怀、坚定打赢新时代辽沈战役的使命和信心，实现立德树人的根本遵循，发挥红色文化的深厚价值。

王宇航　张大成　辽宁工业大学马克思主义学院

利用辽沈战役红色文化资源推动中小学
"家庭思政"教育路径研究

红色文化资源是开展思想政治教育的重要感性材料，是开展家庭思政的重要依托形式。辽沈战役红色文化资源，是在革命年代沉积出的民族精神和时代精神的结晶，其中包含着家庭思政的重要元素，是开展家庭思政的重要教材和主要手段，在中小学家庭思政中具有不可或缺的价值。锦州市作为辽沈战役主战场，拥有丰富的红色文化资源，为中小学开展家庭思政教育提供感性材料支撑。

一、红色文化资源在"家庭思政"的重要作用

"家庭思政"是指家庭成员有意识或无意识地参与思想政治教育活动，运用生活中所能运用到的思政元素，对受教育者进行思想道德和政治意识的教育活动，是学校教育的一种补充形式。红色文化资源是中国共产党团结全国各族人民在革命和建设时期形成的具有多种形式的物质的或精神的资源，辽沈战役红色文化集中体现着中国共产党的初心使命、斗争精神和理想信念。推动红色文化资源融入家庭思政，对于保证中小学家庭思政方向、方式和实效发挥重大作用。

（一）红色文化资源丰富"家庭思政"的方式

随着我国高等教育和思想政治教育理论课程的不断深化和迅速发展，青年一代具有了更强的历史主动性和自觉性，对于开展家庭思想政治教育也具有更强的主动担当精神。家庭思政受到家庭内部多方面的影响，其作用是有限度的，家庭生活对于人的影响是贯穿其一生的，从这个意义来看，家庭思政又是长久的。家庭是国家和社会的重要基点，家庭思政的教育方式选择，对于全社会的思想政治教育起到了基础性作用。一个家庭所能运用的教育资源是有限的，这就需要公共教育资源为家庭主动教育提供补充。由相关负责部门负责教育所需要的前期投入，同家庭教育的主动性相结合，形成社会公共教育资源同家庭思政教育资源融合的新局面，社会大众通过云在线观看、VR交互、5G实时感触等手段进行观看和接触，从而使红色文化资源样态得到时空延展[①]。同时，锦州市红色资源分布广泛，也为家庭开展思想政治教育提供了空间上的便利，多样化的红色文化资源形态，也使家庭思政可以采取多种方式进行红色精神的传承和熏陶，开发出一系列优秀的家庭思政教育方式，对典型方式通过多渠道传播充分发挥其典型示范作用，引导家庭思政方式高效化、科学化和大众化。

（二）红色文化资源保证"家庭思政"的方向

家庭思政的方向就是坚持社会主义方向，培育家庭成员树立社会主义信念和共产主义理想。"我们要重视家庭文明建设，努力使千千万万

---

① 周琪、张珊.论新时代红色文化资源的现实境遇与创新实践[J].重庆社会科学，2020（12）：21.

个家庭成为国家发展、民族进步、社会和谐的重要基点，成为人们梦想启航的地方。"① 家庭是人生的第一所学校，在家庭思政过程中把握正确的方向是开展家庭思政的首要要求。首先，树立正确的道德方向。红色文化资源是革命精神和理想信念的集中体现，将红色文化资源融入家庭思政，培育广大青少年的民族自尊心和自信心，树立为国家和民族无私奉献、艰苦奋斗的意识。其次，树立正确的历史观。红色文化资源蕴含着丰富的历史底蕴，是反对历史虚无主义的有力武器，将红色文化资源融入家庭思政，增强历史自觉、坚定文化自信，旗帜鲜明地同历史虚无主义作斗争，把握时代使命、承担历史责任。再次，树立正确的政治方向。红色文化资源反映了中国共产党的理想信念和执政理念，体现了鲜明目标指向性。将其融入家庭思政，增强对于党的情感认同，引导一代又一代青少年拥护中国共产党领导和社会主义制度。

（三）红色文化资源强化"家庭思政"的效果

家庭思政的主要手段包括红色文艺作品、社会生活感悟、学校思政课程等，其形式主要是感性的，缺乏从感性到理性的跃升性。红色文化资源在开发过程中形成了独具地方特色、形式各异的形式，满足了不同家庭思政教育的需求，同时也对强化家庭思政的实效发挥了重要作用。首先，增加家庭思政的道德认同效果。辽沈战役纪念馆群为家庭思政提供教育环境，将教育对象置身于特定的环境之中，增强其对红色文化的情感认同和道德感知，有助于培育家庭成员的爱国情感。其次，增强家

---

① 姜洁、杨昊. 千家万户都好，国家才能好，民族才能好——习近平总书记这样重视和引领家庭家教家风建设 [J]. 人民周刊，2022（10）：15.

庭思政的生动性和趣味性。随着科学技术的更迭，红色文化资源的传播方式也发生了重大转变，综合运用多种技术，增强受教育者的参与感和实际体验感，从而激发其内心深处的情感共鸣。再次，提升家庭思政的科学性。辽沈战役红色文化资源在社会各界的合力下，拉近了不同社会成员和红色文化的距离，不同职业、不同学识、不同经历的群众以其喜闻乐见的方式接受红色文化，并在日常生活中以行动来为青少年做榜样，加速青少年对红色文化内化于心外化于行的进程，在社会实践中加深其对红色文化的认同和情感。

二、辽沈战役红色文化资源在"家庭思政"的育人功能

在开展中小学家庭思政过程中，辽沈战役红色文化具有独特的育人优势，时空的临近性和对家乡情感的认同，使得红色文化教育更易于接受，也为家庭思政提供了必要的教育环境和平台。锦州人民在革命的斗争中保留下了丰富的红色文化资源，对家庭思政在青少年品格意志、理想信念和政治取向方面教育具有重要功能。

（一）以斗争精神引导青少年树立坚韧品格

辽沈战役红色文化资源蕴含着坚定的斗争精神，具有引导青少年树立坚韧品格的功能。锦州市作为辽沈战役主战场，保留着大量的战斗遗址，如配水池战斗遗址、白老虎屯战斗遗址、亮甲山战斗遗址、黑山101高地遗址等，展现了东北解放军在战斗中为实现历史使命而创造条件排除阻力、不惧牺牲的实践过程，精神层面体现为奋斗意志。向青少年立体展现战斗遗址的历史背景和战斗遗址内留存的文物，以氛围的构

建，通过描述战斗艰辛历程及解放军战士以强烈的斗争精神攻坚克难，从实现战斗目标再到完成战略目标来引导青少年树立坚定的斗争精神。青少年正处在价值观形成和确立的时期，处于人生的"拔节孕穗期"，在学习和生活各方面也都会遇到很多困难，通过自己的艰苦努力，最终克服困难达成目标，就需要发挥斗争精神。首先，在家长开展家庭教育过程中，可以通过参观辽沈战役战斗遗址，讲述战斗过程中的英勇事迹，来引导青少年不畏困难，树立坚韧品格。其次，通过战斗遗址的参观，使青少年感悟今天的生活来之不易，体会支撑战士战斗的唯有坚定的斗争精神，使青少年正确看待困难，树立斗争精神。

（二）以红色英雄故事培育青少年坚定理想信念

辽沈战役文化资源中体现着中国共产党人坚定的理想信念，具有培育坚定理想信念的功能。红色文化资源主要是以中国共产党领导中国人民谋求国家独立和民族解放为主要内容，辽沈战役中涌现出一大批英雄模范人物，如朱瑞、梁士英、赵兴元、崔成杰等战斗英雄，他们用实际行动告诉我们，坚定的理想信念是革命成功的压舱石。辽沈战役红色文化是无数解放军战士用鲜血和生命熔铸的革命文化，涌现出许多可歌可泣的红色英雄群像，也为开展家庭思政教育提供了模范典型。首先，通过讲述辽沈战役英雄模范故事，展现英雄对民族解放大任的担当，为青少年树立民族责任感提供感性引导。其次，讲清英雄模范的奋斗目标，与中小学思政课教育内容呼应，引导青少年树立正确的理想信念，提升抵御西方意识形态的能力，坚定社会主义信念和共产主义理想。

（三）以群众路线教育培养青少年人民立场

辽沈战役红色文化资源中体现着共产党人的群众路线，具有培育青少年树立人民立场、增加同人民感情的功能。辽沈战役的胜利，就是中国共产党密切联系群众、坚定群众路线的光辉实践。在塔山战斗准备过程中，塔山村周围的民工和群众，纷纷献出自家的各种物品支援塔山前线阵地的构建。阵地上，军民并肩合作，不惧敌人炮火覆盖，共同抢修作战壕沟。黑山阻击战中，当时全县不到 40 万人，出动战勤达 130 万工日，有 400 多名干部和群众献出了宝贵的生命①。通过讲述人民群众在辽沈战役中发挥的重要作用，引导青少年树立人民立场和人民崇拜。首先，在对青少年进行家庭教育时，要讲清楚群众路线在整个革命和建设过程中的地位，让青少年在历史大局中了解人民群众的作用，树立对人民群众的信任，并主动参加到人民群众的社会实践之中。其次，充分利用辽沈战役纪念馆支前馆来为家庭思政提供材料佐证，在参观过程中感受辽沈战役中人民群众对党和人民军队的信任和拥护，激发青少年拥军、拥党、爱国的热情，自觉树立人民立场，树立为人民群众努力学习，造福群众的学习热情，为成为合格的社会主义接班人而不懈奋斗。

三、辽沈战役红色文化资源融入"家庭思政"实践路径

将辽沈战役红色文化融入家庭思政，通过使青少年由学习者向参与者、思考者、教育者多重身份的转化，进而提升青少年自身的思想道德素质、促进人的全面发展、引导青少年为建设中国特色社会主义努力学习、艰苦奋斗，做合格的社会主义接班人。

---

① 辽沈战役支前精神：军民团结如一人 [J]. 共产党员，2018（03）：49.

（一）利用思政课教学渠道，将红色文化资源引入家庭思政

思政课是开展思想政治教育活动的主要阵地，担负培养青年参加思想政治教育活动积极性的任务，引导青少年从受教育者向教育者转变，将课堂红色文化资源引入家庭思政教育。首先，改革思政课的消极的"讲与学"方式，调动青年对红色文化资源的兴趣和创新观点，为其在家庭思政教育过程中发挥"承上启下"作用奠定理论和情感基础。其次，思政课开展爱国主义教育要重视阐明地方特色，以鲜明的地方性融入红色文化资源传播，启发受教育者在感悟红色文化过程中树立对红色文化资源的同一性和特殊性的理解，利于受教育者根据家庭特点开展家庭思政活动。再次，通过模仿思政课的形式，围绕红色文化资源开展家庭讨论、家庭讲述活动，加强家庭成员对于红色文化资源所体现的社会主义道德和历史使命的自觉认同，提升家庭成员在实践基础上感悟思想政治理论的能力，调动积极投身于社会主义现代化强国建设的热情。

（二）开展组织中小学志愿讲解员家庭夏令营、冬令营活动

对于红色文化的教育，"既注重知识灌输，又加强情感培育，使红色基因渗进血液、浸入心扉"①，让青少年在参与以家庭为单位的假期实践过程中培育爱国情感。首先，通过组织青少年参与辽沈战役红色资源群讲解活动，开展爱国主义启蒙教育。青少年正处于世界观的形成和探索时期，更专注于直观感觉所带来的知识，通过青少年参观红色文化遗址、了解革命故事、交流感悟等方式，让青少年获得直观的感受，为

---

① 习近平. 用好红色资源，传承好红色基因　把红色江山世世代代传下去 [J]. 求是，2021（10）：8.

其营造良好的教育环境，激发其爱国情感，增强其民族认同感，在实践体悟中引导其树立社会主义核心价值观。其次，组建专家学者担任假期活动培训教师，运用红色文化资源的理性材料，强化爱国感性的构建成果。专家学者通过对辽沈战役红色文化深层次精神剖析，拓展辽沈战役红色文化的广度，引导青少年树立大局观，掌握辽沈战役精神在当代的重要意义，开辟辽沈战役红色文化的深度，为其赋予新时代的深刻内涵。再次，以家庭为小组，组织辽沈战役红色文化竞赛，提升了其对红色文化的传承和理解能力。在多次家庭小组的竞赛过程中，增强红色文化的表现力、传播力、影响力，加速家庭思政和红色文化资源的融合，体现出红色文化在新的历史时期的新内涵，坚守党的初心使命和红色文化资源的同频共振。

（三）开展以辽沈战役红色文化为核心内容的亲子家庭思政典型示范活动

"党的理论是来自人民、为了人民、造福人民的理论，人民的创造性实践是理论创新的不竭源泉"。①实践的主体是人民群众，离开人民群众的创造性实践，理论就会失去生机活力和感召力。要推动家庭思政发展，就要开展多种形式的典型示范活动。首先，运用多媒体平台，开展红色文化资源进家庭思政的相关活动，创建网络话题专区，广泛征集各种形式的家庭思政方式创新、内容创作和生动表达。评选优秀作品，在各级政府宣传平台传播，并采取一定的荣誉激励机制。其次，搭建文

---

① 习近平. 高举中国特色社会主义伟大旗帜　为全面建设社会主义现代化国家而奋斗：在中国共产党第二十次全国代表大会上的报告 [M]. 北京：人民出版社，2022:19.

艺表演舞台，让青少年参与到文艺表演之中，以话剧、歌剧、情景剧等多种文艺方式，展现出红色文化在家庭思政的重要作用，采取典型化的手段，强化红色文化融入家庭思政的效果。再次，以家庭为单位开发红色文化资源新内涵。不同家庭成员因其社会实践经历、立场和观点的不同，对于开发红色文化资源新内涵具有重要意义。充分调动起这批思想政治教育的生力军和后备军，发挥其在家庭思想政治教育中的作用，引导青少年在家庭日常生活中自觉培育和践行社会主义核心价值观，不断提升家庭全体成员的思想觉悟、道德修养和政治素养，进而推动红色文化资源融入家庭思政的新发展。

综上所述，只有深刻认识辽沈战役红色文化资源对家庭思政方式、方向和实效的重要作用，充分发挥辽沈战役红色文化和家庭思政在青少年斗争精神、理想信念和政治取向方面的育人功能，实现红色文化资源的创新化、实践化和大众化，才能实现红色文化资源和家庭思政的良性互动，创新红色文化资源融入家庭思政的路径方式，最终将青少年培育成为合格的社会主义接班人。

张　琛　张大成　辽宁工业大学马克思主义学院

略述中国共产党在东北解放区的
教育工作实践

　　"为着提高解放区人民大众首先是广大的工人、农民、士兵群众的觉悟程度和培养大批工作干部，必须发展解放区的文化教育事业"。[①]抗日战争胜利后，随着东北根据地的建立和巩固，各地解放区相继成立了人民政府。由于革命形势发展的需求和解放区各项建设的需要，党政军各方面都自觉地抓了教育工作。面对东北地区复杂的教育状况，中共中央东北局、东北行政委员会在解放区内制定并实施了一系列教育政策，配合军事斗争、土地改革与经济建设，摧毁了日伪奴化教育与国民党的党化教育并肃清其遗毒，建立起了新民主主义的教育，使东北解放区的教育工作不仅从组织建设上，而且从教育数量和质量上都得到了前所未有的发展，超过历史上任何时期，满足了中国共产党在东北解放区的思想文化建设需要和党政军干部人才的培养需求，为夺取东北解放战争的胜利及支援全国解放战争做出了重大的贡献。本文通过对东北解放区教育工作实施情况粗略回顾梳理，简述其经验、历史意义和时代价值。

---

① 毛泽东选集编辑部.毛泽东选集（一卷本）[M].北京：人民出版社，1969：992.

一、东北解放区教育事业的开创和发展是党中央制定的正确战略方针指导下的结果

争取东北，把东北建成中国革命的巩固的战略基地，我党早在七大就明确提出过。1945 年 4 月 24 日，毛泽东同志在七大的政治报告《论联合政府》中明确指出："在沦陷区中，东北四省沦陷最久，又是日本侵略者的产业中心和屯兵要地，我们应当加紧那里的地下工作。对于流亡到关内的东北人民，应当加紧团结他们，准备收复失地。"6 月 10 日，毛泽东在七大《关于第七届候补中央委员选举问题》的讲话中又反复地说明了争取东北的重要性。"东北是很重要的，从我们党，从中国革命的最近将来的前途看，东北是特别重要的。如果我们把现有的一切根据地都丢了，只要我们有了东北，那么中国革命就有了巩固的基础。当然，其它根据地没有丢，我们又有了东北，中国革命的基础就更巩固了。"[1]

1945 年 9 月 19 日，中央通过了刘少奇起草的《关于目前任务和向南防御、向北发展的战略方针和战略部署》的指示，明确指出："全国战略方针是向北发展，向南防御。只要我能控制东北及热、察两省，并有全国各解放区及全国人民配合斗争，即能保障中国人民的胜利。"[2]

同年 12 月，毛泽东在《一九四六年解放区工作的方针》中指示"应尽一切可能建立和扩充各地的炮兵和工兵。军事学校应继续办理，着重

---

① 毛泽东文集：第三卷 [M]. 北京：人民出版社，1996：426.
② 刘少奇选集：上卷 [M]. 北京：人民出版社，1981：372.

技术人材的训练。""爱护本地干部。现在每个解放区，都有大批外来干部做各级领导工作。东北各省，此种情形尤为显著。对于这些外来干部，各地领导机关，务须谆谆告诫他们，以充分的热情和善意，爱护本地干部。将识别、培养和提拔本地干部，当作自己的任务。只有这样，我党在解放区才能生根"①。

1945年12月28日，毛泽东在《建立巩固的东北根据地》一文指出："在东北，工人和知识分子的动向，对于我们建立根据地，同争取将来的胜利关系极大。因此，我党对于大城市和交通干线的工作，特别是争取工人和知识分子，应当充分注意。……还应尽可能吸引工人和知识分子参加军队和根据地的各项建设工作。"②

中共中央关于建立巩固的东北根据地的战略思想，为东北我军的发展提供了有力保障，为东北全境的解放奠定了胜利的基础。东北解放区教育事业是随着东北根据地的建立而发展的，是为东北的解放战争和根据地建设服务的，这些指示，为东北解放区教育工作指明了发展的方向。

二、全国各个根据地的大力支援，为党在东北解放区教育事业的开创提供了必要的条件

抗战胜利后的一段时期内，我党除了巩固和发展原有的十九个解放区以外，中共中央特别重视的就是建立东北革命根据地的工作。党中央

---

① 毛泽东选集编辑部 . 毛泽东选集（一卷本）[M]. 北京：人民出版社，1969：1072.
② 毛泽东选集编辑部 . 毛泽东选集（一卷本）[M]. 北京：人民出版社，1969：1078.

在关于抽调部队进入东北的指示中指出：向东北和冀东进兵及运送干部，是目前关系全国大局的战略行动，对我党及中国人民今后斗争有决定作用，目前是时间决定一切，不容许片刻迟缓，否则将逃不了历史的惩罚。各个地区坚决地执行了党中央的指示，在短时期内就完成了这一战略部署。

1945年9月15日，中共中央决定建立东北局，并先后调派政治局委员彭真、陈云、高岗、张闻天以及中央委员、候补中央委员林彪、李富春、李立三、罗荣桓、林枫、蔡畅、王稼祥、黄克诚、王首道、谭政、程子华、万毅、古大存、陈郁、吕正操、萧劲光等去东北工作；同时，又组织指挥各解放区开赴东北的部队和干部，海陆并进，日夜兼程向东北进发。至11月底，到达东北的部队计有：山东第一、第二、第三、第六、第七师，第五师一部，鲁中警备第三旅，渤海、鲁中、胶东和滨海军区地方部队各一部，滨海支队、田松支队、山东军区直属队等部共6万余人；新四军第三师（辖第七、第八、第十旅和独立旅）3万余人；陕甘宁第三五九旅、教导第二旅、警备第一旅各一部及延安抗大、延安炮校等部共万余人；晋绥第三十二团，冀中第三十一团，冀鲁豫第二十一团。以上连同先期进入东北的冀热辽部队一部共11万余人。从延安及各解放区抽调的党政军干部2万余人（包括准备用于建立100个团的各级干部）也陆续到达。[①] 来东北的中央委员共20位，占中央委员的26%；中国共产党第七次代表大会代表共755位，来东北的有302位，占40%，其中在党校、军政大学、炮校、工兵学校、东北大学等院校担任过重要职

①军事科学院军事历史研究部.中国人民解放军战史：第三卷[M].北京：军事科学出版社，1987：10.

位的有近 50 人，他们是中国共产党人的一代精英。党中央把延安等地的几所著名干部学校如抗大总校、延安炮校、鲁艺、中国医科大学等学校先后迁到东北，派大批有教育工作经验的干部来东北指导和发展落实教育工作，把重视教育的传统带到了东北。

上述进入东北的部队和干部，大部分都是经过长期的革命斗争考验，有较丰富的经验，又经过了整风教育，是一支很强的战斗队伍，是共产党人的"种子"，在东北大地落地、生根、开花、结果，为我党我军力量在东北的发展奠定了雄厚的基础，更是为东北解放区教育工作的开展提供了保证。

三、东北各级组织因时制宜制定并实施了一系列教育政策，保证了教育工作得以有序展开

（一）东北解放区教育的历史背景

1931 年九一八事变后，东北沦为日本侵略者的殖民地，东北人民受到政治压迫、经济掠夺、文化奴役。日本殖民者大肆向东北民众灌输奴化思想，教授学生反动教材，还把日语定为伪满洲国"国语"，以法西斯棍棒教育训练绝对服从思想，企图培养"顺民"以巩固其殖民统治。东北广大民众因思想上受到控制，知识贫乏，价值观念混乱，很多人逐渐淡漠了民族意识、国家情感。

抗战胜利后，国民党为维护其独裁统治，疯狂在东北人民中间推行其封建主义和法西斯主义思想，在学校及各地建立反动党、团和青年训练班，极力散布反共、反人民的反动言论，抹杀共产党的抗日功绩，掩

饰曾经不抵抗的卖国行径，这些愚民教育和反动欺骗宣传加深了东北民众的盲目正统观念。国民党军还把学校变成兵营，使得东北各地学校一片残破景象，教育状况极为复杂。此时，东北民众文化水平普遍偏低，思想政治觉悟落后，"革命土壤"贫瘠。

1946年元旦，中共中央东北局委员林枫受东北局委托接受《东北日报》记者采访，发表谈话，在阐明共产党对东北时局的主张时，提出了教育政策："废除法西斯的奴化教育，发展新民主主义的文化教育，实行免费的普及教育，反对学校当局对学生的专制，实行学生自治，提高教员的质量和待遇，优待科学家，教育家及文化工作者。"

（二）确定教育方针，建立统一的行政领导体系

1946年8月7—15日，东北各省代表联席会议在哈尔滨举行。选举组成了东北各省市行政联合办事处行政委员会（简称东北政联行政委员会），推举林枫任东北行政委员会主席。同年10月改称东北行政委员会。8月11日，会议通过《东北各省市（特别市）民主政府共同施政纲领》，对办教育问题有了明确的规定："废除法西斯的奴化教育，以民主为教育的中心内容，普及国民教育，推广社会教育，加强职业教育、师范教育与专门教育。保障教职员与贫苦学生生活，优待科学家、艺术家、各科专家与文化工作者，并奖励特殊的发明与创造。"[①]

东北教育行政领导体系建成。1946年9月7日，东北政联行政委员会在第三次委员会上，决定聘任各委员会政务人员，组成了以车向忱为主任委员，韩幽桐（女）、关俊彦、张如心、董纯才等为委员的教育

---

① 辽宁省教育科学研究所.东北解放区教育资料选编[M].北京：教育科学出版社，1983：2.

委员会；之后各省陆续成立了教育厅（局），哈尔滨市教育局长蒋南翔、辽北省教育厅长林涛、辽宁省教育厅长苏庄、黑龙江省教育厅长官洗尘、嫩江省教育厅长关梦觉、合江省教育厅长薛绥寰、吉林省教育厅长吕良、安东省教育厅长刘丹岩、松江省教育厅长李曙森。

（三）编撰出版工作

1946年10月，新教育学会编辑出版《毛主席论新民主主义文化教育》和《解放区群众教育建设的道路》两本书。前者是在解放区较早专题介绍毛泽东教育思想的一本书，后者是老区教育改革经验的汇集，这两本书的发行，对推动东北解放区的教育改革，起了巨大指导作用。

1946年11月8日，东北政委会第五次会议决定成立教育编审委员会，任命董纯才为主任委员，张如心、吴伯箫、智建中、王修、张松如等为委员。教材的编写主要由东北大学完成，根据东北青少年的特点，注意了充实国文和历史的内容。此举将东北解放区内中小学教材的内容进行了统一，废除了反动的教材，采用革命的自编新教材，这是改造小学教育的重要一环，对改造东北旧学校教育起了重要作用。从改造教育内容来说，起决定性作用。

建立教科书出版发行机构。最早的教科书出版发行机构是1945年11月在沈阳成立的东北书店，之后又有安东（今丹东）的辽东建国书社、通化的光明书店、大连的大众书店、瓦房店的辽南书店等，它们的任务是共同宣传无产阶级革命，出版发行具有新民主主义的教科书。截至1949年6月，东北书店印刷出版数量粗略估计达到4000多万册[①]。

---

① 胡继东.东北书店1945-1949[M].沈阳：辽宁人民出版社，1988：102.

（四）先后召开四次教育会议，适时调整各个时期的中心任务

东北解放区的教育政策因时制宜，内容丰富。首先破除奴化教育遗毒，进而在"干部教育第一，国民教育第二"方针的基础上制定并实施一系列教育政策以大力发展干部教育，培养和训练大批干部人才。同时发展并及时整顿中等和高等教育，推动实现解放区教育的"新型正规化"，多举措普及小学教育并积极推广社会教育，全面提高东北人民的文化素质。

东北解放区第一次教育会议。1947 年 8 月 9—27 日在哈尔滨召开。会议的中心议题是确定中等教育的方针、任务。研究如何贯彻新民主主义教育方针，办好中学；总结东北解放区一年来中等教育工作。会上交流了典型经验，集中分析了中学工作情况及东北知识青年的特点。提出东北解放区今后工作的重点是争取和培养大批革命知识分子来为战争与建设服务。工作的重心应放在知识分子集中的中学。[①]

东北解放区第二次教育会议。1948 年 1 月下旬至 2 月上旬召开。会议是为了贯彻执行东北局《关于知识分子的决定》，纠正"左"的偏向。会议主要内容是检讨自第一次教育会议以来各地中学的教育工作。会议主要解决 3 个问题：争取与改造旧有知识分子，特别是对地富子弟的态度问题；培养工农子弟新的知识分子问题；今后如何在中学进一步进行教育的问题。这是东北解放区团结、教育、改造知识分子的具有战略意义的文件。[②]

东北解放区第三次教育会议。1948 年 8 月 12—30 日在哈尔滨召开。

① 苏甫 . 东北解放区教育史 [M]. 长春：吉林教育出版社，1989：154.
② 苏甫 . 东北解放区教育史 [M]. 长春：吉林教育出版社，1989：158.

林枫主席在会上作了重要讲话，教育部副部长董纯才作了题为《前进一步》的总结报告，这一报告系统总结了东北解放区两年多的教育实践，为东北解放区教育工作转向新型正规化，为生产建设服务指明了方向。[①]

东北解放区第四次教育会议。1949年9月26日在沈阳召开。林枫副主席在会上作了重要讲话，指出："我们的当务之急是培养干部，因此，当前教育工作的重点就是加强中等与高等教育。"董纯才副部长作了《论东北教育的改革》的总结报告。会议讨论修订了《东北区中学教育暂行实施办法（草案）》等7个文件。此次会议对使教育满足经济建设需要，进一步办好人民教育事业，培养各种人才，有着重要的指导意义。此后，东北解放区的教育事业进入了一个新的阶段。

四、东北解放区教育实践成果显著

东北解放区教育的总方针是肃清敌伪奴化教育和蒋介石封建买办法西斯主义教育的遗毒和影响，建立民族的、科学的、大众的新民主主义教育，使教育服务于新民主主义的政治斗争，服务于东北人民和平民主建设事业。在这个总方针的指导下，使东北教育改变了面貌，获得了空前的发展。1949年9月26日林枫在东北第四次教育会议上讲话时高兴地宣布：过去三年多，恢复与发展教育，成绩很大。我们已经有了18000多大学生，15万多中学生和370多万小学生，这个数目相当可观[②]。

---

① 苏甫.东北解放区教育史[M].长春：吉林教育出版社，1989：160.
② 戴茂林、李波.中共中央东北局[M].沈阳：辽宁人民出版社，2017：211.

（一）青少年儿童教育

高等教育：现有高等学校 12 所，学生 14306 名。比"九一八"前学校增加了 36%（即 4 所），学生增加了 189.19%。比伪满时期（1940年），学校数目相同，学生增加了 173.95%。比国民党统治时期，学校增加了 200%，学生增加了 120.33%[①]。

中等教育：学校已经发展到 270 所，学级 2749 班，学生 15031名，教员 5355 名。与 1931 年和 1932 年相比，学校增加了 111.1%，学生增加了 270.9%，教员增加了 85.2%。比伪满时期，学校因合并减少了 16.7%，但学级却增加了 76.4%，学生增加了 118%，教员增加了 130.5%。比国民党统治时期，学校增加了 69.8%，学生增加了 95.9%，教员增加了 206.5%（即 3608 人）[②]。

初等教育：据不完全统计，小学已达到 35691 所，学生 3777151名，教员 85146 名。与 1931 年和 1932 年相比增加 170%，学生增加 397%。比伪满教育最发达时期的 1943 年，学校增加 66.9%，学生增加 55.1%。比国民党统治时期学校增加 143%，学生增加 158%。这时东北学龄儿童入学率达 62%。少数民族初等教育也有很大发展。仅吉林省延吉等朝鲜族聚居的五个县，就有朝鲜族小学 495 所，学生 94117 人。学生成分也发生了显著变化，由旧社会剥削阶级子弟占多数，到劳动人民子弟占大多数，其中贫雇中农子弟占 71.2%[③]。

幼儿教育：在"一切为了孩子"，"一切为了革命"的口号下，东

---

① 苏甫 . 东北解放区教育史 [M]. 长春：吉林教育出版社，1989：87.
② 苏甫 . 东北解放区教育史 [M]. 长春：吉林教育出版社，1989：96.
③ 苏甫 . 东北解放区教育史 [M]. 长春：吉林教育出版社，1989：105.

北解放区的幼儿教育，也有了较大的发展。机关、学校、部队、工厂、商店等各行各业均先后办起幼儿园和托儿所。仅以大连市为例，1948年仅各渔网厂、制鞋厂就成立16个托儿所，接收儿童403名[①]。

（二）社会教育

农民教育：按照东北局、东北政委会开展冬学运动的指示，我党在农村从1946年起连续几年开展了冬学运动。在群众已发动起来进行土改的地区，配合群众运动，开大会作报告启发群众，或在清算、诉苦、分土地的斗争中，对农民进行阶级教育，办识字班、读报班。据初步统计，1948年冬，东北全区共办冬学30572所，冬学教师32699人（多半是小学教员），入学人数1232299名[②]。贫下中农不仅在政治经济上翻了身，且在文化上也开始翻身了。

职工教育：东北工业基础雄厚，职工人数众多，职工教育对恢复和发展生产，支援部队前线作战具有重要意义。因此，我党通过办大型短训班、上大课、办夜校、进行"三查三整"，坦白诉苦运动等形式积极开展职工时事政治和阶级教育，提高职工的思想政治觉悟。据东北总工会文教部1949年7月14日的统计，全东北1117202名工人中，已有325957人参加学习，占总人数的29.1%[③]。

在职干部教育：东北局以及各级党的组织均重视在职干部学习。及时组织广大在职干部学习马列主义理论，学习党的现行方针政策，学习时事政策，学习文化技术，党员还学习党的基础知识。东北全境解放以

① 苏甫. 东北解放区教育史 [M]. 长春：吉林教育出版社，1989：114.
② 苏甫. 东北解放区教育史 [M]. 长春：吉林教育出版社，1989：117.
③ 苏甫. 东北解放区教育史 [M]. 长春：吉林教育出版社，1989：122.

后，党的工作由农村转入城市，以经济建设为中心，党的任务更加繁重，但也愈加重视在职干部的学习。1949 年 5 月，东北局公布在职干部学习计划，8 月 4 日又作出《关于在职干部学习的决定》，把在职干部教育纳入各级党委的工作日程，推动东北地区在职干部的学习。

市民教育：随着我党在东北的解放区不断扩大，解放的城市越来越多，市民教育成为又一项重要任务。市民教育以文化课为主，辅以时事政治教育，开设各种夜校和短训班，配合党的中心工作，以黑板报、漫画以及文艺等形式对市民进行宣传教育，宣传党的路线、方针、政策和解放战争取得的伟大胜利，消除了盲目正统观念，有力地配合了革命斗争和支前工作。

（三）军队教育

为了适应解放战争和群众工作的迫切需要，提高部队战斗力，对付国民党的军事进攻，建设了多所军事院校，仅 1946 年 1 月至 1947 年 2 月，东北民主联军就先后组建了 12 所军事指挥院校和技术院校①。采取抗大式以短期培训班的方式，为东北解放乃至全国解放培养和造就了一大批军事指挥干部和专业技术干部，为新中国的建立和发展做出了不可磨灭的贡献。

东北军事政治大学：1946 年 2 月 10 日，延安抗日军政大学总校迁到通化。根据中央军委指示，该校改为东北军事政治大学，隶属东北野战军总司令部。林彪兼校长，彭真兼政治委员，副校长何长工、朱瑞，副政治委员吴溉之，政治部主任徐文烈。东北军政大学总校一路迁转，

---

① 第四野战军战史编写组 . 第四野战军战史 [M]. 北京：解放军出版社，2017：114.

1946 年 5 月到达北安。在北安办学期间，共培训两期学员，总人数达 1 万多人，为东北及全国解放提供了大量干部和人才，其中高级军政干部达百余人。

炮兵学校：1945 年 12 月初，延安炮兵学校迁到安东省通化，1946 年 4 月又迁至牡丹江，改称东北民主联军炮兵学校。校长朱瑞，政治委员邱创成，副校长匡裕民，教育长赵维刚，政治部主任刘登瀛。下设山炮、野炮、迫击炮、高射炮、战车 5 个学员大队。之后，因战事的变化，又改称为朱瑞炮兵学校、东北军区炮校。建校以来培养了大批优秀的炮兵人才，为东北解放战争和人民炮兵部队建设做出了贡献。

东北工兵学校：1946 年 3 月，以延安炮校工兵科和山东军大一分校工兵队为基础，从东北军大抽调一批干部，在通化成立东北民主联军工兵学校，隶属东北军政大学。这是全军第一所工兵专业学校。李荫楠任校长、余益元任政委。6 月唐哲明任校长、李荫楠改任副校长、李雪炎任政委。1946 年 7 月学校迁至黑龙江省北安。学校开设的课目主要有：架桥、筑城、爆破。学校开办了两期爆破班，并派出 3 个教学组，到部队巡回教学，半年中为部队培训了 800 多名爆破骨干[①]。

航空学校：1946 年 3 月 1 日，在通化成立东北民主联军航空学校。校长朱瑞（兼任），政治委员吴溉之，副校长常乾坤、白起，副政治委员王弼、黄乃一、顾磊。10 月，学校迁至东安。这就是我党我军历史上的第一所航空学校。1947 年 9 月，校长为刘亚楼（兼），政治委员吴溉之。到 1947 年底，航校有学员 300 人；至 1948 年底，已训练飞

① 第四野战军战史编写组 . 第四野战军战史 [M]. 北京：解放军出版社，2017：112.

行员 63 名，领航员 24 名，机务人员 97 名，场站技术人员 12 名①，为空军日后的发展奠定了坚实的基础。

中国医科大学：1945 年 11 月 18 日，中国医科大学从延安出发，于 1946 年 7 月到达合江省兴山（今黑龙江省鹤岗市），与东北医科学校合并，组成新的中国医科大学，隶属东总。校长兼政治委员王斌。两年多后迁至沈阳，以培养为人民服务，献身于新民主主义国家建设事业的医学专门人才为目的，短时间内为革命培养了大批医务干部，分配到部队各级卫生医疗院所或研究单位。

哈尔滨外国语专门学校：抗日战争胜利后，延安外国语学校的师生历经 10 多个月的艰难跋涉于 1946 年 6 月抵达哈尔滨，11 月延安外国语学校复校，并更名为东北民主联军总司令部附设的外国语学校。12 月哈尔滨外国语专门学校成立。主要任务是培养俄文翻译人才与俄文师资，学校地处哈尔滨南岗区，刘亚楼任校长，张如心任政治委员。全校有一二年级学生 100 余人，学员包括从东北军政大学选调过来的学生，地方招入的学生和延安送来的干部子弟、烈士遗孤。

此外，还组建了各类专业技术学校。1946 年 2 月 7 日，在安东省海龙县梅河口镇（今吉林省梅河口市）成立东北民主联军通信学校。校长段子俊，副校长张可曾。学校后迁至黑龙江省东安（今密山）。1946 年 5 月 5 日，在长春成立东北民主联军总司令部第一处地图科，对外称东北民主联军总司令部测绘学校，校长石敬平。1946 年 7 月，在佳木斯组建了供给学校，校长高志洁，政治委员张庆孚，1947 年 2 月该校

---

① 第四野战军战史编写组 . 第四野战军战史 [M]. 北京：解放军出版社，2017：117.

改称东北民主联军军需学校。1946 年 11—12 月，在佳木斯成立了药科学校，校长龙在云，政治委员温萱。1947 年 2 月，东北民主联军又分别在大连、齐齐哈尔和佳木斯成立了关东电气工程专科学校、兽医专科学校和汽车学校，校长分别是段子俊、孔繁澄和王兴中。

总之，东北解放区的教育事业是中国共产党领导下的新民主主义教育的成功实践。在中共中央正确的策略方针指导下，东北党政军各级领导和各级教育组织齐抓共管，带领教育工作建设者们经过三年多的努力斗争，在极其艰难的环境下以超常的速度在东北解放区建立起相对完备的教育体系，使更多的青年、儿童获得了教育机会，为中国革命培养了大批干部。三年中，全地区高等干部学校前后派出 37971 名学生参加革命工作，中等学校前后派出 37526 名学生参加工作或转入干部学校[①]。这些干部的培养和输送，为夺取东北解放战争胜利和支援全国解放战争做出了积极的贡献。为其他根据地和新中国成立后国家教育体系的确立积累了大量可借鉴的经验、可复制的模式。"教育是国之大计、党之大计。培养什么人、怎样培养人、为谁培养人是教育的根本问题"。总结历史的经验和教训，继往开来，对我们建设全民终身学习的学习型社会、学习型大国仍有丰富的现实启示。

杨移风　于莉莉　辽沈战役纪念馆

[①] 辽宁省教育科学研究所 . 东北解放区教育资料选编 [M]. 北京：教育科学出版社，1983:144.

关于对榆树林子镇烈士纪念碑
有关问题的考证研究

　　榆树林子镇烈士陵园位于辽宁省建平县榆树林子镇东街村团山子，陵园占地面积 2000 平方米。陵园中心有一座八角菱形纪念碑，碑身主体长 2.08 米，宽 1.6 米，高 9 米，碑体下有三层底座，占地面积约为 6.25 平方米。碑身正面镌刻"革命烈士永垂不朽"八个大字，背面镌刻"气壮山河"四个大字，东西两面分别镌刻着"为有牺牲多壮志　敢教日月换新天"和"中国人民解放军广元部队一九四七年六月七日建立此碑 榆树林子公社革命委员会于一九七五年八月移址重建"字样。陵园内和纪念碑上对立碑原因、具体战斗等详细信息没有记载。

　　2022 年 1 月 12 日，建平县退役军人事务局来函委托我馆对榆树林子镇烈士纪念碑及"中国人民解放军广元部队"等相关情况做进一步考证，需进一步厘清该碑涉及的战斗、参战人员等历史史实基本情况，为下一步榆树林子镇烈士挖掘、确认、安葬工作奠定基础。

　　接受委托后，笔者查找了大量战史、军史、地方史、馆史资料，阅读了主要人物的传记、回忆录等文章书籍，并上网检索查证相关信息，在研究中采用排除法、比较法，经反复多次论证分析，形成了初步的研究意见。但东北解放战争史料繁杂、涉及面广，笔者研究尚浅，仅以此文投砾引珠。

一、榆树林子镇烈士纪念碑记述战斗发生的时代背景

1947 年 4 月，国民党军由于战线不断延长，守备任务加重，能用于机动作战的兵力减少，因而不得不放弃全面进攻，改为重点进攻。东北国民党军因其"南攻北守，先南后北"的进攻计划被粉碎，不得不停止进攻，全线转入防御。

1947 年 5 月初，东北解放区的土地改革已近完成，基本上肃清了封建势力、敌伪残余和土匪，工农业生产有所发展，军事工业已初步建立，战争所需的物资供应可得到基本保证。东北民主联军总兵力已发展为 46 万余人，其中主力部队约 25 万余人。根据林彪、高岗的建议，中共中央于 3 月 30 日致电晋察冀中央局、冀热辽分局、东北局："兹决定冀热辽分局改为受东北局领导，接电后东北局、东总及东北政委会即与冀热辽分局、军区、政府发生指导关系（冀东包括在内）。"冀热辽解放区转归东北局领导，对东北民主联军的协同配合，造成了良好的条件①。

据此，东北局和东北民主联军决心趁

榆树林子镇烈士纪念碑

---

① 第四野战军战史编写组.第四野战军战史 [M].北京：解放军出版社，2017：160-161.

国民党军兵力分散，关内援军未到和东北融冰翻浆季节已过，便于部队作战行动之际，发动夏季攻势。

在冀察热辽方面，冀察热辽军区司令员兼政治委员程子华指挥独立第十三、第十六、第十七旅和独立第五旅，向锦承路上的国民党第十三军攻击，5月1日，以两个旅接应驻守凌源的东北保安第三支队司令韩梅村部近1000人举行起义，并接管凌源城。12日，向锦承路平承段（平泉—承德）出击，占领公营子车站等处，切断锦承路。16日，攻克围场，歼第十三军第四师1个营和保安团队共1000余人。随后乘胜南下围攻隆化，由于未集中绝对优势兵力实施重点突破，攻城未克，移兵东进。6月8日在叶柏寿（今建平）以北截歼自赤峰南撤国民党军第九十三军暂二十二师一部，收复赤峰。与此同时，冀东军区第十、第十一旅和3个独立团，对北宁路滦县至山海关段展开破袭战。5月18日攻克昌黎，歼灭守军1500余人，遂又攻克留守营、后封台等据点5处。26日攻克抚宁、迁安，切断锦古路（锦州—古冶），将第九十二军堵截于北宁路南段，使其不能北调出援。冀察热辽军区部队的积极行动，有力地配合了主要方向的决战。[1]

据此，建平县榆树林子镇烈士纪念碑建立的时代背景应为：东北民主联军发动夏季攻势第一阶段作战时期，6月8日在叶柏寿（今建平）以北截歼自赤峰南撤国民党军第九十三军暂二十二师一部，收复赤峰。

---

[1] 第四野战军战史编写组 . 第四野战军战史 [M]. 北京：解放军出版社，2017：159-169.

二、榆树林子镇烈士纪念碑记述战斗查证过程

（一）经查《中国人民解放军陆军第五十四军军史》①关于"韩七柳及三十家子战斗"记载：

为拖住赤峰之敌，军区前指命令十八旅于六月五日前到达大明城与小城子之间，向叶赤线活动。十三、十六、十七等旅均迅速向宁城开进。六月二日起，各部队昼夜兼程，逼近赤峰之敌。

六月五日，赤峰之敌南逃，军区前指即令各部队跟踪追击。六月八日晨，四十七团进至哈拉比柳，发现韩七柳有敌骑四百余。物资大车百余辆，立即向敌发起进攻，敌仓惶应战，曾数次反扑均为我击退。这时，敌主力赶到，向我猛烈反扑，我稍向后撤，敌即慌忙南逃，敌逃至宁城北三十家子附近与我十八旅遭遇，敌曾猛烈向十八旅一团阵地攻击，均被我打退，前后战斗六小时，敌不敢恋战，渡河东窜。我歼敌五百余名，截获全部辎重，计：满载弹药的汽车七辆，大车三十余辆。

（二）经查《中国人民解放军第五十五军第三次国内革命战争战史》②关于"卅家子战斗"记载：

隆化战斗后，军区决定将热南分区独立团拨入十七旅，编为五十一团。之后，十七旅即与兄弟部队在军区指挥之下，向东挺进。六月八日，从赤峰南逃之敌，于卅家子附近为我十六旅、十八旅歼灭一部。是日，

---

① 辽沈战役纪念馆资料室藏. 中国人民解放军陆军第五十四军军史 [M].1977：79.
② 辽沈战役纪念馆资料室藏. 中国人民解放军第五十五军第三次国内革命战争战史 [M].1954：22.

天义守敌南逃，亦被我十七旅在追击中俘获四十余人，该敌乃逃至叶柏寿。至此，十七旅奉命于榆树林子附近休整一周，为继续作战进行了必要的政治动员和战斗准备。

（三）经查《程子华回忆录》[1]记载：

自五月中旬后，叶赤线之敌开始收缩，我军于六月七日十八时至八日十时，进行了卅家子战斗；六月二十日上午至二十二日正午进行了凌源战斗；六月二十一日至二十六日朝阳外围战斗。朝阳守敌增至三个多团，我改攻北票。

（四）经查《李运昌回忆录》[2]记载：

热西战役一打响，热中守敌就成了惊弓之鸟，叶赤线首先开始收缩。5月17日，驻守赤峰市的敌暂二十二师以一个团的兵力掩护物资南撤。我军乘机歼其一部，截击运输中的物资。月底，敌师部率两个团南撤，赤峰仅留两个营驻守。6月6日晨，又弃城南逃。而在前一天晚上，放任200多土匪入城进行大肆抢掠，各商号损失甚重。6月6日晨8时，我冀察热辽部队入城，赤峰宣告第二次解放。

从赤峰撤退的国民党军队在三十家子附近遭到我军第十八旅的截击。"前指"命令我第十七旅迅速增援，准备当夜集中歼敌。结果，敌军不敢恋战，遗弃全部行李、辎重渡河东遁。我第十七旅跟踪追击，相继收复宁城、天义、叶柏寿。至此，热中地区主要城镇全部解放。我冀察热辽部队乘胜挥师东进，连续进行凌源、朝阳外围和北票三大战斗，

① 程子华．程子华回忆录[M]．北京：解放军出版社，1987：297.
② 李运昌．李运昌回忆录[M]．北京：法律出版社，2006：471.

给热东之敌以重创。

结合参战部队军史及作战指挥者的回忆录所记载，参照 2010 年由辽宁经纬测绘规划建设有限公司编制、印刷的《建平县政区图》，"韩七柳"即为现在的"赤峰市宁城县汐子镇韩杞柳村"；"卅家子"即为现在的"朝阳市凌源市三十家子镇"。综上所述，与榆树林子镇烈士纪念碑有关的战役战斗应认定为：1947 年 6 月 8 日前后，发生在叶赤线上的韩杞柳和三十家子战斗。

三、榆树林子镇烈士纪念碑记述战斗参战部队查证过程

（一）经查《李运昌回忆录》第 469 页关于夏季攻势的兵力部署：

首先是加强了野战军的力量，将原来分散到各军区的主力部队重新集中起来，在热河新组建了第十八旅（旅长丁盛、政委韦祖珍）；由冀热察抽回第十三旅（旅长黄鹄显、政委陈仁麒），再加原来的第十六旅（旅长张德发、政委黄文）、第十七旅（旅长周仁杰、政委谢镗忠）和朱德骑兵旅（旅长何能彬、政委林茂源）。在热河战场上，就有了 5 个战斗旅，共 37000 多人，形成了拳头。在冀东保留了独立第十旅（旅长曾雍雅、政委徐光华）、独立第十一旅（旅长萧全夫、政委李振声），又新组建了独立第九旅（旅长任昌辉、政委王文）；在冀热察还有独立第五旅（旅长詹大南、政委刘国良）。这样，在冀察热辽战场上，共有 9 个野战旅，10.4 万人，已占有一定优势。这就说明，我们开展战略反攻的时机已经比较成熟了。

1947 年 3 月 27 日，中央军委电报指示我们："将地方军、野战军分开，

积极动作，力争歼敌有生力量，多打胜仗。"由司令兼政委程子华、参谋长黄志勇、政治部主任刘道生组成冀察热辽前方作战指挥部，统一指挥第五、十三、十六、十七、十八旅和骑兵旅，准备投入反攻作战，分局工作由黄火青主持，军区工作由李运昌主持。

（二）经查馆史资料1947年6月1日冀察热辽军区前指第七号作战命令记载：

命令　六月一日于前指　战热字第七号

一、近日赤峰敌人及物资大批南运，赤峰仅余暂廿二师二团两个营，朱碌科敌主力已撤回叶柏寿，敌似有集中增援东北可能。

二、决心将主力秘密转至宁城南北叶赤线以西地区阻敌东调，并求得在热河歼灭九十三军之一师，部署如下：

（一）丁盛部二日廿二时自现地出发，经黄土梁子东进，限六日拂晓前进至大明城马力城子附近向叶赤线活动；

（二）十六旅二日廿二时自现地出发，三、四两日仍在承隆公路东侧稍停，准备打击我军撤围后承隆联络的敌人部队，求得歼其一部，然后自取捷径限七日拂晓前进至宁城以南瓦房、米立营子、江家窝铺一带逼近宁城；

（三）前指及十七旅经七家庙前营子东进至宁城西南适当地区，前指今（一）日二十二时出发进到七家附近，十七旅于二日廿二时随前指东进；

（四）十三旅于二日廿二时出发转至张三营换单衣后五日十八时继续东进自取捷径进至宁城以北白音陶海、二道营子附近，限九日拂晓前到达；

（五）五旅三日二时撤离隆化城，听段、刘命令行动。

三、前指离开现地后各部队离开现地，一日行程及发生情况仍须相机反扑歼敌，各部队暂由段刘指挥作战。

四、沿途须严守行动方向之秘密，各部队均须以夜行军开进并密切与前指联络。

五、各旅出发时间必须遵守规定，不可提前或落后。此令。

右令

政治委员　代司令员　程子华

副司令员　黄永胜

副参谋长　朱　军

（三）经查馆史资料 1947 年 6 月 11 日冀察热辽军区前指第八号作战命令记载：

命令　六月十一日于四家本部　战热字第八号

一、情况详另通报。决定部队自十二日起休整五至七天，部署如下：

1. 十六旅以杜家窝铺为中心，以一个团进驻高大门，派出一个营逼近叶柏寿活动；

2. 十七旅以榆树林子为中心，派出一个营进至叶柏寿东平房附近活动，以侦察部队置于叶柏寿以北；

3. 丁韦部仍以七家为中心休整；

4. 十三旅进至建平及其以南休整；

5. 热辽主力进至朝阳以东铁路线上做战术破坏、翻车、伏击；

6. 二十二分区骑一团进至老虎山附近待命准备配合作战；

7. 热中警一团进至叶凌之间活动；

8. 我们驻于四家。

二、休整期间须进行下列工作：

1. 恢复疲劳；

2. 准备继续战斗研究攻碉战法及准备攻坚器材等；

3. 初步检讨战后经验，各旅应即召集各团干部检讨搜集材料军区准备召集旅级检讨；

4. 继续侦察情况热辽应迅速查明朝阳、北票、义县敌兵力配备工事状况；

5. 关于补充物资军区另有布置。此令。

右　　令　周　谢　吴　朱

副司令员　黄永胜

副参谋长　朱　军

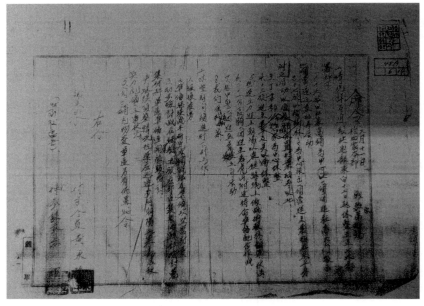

1947 年 6 月 11 日冀察热辽军区前指第八号作战命令

（四）经查《朝阳地方党史革命史丛书之七——近现代朝阳人民革命斗争大事记》①记载：

1947 年 6 月 6 日，冀察热辽军区部队收复热中重镇赤峰。守敌九十三军暂二十二师二团弃城南逃。不久，冀察热辽党政军机关及热河省机关由林西迁到赤峰。

同日，热辽军分区部队攻克敌占建平县重镇黑水，擒获作恶多端的国民党警察大队长吴老广以下 20 余人，缴获马百余匹。不久，召开群众大会，处决了吴老广。

1947 年 6 月 7 日，十八旅在三十家子附近与赤峰南逃之敌打响，十七旅闻讯后也参加战斗。敌一部被歼，不敢恋战，于 9 日遗弃全部行李、辎重（大车百余辆）渡河东逃，我军追击逃敌，解放天义。

1947 年 6 月 8 日，热辽军分区部队收复建平城。俘敌 3 人、伤 1 人，缴枪 8 支、大车 13 辆及大米千余包。

同日，国民党九十三军暂十八师百余人由建平向叶柏寿方向撤退。热辽军分区蒙民第六骑兵支队追击敌人，毙敌 21 人、俘敌 3 人。

1947 年 6 月 9 日，热辽军分区部队收复朱碌科和奎得素镇。

1947 年 6 月 18 日，国民党驻叶柏寿的九十三军暂十八师二团一部弃城东逃。

1947 年 6 月 19 日，独立十七旅收复重要铁路枢纽叶柏寿。我军追击逃敌，逃敌在波罗赤乘火车逃入朝阳。至此，我军完全控制了叶赤线，

---

① 中共朝阳市委党史工作办公室.朝阳地方党史革命史丛书之七——近现代朝阳人民革命斗争大事记 [M].沈阳：白山出版社，1989：152-154.

将锦承线从中斩断，使东北与热河之敌联系断绝。

结合上述资料，参与"韩杞柳和三十家子战斗"的作战部队应该有冀察热辽军区独立第十六、第十七、第十八旅和骑兵旅以及热辽军分区地方部队。而在这些部队中，于当时战后在榆树林子驻军休整的只有第十七旅，这一信息可以从第五十五军战史以及第八号作战命令中得到认证。因此推断出，榆树林子镇烈士纪念碑上所铭刻的"中国人民解放军广元部队"与十七旅有着密不可分的关系。

四、榆树林子镇烈士纪念碑所涉及的部队番号及代号问题

（一）经查《朝阳地方党史革命史丛书之七——近现代朝阳人民革命斗争大事记》第 129 页关于单位代号的记载：

1946 年 11 月 25 日，为了保密，中共热东地委统一规定了单位代号。地委为万寿山，专署为北海，军分区司令部为华山，政治部为景山，专区建联会为中南海，专区武委会为西山，辽西工委为玉泉山，对各县也规定了代号。

（二）经查《董存瑞》[①]关于"敢五部队"的记载：

1948 年 6 月 8 日，即董存瑞牺牲后的第 14 天，东北人民解放军第11 纵队做出了《纵委为悼念战斗英雄、模范党员董存瑞同志的决定》，全文如下：

我"敢五"部队三大队六连六班长董存瑞同志，在攻歼隆化守敌，

---

① 沈文．董存瑞 [M]．北京：中国戏剧出版社出版，2004：128-133．

解决市区强固据点——隆化中学之战斗中，表现了英勇无比的自我牺牲精神：

董存瑞同志为了扫除冲锋道路上的障碍，竟毅然决然不惜自己的生命，用手撑持着重量炸药，炸毁敌人暗桥的顽抗，勇士与敌同尽，与桥同毁，换得了部队的顺利通过，达到了迅速突破敌人的最后顽抗，全部干净的歼灭了该敌，取得了完满的胜利。

这种坚强英勇完成任务，视死如归之英雄壮举，实为我革命军人光荣模范，应为我党党员优良品质的最高表现，因此纵委除对勇士董存瑞的牺牲，致以沉痛的哀悼外，并号召全纵同志，学习勇士的英雄事迹，发扬勇士的英勇顽强不怕牺牲的战斗作风，特作如下决定：

（一）追赠勇士董存瑞同志为纵队战斗英雄，为我党模范党员。

（二）着"敢五"部队三大队六连第六班命名为董存瑞班，继承勇士的光荣模范事迹，和永久纪念董存瑞同志。

（三）建议勇士遗族所在地的最高政府，给予勇士遗族以优厚抚恤，并照顾勇士遗族的生活。

（四）将勇士生平事迹编印公布，予全纵同志进行学习，各连队机关于接到本决定的第一次点名或集会时，全体向勇士静默三分钟，并宣读本决定。以资悼念。

另有齐速在隆化赶写的报道，辗转送到群众日报社。于1948年7月11日在《群众日报》上发表，题为"共产党员奋不顾身　董存瑞自我牺牲使隆化战斗胜利完成"，有关内容："（前线电）齐速报道：冀察热辽人民解放军敢五部八支队六分队六班长董存瑞同志在隆化战斗中……"

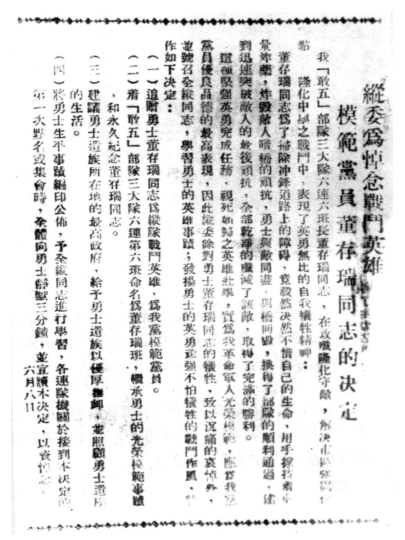

东北人民解放军第十一纵队于 1948 年 6 月 8 日做出的决定
——《纵委为悼念战斗英雄、模范党员董存瑞同志的决定》

1948 年 11 月 1 日，中央军委下发《关于统一全军组织及部队番号的规定》，要求全军今后一律统一称呼，团和分区以上各部队番号均冠以"中国人民解放军"字样。2015 年军队整编前，原七大军区部队代号为：

沈阳军区下辖部队为65×××；北京军区下辖部队为66×××；兰州军区下辖部队为68×××；济南军区下辖部队为71×××；南京军区下辖部队为73×××；广州军区下辖部队为75×××；成都军区下辖部队为77×××。而地方部队，如省军区下属的军分区和武装部队是没有代号的。

番号，是部队在整个军队体系中的性质和顺序编号；代号，是为隐蔽部队真实番号而对外使用的数字代称。如中央警卫团即番号，8341部队即代号。例如：铁道兵第六师建筑给水发电营一连即为番号，8711部队12中队37分队即为代号。董存瑞所在的"敢五部队八支队三大队六分队六班"为代号，番号应为"第十一纵队第三十二师第九十六团二营六连六班"。

由此推断，榆树林子镇烈士纪念碑身后面铭文"中国人民解放军广元部队"与现在的四川广元没有关系，"广元"应是这支部队的代号。参照"敢五部队"的代号与"十一纵队第三十二师"番号对比关系，"广元部队"应认定为冀察热辽军区独立第十七旅。

五、1947年东北民主联军在建平及榆树林子驻扎情况

经查《中国人民解放军陆军第五十四军军史》之《陆军第五十四军历史沿革一览表》，1947年8月，东北民主联军第八纵队第二十三师（原冀察热辽军区第十六旅）在建平组建，其六十七团驻守天山，六十八团驻守建平，六十九团驻守榆树，二十三师山炮营驻守建平；《中国人民解放军第五十五军第三次国内革命战争战史》22—23页记载冀察热辽

军区独立第十七旅（1947年7月改名为冀察热辽军区独立第一师）在1947年曾经两次在榆树林子地区驻扎休整，一次为前文中提到的六月中旬休整一周；一次为配合东北秋季攻势，九月八日从朱碌科、榆树林子一带出发，迎击敌人。

结合1947年建平及榆树林子驻军情况，1947年6月7日前后在榆树林子驻军的只有冀察热辽军区独立第十七旅，而且"前指"明确要求在休整期间部队要进行检讨。评功评奖、掩埋牺牲同志、召开追悼会、树碑立传是检讨工作的重要内容。

综上，笔者经过研究考证，得出以下结论意见：榆树林子镇烈士纪念碑身西面铭文"中国人民解放军广元部队一九四七年六月七日建立此碑"，应认定为1947年东北民主联军夏季攻势期间，冀察热辽军区独立第十七旅为纪念在韩杞柳和三十家子战斗中牺牲的革命烈士所立之碑。

龚 兵 辽沈战役纪念馆

东北解放战争期间建立东北根据地的
必要性及艰苦历程

一、创建东北根据地的必要性及初步建立情况

1945年8月8日苏联政府对日军宣战，9日苏联红军出兵我国东北，并很快击溃了日本关东军。11日，中共中央发出了"配合苏联红军进入中国境内作战，并准备接受日、'满'敌伪军投降"①的命令。15日，日本宣布无条件投降。

抗战胜利后，东北成了国共双方争夺的焦点地区。国民党政府为抢夺抗战胜利果实，争取时间，准备内战，自8月28日起，与共产党进行了长达43天的重庆谈判。国民党政府一面举行谈判，一面在美国的帮助下调兵遣将，抢占天津、北平、秦皇岛等战略要地，加紧发动内战。根据这一形势，9月19日中共中央发出了《目前任务和战略部署的指示》，指出"全国战略方针是向北发展，向南防御。只要我能控制东北及热察两省，并有各解放区及全国人民配合斗争，即能保证中国人民的胜利"②。按照此战略方针，9月21日，中共中央东北局召开第一次会议，

---

① 中央档案馆.中共中央文件选集：第15册[M].北京：中共中央党校出版社，1991：219.

② 刘少奇选集：上卷[M].北京：人民出版社，1981：372.

部署了工作。随后中共中央先后派遣四分之一以上的中央委员和候补中央委员率领两万干部和十一万大军，海陆并进开赴东北。这些干部和部队是一支战斗力极强的队伍，因为他们大多是经受过长期革命斗争考验的，具有非常丰富的斗争经验，再加上经过了整风教育，所以这支队伍为中国共产党开辟和建立巩固的东北根据地奠定了坚实基础。为了统一指挥进入东北的部队，10 月 31 日，中共中央决定将进入东北的部队及东北抗日联军统一组成东北人民自治军。1946 年 1 月 14 日，东北人民自治军改称为东北民主联军。1948 年 1 月 1 日，遵照中央军委的命令，东北民主联军改称为东北人民解放军。

　　1945 年 11 月 11 日，国民党军向山海关发动进攻，随后，乘势沿辽西走廊推进，先后占领了绥中、兴城、锦西、锦州。面对国民党军的大举进攻，建立巩固的东北根据地就成为了重要问题。中共中央于 11 月 20 日向东北局发出指示，要求东北人民自治军让出大城市，"迅速在东满、北满和西满〔当时东满根据地是指中长路沈阳至长春段以东的吉林、西安（今辽源市）、安图、延吉、敦化等地区；北满根据地是指哈尔滨、牡丹江、北安、佳木斯、齐齐哈尔等地区；西满根据地是指中长路沈阳至哈尔滨段以西的洮安、开鲁、阜新、郑家屯（今双辽）、扶余等地区。此外，中国共产党还在南满建立了根据地，南满根据地是指中长路沈阳至大连段以东的安东（今丹东市）、庄河、通化、临江清原和沈阳西南的辽中等地区〕建立巩固的基础，并加强热河、冀东的工作"①，作持久打算。于是 11 月 26 日，东北人民自治军主动撤出锦州，

①毛泽东选集：第四卷 [M].北京：人民出版社，1991：1179-1180.

11月末撤出沈阳，之后又相继撤出长春、哈尔滨等市。1945年12月28日，中共中央又向东北局发出了《建立巩固的东北根据地的指示》，指出："我党现时在东北的任务，是建立根据地，是在东满、北满、西满建立巩固的军事政治的根据地。将正规军队的相当部分，分散到各军分区去，从事发动群众，消灭土匪，建立政权，组织游击队、民兵和自卫队，以便稳固地方，配合野战军，粉碎国民党的进攻。"[①]按照中央指示，东北人民自治军在正面应对国民党军进攻的同时，将进入东北的中央委员和候补中央委员、广大干部、少数主力部队迅速分散到东满、北满、西满的广大地区，相继建立了各分局及各省政府、地方武装，领导人民开展反奸清算斗争，处理日伪土地，解决了农民迫切需要解决的经济问题。至1946年3月，东北解放区已初具规模。

从1945年8月至1946年6月，所在东北的我党军队且战且退，与国民党军进行了艰苦卓绝的斗争。经过这段战略防御的过程，中国共产党认识到了国共双方力量的差距，同时也认识到了建立巩固东北根据地的必要性。下面将这一阶段中国共产党在东北的北满、西满、东满、南满初步创建根据地的具体情况介绍如下：

（1）北满：在解放战争初期，北满地区就在嫩江、龙江、合江、松江、牡丹江五省开展了开辟根据地的工作，可以说是最早创建的东北根据地。1945年11月16日，北满分局成立，随后立即改造旧政权、剿灭土匪，逐渐稳定了局势。1946年春，东北民主联军在四平保卫战后，从四平撤到北满，与地方武装密切配合，彻底清剿土匪，建立农民自卫武装，

①杨美莹、凌云.血色黎明——东北解放战争纪实 [M] 沈阳：辽宁大学出版社，1991：3.

开展平分土地运动。在斗争中总结了"经济—武装—经济"等一整套宝贵经验，创建了巩固的后方根据地。

（2）西满：西满分局成立于1945年12月，西满根据地的创建也相对较早，其包括辽西、辽北和东盟地区。辽西根据地早在八路军刚到东北时，就已建立，后来东北民主联军主力撤到松花江以北后，辽西的干部和部队便与在吉江地区活动的干部和部队一同在辽吉地区共同开展创建根据地工作。而辽北根据地则是以1945年11月初派去的干部和部队为基础，在梨树、白城子和洮南等地创建起来的。东盟地区则是1946年4月中共中央决定统一进行内蒙古自治运动，成立了内蒙古自治运动联合会东蒙总分会之后，便迅速建立起了东蒙根据地。

（3）东满：继北满、西满分局相继成立后，东北局即酝酿成立东满分局。1946年1月，东满分局（吉辽省委）成立。之后，东北民主联军主力相继到达东满，迅速剿匪，发动群众，开始了创建根据地的工作。

（4）南满：东北解放战争初期，八路军便在南满开始了创建根据地工作，但由于后来国民党军的疯狂进攻，南满根据地的创建工作几乎处于了停滞状态。但东北民主联军始终坚持着南满的敌对斗争，这也对东北根据地的整体建设起到了重要作用。

二、继续加强巩固东北根据地的建设及其艰苦历程

1946年6月6日，国共双方分别发布了从6月7日起东北战场休战15天的声明。6月26日，国民党军向中原解放区发起进攻，全国内战爆发。由于国民党军围攻中原解放区，无力顾及东北，东北战场出现

了 4 个月的停战期。利用这段停战期，东北民主联军党、政、军集中全力加强根据地建设和部队整训。1946 年 7 月，东北局召开扩大会议。会议根据党中央对东北工作的指示精神，分析了国内外和东北的形势，总结了一年来创建东北根据地和阻击国民党军的经验教训，从实际情况出发，制定了全面贯彻执行中共中央关于东北的工作方针、作战方针及建立巩固的东北根据地的各项任务。7 日会议通过了《关于东北形势和任务的决议》（即《七七决议》）。决议指出，把发动群众创建根据地作为第一位工作，要求军队主力配合地方武装，切实肃清土匪，巩固根据地。[①]《七七决议》确立了中国共产党在东北的工作方针和作战方针，对统一思想，领导东北军民建立巩固的东北根据地起到了重要作用，是夺取东北解放战争胜利的纲领性文件。会后，东北各省迅速行动，共抽调 12000 余名干部"脱下皮鞋"，走出城市，深入农村，发动群众，清剿土匪，实行土改，改造和健全基层人民民主政权。具体工作的开展情况以下分为三个方面加以详述。

（1）剿匪斗争。东北的土匪多为国民党委任，由伪军、宪特、地主和惯匪组成。早在创建东北根据地初期，我军就进行过剿匪斗争，并取得了一定胜利。然而当我军主动撤出大城市后，匪患再次猖獗。根据东北局 1946 年 6 月发出的《剿匪指示》，东北民主联军抽派了三分之一的主力分散各地，与地方武装配合，开展剿匪斗争，至 1947 年 5 月，基本取得了剿匪斗争的胜利。

---

① 杨美莹、凌云．血色黎明——东北解放战争纪实 [M] 沈阳：辽宁大学出版社，1991：97．

（2）土改运动。东北的土改运动是在反奸清算，对日伪斗争的基础上，根据中共中央《关于清算减租及土地问题的指示》（即《五四指示》）开展的。按时间可划分为三个阶段：

第一阶段：清算分地阶段。这一阶段是从 1946 年 7 月贯彻中央《五四指示》开始，到同年 11 月底结束，主要是在老解放区进行的。前文提及了早在 1945 年底至 1946 年春，我党在东北各地开展了反奸清算斗争，处理日伪土地，彻底消灭了日伪残余势力。而从中共中央发布《五四指示》之后，土改斗争则从对日伪斗争逐渐发展成为了对地主阶级的清算分地斗争。但由于战争影响，清算分地斗争开展得并不普遍和深入，只在部分地区进行了斗争，直到《七七决议》发布，要求继续贯彻《五四指示》，土改运动才得以普遍开展。

第二阶段："煮夹生饭"阶段。这一阶段是从 1946 年 11 月底东北局发布《"煮夹生饭"指示》开始，到 1947 年 5 月老解放区初步分配土地为止。何谓"煮夹生饭"阶段？ 1946 年 11 月底，清算土地阶段进入拉锯模式，这一时期地主、土匪活动猖獗，百姓不敢同地主斗争，又由于下派工作团缺乏经验，急于求成，结果导致土地运动发展极不平衡，甚至出现了假分地、假斗争的情况，有利农民的基本政策优势没有体现出来，封建势力没有被打垮。陈云便把这种情况称为"煮夹生饭"，所以这一阶段被称为"煮夹生饭"阶段。于是 1946 年 11 月，东北局发出了《关于解决土改运动中"半生不熟"问题的指示》，土改运动就此进入高潮阶段，确定地权，彻底清算土地。到 1947 年 6 月，老解放区土地分配任务基本完成。

第三阶段：新收复区土改运动与老解放区"砍挖"运动阶段。这一阶段是从 1947 年 6 月到 1948 年 3 月土改运动结束。1947 年 5 月，东北战场上的东北民主联军由战略防御转入战略进攻。5 月 5 日，东北局在《关于东北目前形势与任务》的决议中指出："组织力量，全力准备大反攻。大量歼灭敌人，大量收复失地，巩固和扩大解放区。"[①] 随着夏季攻势的展开，根据地迅速扩大范围。为了发动新收复区的农民群众，东北局于 6 月发出了《关于收复区工作的指示》，要求东北全党继续抽派有经验的干部组成工作团到新收复区，深入发动群众，实行土改运动。六七月间，新收复区的土改运动开展得轰轰烈烈。与此同时，北满各地开展了"砍挖"运动，即为砍倒大树、挖浮财、挖坏根。通过这一运动，查出了黑地，搜出了地主浮财、底产，使封建势力遭到了更为沉重的打击，农民进一步当家作主。10 月《中国土地法大纲》发布，再次针对部分封建势力未被彻底消灭，土地分配尚有不公的情况，按照《中国土地法大纲》重新进行了平分、调整。到 1948 年 3 月，土改运动基本完成，彻底消灭了封建剥削制度，新民主主义民主政权开始建立，东北根据地成功建设发展，百姓的革命热情空前高涨，东北农村呈现出了前所未有的新局面。

（3）党政建设。中国共产党初入东北开始创建根据地时，就十分重视党的建设，但由于战争影响，党的基层组织和新党员的发展工作长期处于不公开状态，所以党的建设十分缓慢。后来随着东北战争形势变化和根据地日益巩固，党组织得到了发展壮大。1946 年东北局提出进行对新党员的训练和教育工作，许多地区都开办了党员训练班，吸收了

---

① 郭荣辉.辽沈战役纪实 [M].沈阳：白山出版社，2005：88.

第一批新党员受训。10月30日，东北局发布了《关于积极发展党员与建党的指示》，要求吸收真正有阶级觉悟的，勇敢积极的，为人正派，富有自我牺牲精神的积极分子入党。1947年随着土改运动迅猛发展，涌现出大批积极分子，及时发展了新党员。但在中国共产党发展壮大的过程中，也随之出现了组织不纯和作风不良的问题。针对这一情况东北局决定与土改运动相结合，在东北地区普遍开展一次整党、建党运动。通过这次运动，大大提高了全党的思想觉悟，同时也大量吸收了新党员，进行了公开的建党工作，所在东北的共产党员队伍成为了东北地区革命与建设事业的坚强领导核心。

同样，中国共产党也非常重视东北的政权建设。1945年10—11月，辽宁省民主政府、安东省民主政府、嫩江省民主政府相继成立。之后在松江、吉林、龙江、辽北、热河、合江、兴安、绥宁等省也成立了民主政府。各省、市还分别设立了参议会，县设立了参政会。这些政府机构，在扩大党的影响，贯彻党的统一战线政策，团结一切可以团结的力量等方面都起到了十分积极的作用。

1946年8月6日，各省市代表联席会议召开，成立了东北最高政权领导机构——东北各省行政联合委员会。1947年，东北各地农村在土改运动的基础上，普遍建立和健全了区、乡人民政权和农民武装。同年8月，东北各省行政联合委员会召开了第一次行政会议。大会明确规定了东北解放区政权的性质，是由工人阶级领导的人民民主政权。从此，各级行政机构进行了调整与整顿，为东北全境解放后系统地建立人民政权奠定了基础。

三、东北根据地的发展壮大，恢复发展工农业生产

1947 年，随着土改运动的基本完成和广大城市的相继解放，东北解放区迅速进入了一个以恢复和发展工农业生产为中心的经济建设新时期。为了整顿和统一财政管理，东北局召开财经会议，作出《加强财经工作的决定》，要求各级党委切实加强财经工作的领导。在东北局的领导下，东北解放区的财经工作，初步做到了统一预算，统一管理，推进了东北解放区工农业生产的恢复和发展。

广大农村经济迅速恢复，在"一切为了前线"的号召下，翻身农民开展劳动竞赛和生产互助运动，提出"送好粮，打好仗，解放全东北"[①]的口号，以充足的粮食支援前线。

但在工业生产的恢复和发展方面，东北解放区则面临着重重困难，大部分工厂、矿山在日伪时期遭到了严重破坏。为恢复发展生产，东北局成立了工业委员会，发出关于发展工业建设的重要指示，并派出大批干部领导工业生产。这一时期，很多电厂因为没有煤无法发电，火车因为没有煤不能运行，严重影响了前方军用物资的供给。为此，恢复煤矿生产成为了首要任务，也成为了恢复东北工业生产的关键。煤矿工人们喊出了"事事服从战争，人人为战争立功出力""前方流血，后方流汗"等口号，他们克服困难，努力增产。与此同时，铁路交通运输也恢复得十分迅速，铁路职工提出"解放军打到哪里，火车就开到哪里，保证军

---

① 郭荣辉.辽沈战役纪实 [M].沈阳：白山出版社，2005：237.

运畅通"，将几十万吨的军用物资准时、安全地运送到了前线。

军工生产在恢复和发展东北解放区工业生产中，占有重要地位。为满足战争需要，东北局于 1947 年 10 月召开了东北军工会议，指出要进一步加强对军工生产的领导。11 月，东北局又根据毛泽东同志要求"用全力加强军事工业之建设，以支援全国作战为目标"①的指示，作出了《关于军工生产的决定》。根据中央指示和东北局决定，东北的军工事业迅速发展壮大，很快便形成了有一定规模的军工生产体系，大量生产军工、军需产品。这些产品，不仅供应了东北前线，还大量支援了关内的解放战争。

冬季攻势结束后，东北的国民党军分别被压缩在了长春、沈阳、锦州等几个孤立城市中，其他城市均已解放。于是，城市工作被提到了重要议事日程。东北局及时作出《关于东北解放后的形势与任务的决议》，将工作重心由乡村逐步向城市转移。为适应这种变化，党的工作重心逐渐转变，抽调大批干部做城市工作。东北局还决定将东北局与各省、市、县的民运部一律改为城市工作部，以加强城市工作。1948 年 8 月，东北局召开第一次城市工作会议，研讨东北经济结构和我党应采取的政策。这一会议为我党在东北的城市管理和经济建设工作指明了方向。东北局关于城市和经济工作所作出的一系列决策，标志着东北全党的工作重心已由乡村转移到了城市，并为解放东北全境和支援全国的解放战争做好了准备。

---

① 刘统.解放战争中东北野战军武器来源探讨——兼与杨奎松先生商榷 [J].党的文献，2000（04）:76-81.

　　东北解放战争时期，东北根据地的创建、巩固和发展历经了十分艰苦的过程。在这一过程中，中国共产党积累了丰富的斗争和工作经验。东北根据地的成功建立有力地促进了东北解放战争的胜利和东北地区的全面发展，其作为全国解放战争稳定的战略后方，为全国其他解放区提供了多方援助，极大地加速了全国解放战争的胜利进程。

王佳音　辽沈战役纪念馆

解读塔山阻击战为新时代留下的精神价值

塔山阻击战是解放战争时期东北野战军在塔山地区阻击国民党东进兵团增援锦州的作战。塔山阻击战与黑山阻击战、徐东阻击战并称为解放战争中三大阻击战。塔山阻击战作为一场经典的阵地坚守防御战被收录进美国西点军校教材。

1948年10月，遵照中共中央、中央军委制定的"攻锦打援"的战略部署，东北野战军第二兵团指挥第四纵队、第十一纵队和冀察热辽军区独立第四师、第六师，阻击国民党军东进兵团增援锦州。参战的东北野战军全体指战员"誓与阵地共存亡"，从10月10日到10月15日，顽强固守、反复争夺，抗击国民党陆军、海军、空军的轮番攻击，经过六个昼夜的鏖战，最终以3500余人①的伤亡代价，粉碎了国民党东进兵团增援锦州的企图，保障了锦州攻坚战和辽沈战役的胜利，加快了东北的解放和中国革命的胜利进程。

如今七十多年过去了，战争的硝烟已经散去，但塔山阻击战中东北野战军全体指战员留下的"顾全大局、严守纪律、勇于牺牲、敢打必胜"的精神却世代流传，并在新时代不断绽放新的光彩。

---

① 郭荣辉. 辽沈战役纪实 [M]. 沈阳：白山出版社，2005.

一、解读顾全大局的新时代意义

顾全大局，就是从集体利益出发，识大体，懂大局，不计较个人得失。在塔山阻击战中的大局观就是阻止关内国民党东进兵团增援锦州这一共同目标。塔山，既没有塔，也不是山，几乎是无险可守，尤其是国民党占尽了海陆空的优势、装备先进、武器精良，东北野战军守住塔山几乎就是不可能完成的任务。10 月 4 日，林彪、罗荣桓、刘亚楼在给第二兵团第四纵队、第十一纵队等电令中要求阻援部队采取坚决固守、寸土不让的方针，指出："必须死打硬拼，不应以本身伤亡与缴获多少计算胜利，而应以完成整个战役任务来看待胜利。"[①] 东北野战军全体指战员顾全大局、协同作战、密切配合、死守塔山。明确共同目标之后，各个纵队、师团迅速行动起来，在守好各自阵地的同时密切配合，随时支援其他部队的战友。其中，担任正面防御任务的是第四纵队。其中十二师三十四团负责塔山村、塔山堡、打鱼山岛一线；十二师三十五、三十六团负责白台山；而十师、十一师大部分部队作为预备队，用轮换的方式作战。国民党军占有海空优势，强大的炮火打击过后，野战军阵地上的工事几乎全部被摧毁，战士们伤亡惨重，白台山、塔山阵地前沿，野战军一线守军全部战死，二线战士便立刻发起反扑，与敌人反复争夺。十二师防守的打渔山岛一度失守，而此时十二师已经没有可以补充的兵

---

① 第四野战军战史编写组 . 中国人民解放军第四野战军战史 [M]. 北京：解放军出版社，1998.

力，为了夺取战斗的最终胜利，此时 十师果断派出二十九团火速支援，最终夺回了打渔山岛。正是因为有了顾全大局的意识，不同师团的野战军才会前仆后继、密切配合，取得最终的胜利。

如今战争年代已经远去，在中国共产党领导下的中国人民，在建设中国特色社会主义的道路上，仍然坚持着顾全大局这一宗旨。站在全局角度，坚持全国上下一盘棋，调动各方面的积极性，集中力量办大事是中国特色社会主义制度的显著优势。2020 年初，突如其来的新冠疫情袭来，中国人民的生活面临着巨大的威胁。这次新冠疫情是我国遭遇的传播速度最快、感染范围最广、防控难度最大的一次重大突发公共卫生事件。面对新冠疫情，党中央高度重视、第一时间集中领导，提出"早发现、早报告、早隔离、早治疗"的防控要求，确定"集中患者、集中专家、集中资源、集中救治"的救治要求，各省市的医护资源、各类物资纷纷送入疫情暴发地区。在党中央统一指挥下，全国上下行动起来。新冠疫苗迅速研发、临床试验、投产使用、全民接种。在党的号召下，机关干部纷纷下沉到社区、村镇组织当地群众抗击疫情。经过社会各界的努力，2023 年 1 月 8 日，我国解除了新冠病毒甲类传染病预防、控制措施，对新冠病毒实施"乙类乙管"。在抗击新冠疫情的三年中，中国人民一直坚持着抗击新冠疫情的阻击战，从未松懈。各级党委和政府坚决服从党中央统一指挥、统一协调、统一调度，坚持全国"一盘棋"，坚决抗击疫情。2 月 23 日，国务院联防联控机制举行的新闻发布会上，国家卫健委新闻发言人米锋正式宣布"防控形势总体向好，平稳进入'乙类乙管'常态化防控阶段""我国取得疫情防控重大决定性胜利"。

新时代的顾全大局就是时刻以全局的观念看待世界，将整体利益放在首位,统筹全局看待问题,不计较眼前利益和个人得失,发挥个人优势,相互配合,最后共同达成整体目标。现阶段我国的基本国情是中国仍处于并长期处于社会主义初级阶段,中国社会的主要矛盾是人民日益增长的美好生活需要和不平衡不充分的发展之间的矛盾。在中国共产党的领导下,2020年全面建成小康社会的奋斗目标已经完成,在此基础之上,到2035年,务必基本实现社会主义现代化,这就是新时代全体中国人民奋斗的共同目标。面对全国人民的共同奋斗目标,整体利益主导着个体,个体之间有序、合理地相互配合,个人利益服从国家集体利益,眼前利益服从长远利益,推动中国特色社会主义现代化逐步实现。

二、解读严守纪律的新时代意义

早在1920年9月,蔡和森写信给毛泽东探讨如何在中国建立共产党时,就首次提出"党的纪律为铁的纪律"这一重要观点。从建党之初到现在,中国共产党的纪律已经发展为政治纪律、组织纪律、廉洁纪律、群众纪律、工作纪律和生活纪律,共六大纪律。其中政治纪律是最重要、最根本、最关键的纪律。对于中国共产党来说,严守纪律是保持党的优良传统和独特政治优势的最好方法。作为一个百年大党,中国共产党依靠严守纪律得到人民的信任,最后才取得中国革命和现代化发展的伟大胜利。党的二十大提出"三个务必":即"全党同志务必不忘初心、牢记使命,务必谦虚谨慎、艰苦奋斗,务必敢于斗争、善于斗争,坚定历史自信,增强历史主动,谱写新时代中国特色社会主义更加绚丽的华章"。① 为新时代全面建成社会主义现代化强国、实现第二个百年奋斗目标，和中国式现代化全面推进中华民族伟大复兴提供了纪律保证。只有严守政治纪律，党内政治生态才能和谐发展，自我净化、自我完善、自我革新、自我提高，确保党性永不变色。站在个人角度上，严守纪律在新时代更多地体现为遵守国家法律法规、守纪律、讲规矩，严格要求自己，自省自律，提高自身素质，履职尽责。

三、解读勇于牺牲的新时代意义

在塔山阻击战中，东北野战军全体指战员勇于牺牲、视死如归、与阵地共存亡。面对着国民党军强大的火力优势，一线指战员全部战死，二线指战员迅速补位夺回阵地，他们前仆后继，用鲜血和生命实现了自己"人在阵地在"的誓言。1948 年 10 月 13 日，是国民党进攻最猛烈的一天，经过海空炮火准备之后，号称"赵子龙师"的国民党独立第九十五师向我军铁路桥阵地发起波浪式冲锋。双方反复争夺直至短兵相接。在这场白刃战中，我军伤亡 1000 多人，用血肉之躯铸就钢铁防线，拼死守住阵地，寸土未失。最终塔山阻击战以 3500 余人的伤亡代价，换来了这场坚守阵地防御战的伟大胜利。

中国共产党百年征程中，革命先烈不怕流血、不怕牺牲，换来民族独立、人民解放。如今到了和平年代，自我牺牲不只是关键时刻放弃自

---

① 习近平. 高举中国特色社会主义伟大旗帜　为全面建设社会主义现代化国家而团结奋斗——在中国共产党第二十次全国代表大会上的报告 [M]. 北京：人民出版社，2022.

己的生命，更多的是指一种奉献精神，用自己的努力、牺牲个人的利益，为国家、为社会、为人民做出自己的贡献，不计名利、不计回报。新时代的勇于牺牲是立足于平凡的岗位上，牢记初心和使命，树立大公无私的价值观，淡泊名利，为党和人民的利益而牺牲个人利益，真心实意地为人民服务，为人民办好事、办实事，做到心为民所想、情为民所系、权为民所用、利为民所谋。

四、解读敢打必胜的新时代意义

在塔山阻击战中，十二师三十四团的 18 岁小战士卜凤刚腰别 8 枚手榴弹，只身冲入敌营，俘虏了国民党军 124 人，创造了中外战争史上罕见的奇迹，荣获"孤胆英雄"称号；一营副营长鲍仁川，越过炮火封锁来到塔山村内，组织村内零散人员反击，经过 9 小时的战斗，他们不仅击退敌军，还击毙敌人四五一团正、副团长；十师二十八团二连指导员程远茂带领着一个加强排坚守着 6 个碉堡和 500 米战壕，炮火过后，6 个碉堡被敌人掀翻了 5 个，最后 50 人的队伍只剩下了 7 名战士，他们与敌人展开近身肉搏，直到后续部队赶到……塔山阻击战不仅涌现出无数英雄人物，还有塔山英雄团（十二师三十四团）、白台山英雄团（十二师三十六团）、塔山守备英雄团（十师二十八团）等一些英雄集体。塔山阻击战中荣获毛泽东奖章的有 32 人、朱德奖章 2 人，立功的战士不计其数。他们彰显了东北野战军勇往直前、敢打必胜的精神。

党的二十大主题是"自信自强、守正创新、踔厉奋发、勇毅前行"，生动地体现了敢打必胜的精神。"自信自强"是敢打必胜的内在动力和基本前提，指既要有信心、有勇气、不畏困难，又要有能力求真务实解决问题。1970 年 4 月 24 日，中国第一颗人造卫星东方红一号升空，开始了中国人的航天梦。几十年来，中国一代又一代的航天人自信自强、敢打必胜、从无到有、从弱到强，从东方红到北斗，从神舟一号到十四号，嫦娥揽月、祝融探火、羲和逐日，中国航天人勇于挑战、攻坚克难、勇往直前。在新时代，未知的困难和挑战是无法避免的，当遇到困难时，正视困难，有敢打必胜的决心尤其重要，唯有敢于担当、敢于突破、敢于创新、迎难而上，才能把握住新的机遇和挑战。

七十多年前，一场震惊中外的塔山阻击战为后人留下了"顾全大局、严守纪律、勇于牺牲、敢打必胜"的精神财富。随着时代的发展，这种宝贵的精神与时俱进，在它的感召下，当代中国人民将整体利益放在首位、不忘初心、牢记使命、无私奉献、勇毅前行，将新时代的塔山精神代代相传，发扬光大。

郝　悦　辽沈战役纪念馆

从辽西会战作战方针形成过程看
党的集中统一领导

辽西会战是辽沈战役的重要组成部分。辽西会战消灭了东北国民党军的主力——廖耀湘西进兵团 10 万余人，创造了人民解放军分割包围歼敌军重兵团的范例，取得了辽沈战役决定性的胜利。战前，中央军委与东北野战军（以下简称东野）指挥机关往返电报十余封，不断根据敌情变化研究制定下一步作战方针。在党的集中统一领导下，东野指挥机关准确把握战局形势发展变化，最终确定全歼廖耀湘兵团作战计划。辽西会战是对辽沈战役胜利起决定性作用的关键一仗。战争中，充分体现了党把方向、谋大局、定政策的能力和定力。辽西会战之所以取得胜利，关键在于以毛泽东同志为核心的具有崇高威望、坚强有力的中央领导集体作出了正确的战略决策，党的集中统一领导，为战争的胜利提供了坚强保证。在全面建设社会主义现代化国家的新征程上，我们要坚决维护党中央权威，坚持党的集中统一领导，确保党在中国特色社会主义事业中的坚强领导核心地位。

一、辽西会战作战方针形成过程

1948 年 10 月上旬，廖耀湘的西进兵团向新民、巨流河集中，计划向新立屯、彰武进击，企图切断我军后方运输补给线。这一操作不但没有对我攻锦部队造成直接威胁，反而为下一步我军全歼该兵团创造了有利态势。

1948 年 10 月 15 日锦州解放，随即 19 日长春也获得解放。蒋介石如坐针毡。他虽然意识到东北局势已经无法挽回，只有将沈阳主力撤出东北才可免遭覆没，但早在他派兵抢占东北之初就已经想到：东北若丢失，华北亦将不保 ①。所以，即使能把东北二三十万部队全部安全从海路（营口）撤走，届时东野必将大举南下，那么华北地区国民党军将很难抵挡。因此，他先后于 10 月 15 日和 10 月 18 日两次带着时任徐州"剿总"副总司令的杜聿明飞赴沈阳，同卫立煌等东北将领商讨下一步作战方针，部署从东北总撤退。然而他们撤退的最佳时机已经错过，此时距离 11 月冰冻期仅剩半个月，加上运输船只不足，所以根本无法在短时间内把那么多的部队全部从东北撤出 ②。

在西进兵团的行动部署上，国民党军主要将领各执己见，争论不休。卫立煌认为西进兵团应迅速撤回沈阳，以避免被各个击破；廖耀湘认为退回沈阳是慢性自杀，无异于是第二个长春，因此他主张撤向营口（只需两天的急行军就可到达），再从海路撤退 ③。蒋介石根据他得到的空中侦察的"错误"报告（实则是东野向锦西佯动），判断东野在攻锦时

---

① 中共中央党史资料征集委员会，中国人民解放军辽沈战役纪念馆建馆委员会，《辽沈决战》编审小组 . 辽沈战役（上册）[M]. 北京：人民出版社，1988:440.
② 中共中央党史资料征集委员会，中国人民解放军辽沈战役纪念馆建馆委员会，《辽沈决战》编审小组 . 辽沈战役（上册）[M]. 北京：人民出版社，1988:443.
③ 中共中央党史资料征集委员会，中国人民解放军辽沈战役纪念馆建馆委员会，《辽沈决战》编审小组 . 辽沈战役（上册）[M]. 北京：人民出版社，1988:445.

伤亡很大，非经休整不能再战。他依旧幻想着能在撤出东北前给予解放军一个打击，以减轻华北的压力，所以主张从陆路撤退，趁机夺回锦州。各方争执不下，最后蒋介石同意了杜聿明所提出的折中方案：以营口为后方，主力向黑山、大虎山攻击前进，成，则收复锦州；不成，则向营口撤退。

　　毛泽东和林彪早在攻打锦州时就已经在考虑酝酿下一步的行动了。面对瞬息万变的战场形势，以毛泽东同志为首的党中央总揽全局、运筹帷幄，在充分尊重战场指挥员意见的基础上，不断根据敌情变化作出判断，调整作战方针，更改作战方向。起初，毛泽东主张东野继续实施"攻锦打援"战略部署，即在拿下锦州后应以 27 个师的绝对优势乘胜打锦西、葫芦岛（以下简称锦葫）国民党军的 11 个师，以吸引沈阳国民党军主力增援锦西，使其无法赶在 11 月营口封冻前从海上撤退[①]。但当锦州、长春解放后，国民党军西进兵团行动犹豫不决，重占锦州、退营口、回沈阳都有可能。面对错综复杂的情况，中央军委和东野也在不断根据敌情作出判断，改变决心，修订计划。基本的指导思想就是阻止国民党军从东北总退却。鉴于锦葫地区地形狭窄，无法展开大部队，短时间里难以解决战斗；同时，新立屯和彰武国民党军若乘虚占领锦州则会陷入被动。因此，林彪主张诱使西进兵团深入，打一个大歼灭战，全歼西进兵团。10 月 19 日，中央军委指出，在锦葫、沈阳两路国民党军向我军寻战的情形下，我军"采取诱敌深入打大歼灭战的方针甚为正确"[②]。随

[①] 毛泽东军事文集：第五卷 [M]. 北京：军事科学出版社、中央文献出版社，1993:94.
[②] 毛泽东军事文集：第五卷 [M]. 北京：军事科学出版社、中央文献出版社，1993:103.

后中央军委根据"沈敌决心撤退"这一敌情变化及东野电报提出的攻锦葫或攻新立屯两种意见，指示东野须用全力抓住沈敌，在歼灭沈敌以前，将锦葫由攻击目标改为钳制目标，改打廖耀湘。10 月 20 日中央军委又先后发出 3 封电报，表示完全同意不打锦葫而打廖耀湘的意见，并指示东野指挥机关立即部署全歼廖耀湘西进兵团，"关于具体部署，由你们根据情况相机处理"①，同时提出"对歼灭廖耀湘兵团意见具体部署的意见"②供考虑。至此，辽西会战作战方针既定。随即，我攻打锦州的部队发扬不怕牺牲、不怕疲劳、连续作战的作风，乘胜回头围歼沈阳西援之敌，除以 3 个师迷惑敌军（向西佯动，沿途筹集粮草，摆出大军即将进入关内的势态），主力兵分两路秘密向黑山、大虎山前进，消灭廖耀湘兵团。

　　1948 年 10 月 23 日至 25 日，廖耀湘西进兵团向黑山、大虎山发起猛攻，负责守住黑山、大虎山阵地的东北野战军第十纵队顽强地堵住了国民党军南下的退路，为全歼西进兵团创造了条件。10 月 26 日，随着东野攻锦主力部队的陆续到达，在辽西 120 平方公里的地域内，东北我军展开了规模巨大的围歼战。第三纵队在胡家窝棚捣毁了国民党军西进兵团的指挥部。廖耀湘"被三纵队一棒子就打碎了头"致使兵团一下子散了③。经过两天战斗，至 10 月 28 日拂晓，西进兵团 10 万余人全部被歼灭，兵团司令廖耀湘及军长李涛、向凤武、郑庭岌等高级将领被俘。

① 毛泽东军事文选：第五卷 [M]. 北京：军事科学出版社、中央文献出版社，1993：112.
② 毛泽东军事文选：第五卷 [M]. 北京：军事科学出版社、中央文献出版社，1993：112.
③ 中共中央党史资料征集委员会等 . 辽沈决战（上）[M]. 北京：人民出版社，1988：468.

二、党的集中统一领导为战争的胜利提供了坚强保证

辽西会战之所以取得胜利，关键在于以毛泽东同志为核心的具有崇高威望、坚强有力的中央领导集体作出了正确的战略决策：随着战局的发展和敌情的不断变化，及时调整、纠正攻击方向，最终确定诱敌深入打大歼灭战的作战方针，举行辽西围歼战，消灭了廖耀湘西进兵团，取得了辽沈战役的决定性胜利。这一战略决策，使党赢得了战略上的主动。与此同时，全党同志自觉地服从中央，确保党的团结统一，创造性地完成了党中央赋予的任务，从而取得了战争的胜利。

由此可见，中国革命战争的胜利，是中国共产党正确领导的结果，是中国共产党正确制定和实施路线、方针、政策的结果。党的集中统一领导，为战争的胜利提供了坚强保证。

解放战争后期，为了加强党和军队纪律，毛泽东主席提出"加强纪律性，革命无不胜"这一著名口号。1948年，解放战争进入夺取全国胜利的战略决战阶段。中国共产党的组织也随着解放战争的顺利发展日益发展壮大，我们党已经拥有了300多万名党员，此时党内和军队内部不乏无纪律无政府状态，而战略反攻的战争态势迫切要求党迅速克服这种不利态势，迫切要求实行高度的集中统一领导，做到在思想上、政治上、组织上的高度一致①。

---

① 新民主主义革命伟大胜利的原因和基本经验是什么？［OL］.共产党网：www.12371.cn/2022/05/18/ARTI1652863752533402.shtml?share_token=b9d90dc6-a330-4edf-b253-fb5b586f1b43，2022-05-18/2022-11-22.

　　党中央毛主席洞察秋毫，早在 1948 年 1 月 7 日就为中共中央起草了《关于建立报告制度》的党内指示，对各中央局、分局、各野战军首长和军区首长作出要定期向中央作报告的要求①。1948 年 4 月 10 日，毛泽东在写给华东局并告各中央局、分局、前委的电报中厉声强调：必须将全国一切可能和必须统一的权力统一于中央②。这一时期，中央先后多次发出指示，通过完善制度切实反对党内分散主义。1948 年 9 月，党中央政治局会议又作出了关于执行请示报告制度的决议。9 月 20 日，毛主席在为中央起草的《关于健全党委制》的决定中，总结了建党以来党内实行集体领导的成功经验，对加强党的集体领导、反对党内分散主义起到了重大的推动作用③。全党全军普遍建立起的请示报告制度，从规章制度上进一步保证了党中央的集中统一领导，进而保证了解放战争的胜利；一系列严格集中统一的领导措施，为中国共产党集中全党之力夺取战争胜利、建立全国政权奠定了基础。

三、党的集中统一领导是中国不断取得胜利的根本保证

　　回顾党的百年奋斗历程，从抗日战争到新中国的成立，从"两弹一星"的研制到"神舟五号"飞船与"天宫二号"发射，从脱贫攻坚和新

---

① 中共中央党史研究室. 中国共产党大事记·1948 年［OL］. 人民网：http://cpc.people.com.cn/GB/64162/64164/4416006.htm?ivk_sa=1024320u.
② 中共中央党史研究室. 中国共产党大事记·1948 年［OL］. 人民网：http://cpc.people.com.cn/GB/64162/64164/4416006.htm?ivk_sa=1024320u.
③ 中共中央党史研究室. 中国共产党大事记·1948 年［OL］. 人民网：http://cpc.people.com.cn/GB/64162/64164/4416006.html?ivk_sa=1024320u.

冠疫情防控的胜利到核心技术、科技发展等方面取得的重大突破和成就，我们党领导中国人民战胜了一个又一个困难，取得了一个又一个胜利。历史充分证明，正是因为有党中央权威和集中统一领导，中国革命、建设、改革才能不断从胜利走向胜利。中国共产党的领导核心作用是我们战胜风险挑战、不断夺取胜利的关键所在。

"坚持党中央权威和集中统一领导，集中全党智慧，体现全党共同意志，是我们党的一大创举"。①党的十八大以来，以习近平同志为核心的党中央审时度势，做出重大战略部署，制定一系列"为中国人民谋幸福、为中华民族谋复兴"的重要举措，它的实现离不开党的集中统一领导和全国各族人民齐心协力的共同奋斗。纵观党的百年发展史，我们党之所以能展现出强大的政治动员力，汇聚服务人民、建设国家的强大力量；党和国家事业之所以能取得历史性成就，发生历史性变革，归根结底是因为我们有党中央的集中统一领导，是因为充分发挥民主集中制、贯彻落实"以人民为中心"的发展理念。②党的集中统一领导是中国不断取得胜利的根本保证，这是我们党历经一百多年发展实践，通过不懈探索积累出的宝贵经验。

革命战争年代，我们党靠铁的纪律保证，团结带领人民打败了穷凶极恶的敌人，夺取了中国革命的胜利。新的历史条件下，面对更加复杂的形势和更加艰巨的任务，我们党更要加强纪律建设。我们要统一意志、

① 卢毅.坚持党中央集中统一领导的历程及启示［OL］.求是网：http://www.qstheory.cn/dukan/hqwg/2022-05/10/c_1128637050.htm.
② 李宏芳.新时代新征程，毫不动摇坚持党的集中统一领导［OL］.光明网：https://m.gmw.cn/baijia/2022-01/12/35443079.html.

统一行动、步调一致前进，要自觉维护党的团结统一。踏上全面建设社会主义现代化国家的新征程，我们更要坚持党的集中统一领导，坚持党的全面、系统和整体的领导，确保党始终总揽全局、协调各方，更好发挥党把方向、谋大局、定政策、促改革的作用。要坚持以习近平同志为党中央的核心、全党的核心，坚持习近平新时代中国特色社会主义思想的指导地位。[①] 要坚决维护党中央权威和集中统一领导的体制机制，从而保障人民当家作主的根本权利，保证我们党和国家事业从胜利走向胜利。

党的集中统一领导是党的领导的最高原则。加强和维护党中央集中统一领导，是我们全党同志共同的政治责任。[②] 风雨来袭时，中国人民和中华民族最可靠的主心骨是党的领导。在党的集中统一领导下，中华儿女必将自信自强、砥砺奋进、攻坚克难、守正创新，中国特色社会主义事业必将从胜利走向胜利，从辉煌走向辉煌。

才永凤　辽沈战役纪念馆

---

① 卢毅. 坚持党中央集中统一领导的历程及启示 [OL]. 求是网：http://www.qstheory. cn/dukan/hqwg/2022-05/10/c_1128637050.htm.

② 卢毅. 坚持党中央集中统一领导的历程及启示 [OL]. 求是网：http://www.qstheory. cn/dukan/hqwg/2022-05/10/c_1128637050.htm.

试析解放战争初期中国共产党
东北方针的变化

随着抗日战争的胜利，国内政治形势发生急剧的变化，中国共产党与国民党开始了争夺东北的斗争，这是一场关系到中国前途和人民命运的斗争。东北解放战争初期，中国共产党领导的军队先入东北，但处境十分艰难。国民党军队在进攻初期拥有显然优势。面对国内外形势的许多未知数和变数，中国共产党多次调整决策和部署，先后制定"向北发展，向南防御""让开大路，占领两厢""建立巩固的东北根据地"等方针，逐渐站稳了脚跟，扭转了整个东北战场的局势，为人民解放军发起辽沈战役准备了条件，为取得东北解放战争胜利奠定了巩固、坚实的基础。

一、解放战争初期的东北局势

抗日战争中，东北这块黑土地历经长期战火洗礼，东北军民进行了长达十四年艰苦卓绝的斗争。1945年2月，抗日战争即将胜利之际，美国、英国、苏联三国召开雅尔塔会议，签订密约《雅尔塔协定》，以划分势力范围，三国约定：苏联在欧洲战事结束以后的3个月内开始对日本作战。而出兵的条件是苏联取得在大连、旅顺的特权，以攫取东北的利益，并掌控中东铁路及南满铁路，为其准备便利条件，这是在中国并没有参加会议的情况下确定的。8月8日，苏联政府对日宣战。9日，苏联红军出兵东北。中共中央毛泽东主席为团结抗日力量，于当日发表《对日寇最后一战》的声明，随后，八路军各部向东北进军，配合苏军作战，解放东北。

8月14日，中国国民党政府同苏联政府签订《中苏友好同盟条约》，国民党凭借合法政府的身份要求苏联进军中国东北所控制的地区，只能交给国民党政府接管，企图以此接收东北。1945年8月15日，日本宣布无条件投降。此时，国民党440万军队中的一半以上在西南、西北等大后方，在东北没有一兵一卒，蒋介石还没有做好全面内战的准备工作，"华东、华北地区的大城市和交通要道，又大部分处于我八路军、新四军的包围之中，战略态势对国民党非常不利。"[①]

国民党政府为了抢夺抗战胜利果实，接连下了三道命令，阻止人民军队受降。同时，为了争取时间准备内战，蒋介石三次电邀毛泽东主席赴重庆谈判。经过43天的谈判，1945年10月10日，国共双方签订了《政府与中共代表会谈纪要》。国民党表面上同意和平建国的基本方针，"但军队的整编问题和解放区的问题仍然没有解决"[②]，谈判还在继续进行。《政府与中共代表会谈纪要》成为一纸空文，并没能制止内战，谈判只是蒋介石拖延时间的手段，他的真实目的是怎样的呢？缓和国际舆论压

①军事科学院军事历史研究部.中国人民解放军战史：第三卷[M].北京：军事科学出版社，1987：3.
②军事科学院军事历史研究部.中国人民解放军战史：第三卷[M].北京：军事科学出版社，1987：5.

力，窥探共产党的底线，抓紧运兵到内战前线，才是蒋介石的真实意图。在1945年9月20日给各战区司令长官的一份密电中，曾清楚地写道："待国军控制所有战略据点、交通线，将寇军完全受降后，再以有利之优越军事形势与奸党作具体谈判。彼如不能在军令政令统一原则下屈服，即以土匪清剿之。"①

二、适时确立"向北发展，向南防御"的战略方针，把建立东北根据地作为战略重点

中国共产党积极争取和平，同时也对内战的严重危险作出清醒判断。党中央、毛泽东主席再三强调要做好充分的精神准备，全党全军要高度警惕蒋介石的反革命突然袭击，"使全党全军的思想，统一在争取和、准备打、立足于打的基础上"。②当时，我军进入东北的部队与东北抗日联军配合作战，已控制了一些地区并迅速发展了力量。

东北工业基础雄厚，广阔的黑土地上资源非常丰富，交通十分便利，南与关内的根据地相邻，可配合关内作战，其余三面分别与朝鲜、蒙古、苏联接壤，便于得到国际支持与援助。共产党早就对东北战略地位有清晰的认识，在中共七大上《关于第七届候补中央委员选举问题》的讲话中，毛泽东主席就指出："东北是很重要的，从我们党，从中国革命的

①军事科学院军事历史研究部.中国人民解放军战史:第三卷[M].北京:军事科学出版社，1987:3.
②军事科学院军事历史研究部.中国人民解放军战史:第三卷[M].北京:军事科学出版社，1987:36.

最近将来的前途看，东北是特别重要的。如果我们把现有的一切根据地都丢了，只要我们有了东北，那么中国革命就有了巩固的基础。当然，其它根据地没有丢，我们又有了东北，中国革命的基础就更巩固了。"①中国共产党争取并掌握东北的早期战术思想已初步形成，从此以后，东北地区成为国共双方争夺的焦点。

9月15日，党中央令彭真、陈云、程子华、林枫、伍修权组成中共中央东北局，立即赴东北，并向各中央分局发出指示电，抽调100个团的部队干部去东北，先后派遣四分之一以上的中央委员率领2万党政干部和10万大军海陆并进，开赴东北。代理党中央主席刘少奇根据情况变化，于9月19日为党中央起草了《关于向北发展向南防御的战略方针部署的指示》，指出"向北发展，向南防御"为全国的战备方针，"集中力量力争控制和发展东北，以改变敌人在战略上对我长期四面包围的局面"②，为夺取全国解放战争的胜利，把东北建成我党我军的主要战略基地。"要竭尽全力，霸占全东北"③，如果没能达到独占的目的，也要尽可能发展力量，打击国民党军，为谈判争取有利条件。至此，争取"独占东北"的新战略已经形成

中国共产党坚持人民立场，积极争取和平，主张建立一个独立、自由、民主、统一、富强的新中国，发出"向北发展，向南防御"的战略方针，把建立东北根据地作为战略重点，对国民党的假和谈保持高度警惕，使全

---

① 毛泽东文集：第三卷 [M]. 北京：人民出版社，1996：426.

② 军事科学院军事历史研究部.中国人民解放军战史：第三卷[M]. 北京：军事科学出版社，1987：9.

③ 彭真文选 [M]. 北京：人民出版社，1991：634.

党全军统一在争取和、准备打、立足于打的基础上，从而立足于主动地位。

三、审时度势制定"让开大路，占领两厢"方针，发出建立东北根据地的指示，指明了建立巩固根据地的正确方向

国民党政府一面假和谈，一面在美国政府的支持下，调运部队到内战前线，进攻东北，迅速占领山海关至锦州等辽西走廊上的多座城市，抢占沈阳后，一路北进，还勾结东北境内反动武装和十几万土匪抢占要点城市，企图控制全东北。苏联受到《雅尔塔协定》限制，对美、蒋妥协，根据《中苏友好同盟条约》，要将苏军进驻的大城市及交通线移交国民党政府，严令中共领导的武装力量撤出东北的铁路干线及各个大中城市。

关内我军进入东北后，还没有来得及进行休整和补充；新扩编的部队尚未进行整训，思想还不统一，部队很不稳定；东北群众对我党缺乏了解，对国民党存在盲目正统观念，我军没有巩固的根据地作为后方。虽然在广大农村、一些中小城市和次要交通线开展了一些活动，但"我军不可能阻止国民党军进入东北并控制主要铁路干线和大城市"。[①]双方实力相差悬殊，此时我党独占东北已不可能。

二战结束后，美苏矛盾逐渐升温，苏联出于自身利益考虑，对国民党和共产党采取两面政策，时而支持国民党，时而支持共产党，态度捉摸不定。1945年11月，黄克诚从苏北赶到东北，对面临的实际情况作

---

① 军事科学院军事历史研究部.中国人民解放军战史：第三卷[M].北京：军事科学出版社，1987：25.

了客观分析，在给中央的电报中提到我们面临着"无党、无群众、无政权、无粮食、无经费、无医药、无衣服鞋袜"的七无艰难处境，这种状况下很难打胜仗，继续发展下去，后果不堪设想。

1945年11月2日，中共北满分局成立，陈云任书记。他在沈阳、哈尔滨等多地开展了全面的调查研究，通过对苏美政策、国民党战略和民众情况与各级干部思想动向的分析，逐渐形成了全满战略思想，指出创建东北根据地的重要性，发电报告中央。

为顺利接收东北，国民党在武力进攻的同时，对苏联展开外交攻势，苏军迫于压力要求共产党领导的东北人民自治军退出铁路线若干公里以外，而且不准在有苏军驻处与国民党军作战。11月28日，中共中央指示东北局："目前你们应以控制长春铁路以外之中小城市、次要铁路及广大乡村为工作重心"，与东北人民密切联系，提出了"让开大路，占领两厢"的方针。

经过对东北具体情况的调查和对三个月来经验教训的研究，陈云首先提出建立东北根据地的思想，11月29日、30日，以北满分局的名义给东北局、中央发出《对满洲工作的几点意见》的电报："我们必须承认，首先独占三大城市及长春铁路干线以独占满洲，这种可能性现在是没有的。因此，当前满洲工作的基本方针，应该是把主要的武装力量及干部，有计划地主动地和迅速地分散到北满、东满、西满，包括广大乡村、中小城市及铁路支线的战略地区"，扩大我军力量，肃清土匪反动武装，放手发动群众，在乡村建立根据地。报告还系统阐述如何在北满的乡村、中小城市，及铁路支线建立根据地等问题，中央表示完全赞同。

党中央分析时局变化，及时调整在东北的政策、方针和战略部署，

12月28日向东北局发出了《建立巩固的东北根据地》①的指示，指出我党在东北此时的主要任务是在中小城市和广大乡村建立巩固根据地，把工作重心放在群众工作上，消灭土匪，建立政权，解决群众的实际困难，群众才会拥护我们，这对我党我军在东北站稳脚跟并争取胜利，具有决定性意义。

中国共产党正确地分析时局，审时度势提出"让开大路，占领两厢"的方针，及时发出建立巩固东北根据地的重要指示，东北我党我军迅速做出战略转变，为建立东北根据地指明了方向。

四、统一创建巩固根据地的思想，保持正确的思想统领

《双十协定》并没能制止内战，国共双方的战斗还在继续，谈判还在进行，毛主席指示东北民主联军打击进犯的国民党军，坚决扼守四平，全力控制北满。1946年3月18日东北民主联军攻占四平，4月18日国民党军大举进攻四平，我军调集主力打响四平保卫战，浴血奋战一个月，最后为摆脱被动，保存实力，主动撤出四平，退到松花江北的北满根据地休养整顿，国民党军趁机进占长春、吉林。

国民党军争取时间，整顿内部，巩固已占有地区，并等待增援，为发动更大规模的进攻创造条件，6月7日与共产党签订了东北休战15天的协定，期满后，又要求延长休战期限。在此期间，东北的我党、政、军集中全力加强根据地的建设和部队的整训。

---

① 中共中央党史资料征集委员会等.辽沈决战（上）[M].北京：人民出版社，1988:25-28.

四平保卫战后，根据地尚未建立起来，我党在东北处于大兵压境、土匪骚扰、经济紧张的困境，关于敌我双方形势很多干部认识不清，目前工作重心应该在城市还是在乡村存在分歧，部队战场作战原则问题也不明确。由于苏联红军态度捉摸不定，使得许多干部对其抱有极大幻想，忽视农村工作，留恋大城市，对现实形势缺乏客观的认识，没有做长期斗争的准备，这些问题都亟待解决。

1946 年 7 月，中共中央东北局扩大会议在哈尔滨召开，7 日，通过了《关于形势和任务的决议》。陈云在"决议"中深刻总结了我党进入东北以来的工作经验和教训，全面分析了目前东北战场敌强我弱的严峻形势，强调了坚决执行党中央建立巩固东北根据地方针，并指出其重要意义，及时统一了东北我党我军的指导思想。"创造根据地是我们工作的第一位，并把重点放在中小城市和广大乡村。……创造根据地的主要内容是发动群众。……我军的作战原则：不在于城市和要点一时的得失，而是力求消灭敌人"①。毛泽东主席在对这一"决议"所作的修改稿中进一步指出，要从战争，从群众工作，从解决土地问题改善人民生活，尽力增加我党领导的革命力量，密切联系群众，充分发动群众。毛泽东主席批准了这个对东北斗争形势有决定性作用的纲领性文献。

会后，东北局抽调 12000 名干部深入扎根农村，发动群众，解决农民迫切需要解决的问题，宣传我党的群众路线，积极建设后方根据地。土地改革是东北根据地建设的主要任务，中国共产党发动土地改革，实行耕者有其田的土地制度，不分男女老幼，统一平均分配。翻身农民从

---

① 中共中央党史资料征集委员会等 . 辽沈决战（上）[M]. 北京：人民出版社，1988:46-47.

此获得了新生，他们加紧生产，积极投入到生产支前热潮中。东北民主联军还抽派三分之一兵力去剿匪，北满地区前后共计歼灭土匪 79000 余人，彻底消除了匪患。剿匪斗争的胜利，保护了群众免受土匪袭扰，安定了人心，保证了土地改革运动和根据地建设的顺利进行。这些工作让群众转变了盲目正统观念，认识到共产党才是真正为人民的，坚定了跟共产党走的信念，逐渐建立起稳固的根据地，群众为前线提供源源不断的人力、物力支援。仅合江省，"从一九四六年九月到一九四八年十月，共输送子弟兵六万二千余人到主力兵团"[①]，这是根据地建设的重大收获。

中国共产党统一了创建巩固根据地的思想，坚持建立东北根据地的正确轨道，适时调整东北全党的工作方针，转变战略重心，各地逐渐建立起巩固的根据地，使东北党政军保持正确的思想统领。

五、成功扭转东北战局，为展开辽沈战役奠定了坚实的基础

1946 年 10 月，东北战场停战四个月后战事再起。国民党调整部署，"先南后北，南攻北守"，派出重兵大举进攻南满，企图将我军困绝或消灭于长白山区。面对国民党军的进攻，中共中央东北局制定了"坚持南满，巩固北满，南打北拉，北打南拉，南北密切配合，集中优势兵力，主动打击国民党军"的战略方针。我军虽然取得了新开岭战役胜利，但国民党军大举进攻南满，形势危急。

---

① 中共中央党史资料征集委员会等 . 辽沈决战（下）[M]. 北京：人民出版社，1988:66.

11月，陈云、萧劲光被派到南满分局工作。此时南满仅剩下四个小县，可以说是困难重重。临江、长白、抚松、濛江地处长白山区，地幅狭小，山高林密，交通不便，物资匮乏，补给困难，缺医少药；群众并未真正发动起来，兵员不足，粮食不足，支前工作困难；加上1946年冬天的极寒天气，部队冬装不足，对于能否坚持，很多同志意见不统一。

为了消除大家的畏战情绪，辽东军区于12月11—14日在七道江召开师以上干部会议。陈云向参会干部全面阐述了坚持南满的重要意义，详细分析了敌我形势，坚持南满根据地，使南北满形成掎角之势，端正了思想，统一了认识。最后会议通过了"坚持南满、巩固长白山、坚持敌后斗争"的方针，制定了内线作战与外线作战相配合，正面战场与敌后战场协同，运动战与游击战相结合的作战指导原则。七道江会议的决策，得到了东北局的支持。坚持南满不仅是争一时一地得失的独立作战，更是为了保卫北满和关内的解放区。"所以我们坚持南满，北满应该配合，及时出兵。"[①]

1946年12月17日—1947年4月3日，东北民主联军南满部队内、外线密切配合，经过108天的奋战，取得了三下江南、四保临江战役胜利，挫败了国民党军"先南后北"的企图。战役期间，南满兵源不足，粮食补给十分困难，北满不仅在人力、物力给予大力支持，而且在战役部署上协同配合，中国共产党着眼东北全局，各地配合下活了这盘棋，掌握了东北战场的主动权。

中国共产党在七道江会议的历史关键时刻做出坚持南满的正确决

---

① 李藕堂.陈云在临江 [M].北京：中央文献出版社，2001：99.

策，领导取得了三下江南、四保临江战役的胜利，巩固了南满，保卫了北满，成功扭转了东北战场局势，摆脱被动转入战略反攻阶段，为辽沈战役的展开奠定了巩固、坚实的基础。

东北解放战争初期，面对国内外各种矛盾错综复杂的形势，中国共产党审时度势，适时确立"向北发展，向南防御"的战略方针，把东北作为战略重点；及时制定"让开大路，占领两厢"方针，发出"建立东北根据地"的指示，走上正确轨道；统一创建巩固根据地的思想，为东北党政军保持正确的思想统领；在七道江会议的历史关键时刻科学决策，巩固了南满根据地，保卫了北满根据地，成功扭转了东北战局，为辽沈战役展开准备了条件，为东北解放战争胜利奠定了坚实的基础。

于莉莉　辽沈战役纪念馆

解放战争时期东北解放区
农村政权的建立与发展

东北根据地的建设和土地改革运动一直以来都是解放战争史研究中探讨较多的课题之一，但大多研究均偏重于根据地建设及土地改革的方针、政策和步骤、意义，农村政权作为东北根据地建设和土地改革运动的直接产物，往往鲜有深入探究。东北农村政权建设同关内解放区相比，无论是在产生、演变过程还是影响上，都具有自己的特点。本文将尝试从东北农村政权的产生、演变过程及对决策控制的影响等方面进行分析，以期抛砖引玉，与各位同仁共同探讨。

一、东北农村政权是土地改革运动的直接产物

1945 年抗战胜利后，我党派出两万干部、十万大军，海陆并进，挺进东北。在极其艰难的条件下，我党开始了建立巩固的东北根据地的工作。以 1945 年底到 1946 年初的反奸清算、分配敌伪土地的斗争为开端，开展土地改革运动来唤起农民群众对我党的支持，进而建立巩固的农村政权，为根据地建设提供了基础。这和关内敌后根据地首先开展减租减息，继而过渡到土地改革来发动农民有所不同，很大程度上也是由东北当时的政治形势和经济形势决定的。

九一八事变后，日本在东北农村建立了大量如宪兵队、警察署等军事、政治的统治机构，农民几乎不享有任何政治权利和人身自由。加之日伪长达14年的统治使国共双方在东北农村政权方面基础均十分薄弱，这就致使苏联出兵东北、日本宣布无条件投降后，东北的广大地区在军事上、政治上成为了真空地带，除苏联红军占领的一些主要铁路线上的大、中城市外，广大农村则处于无政府状态。此时，一些伪县长、警察署长在地主豪绅的支持下与反动势力相勾结，摇身一变成为维持会会长、国民党的公安局长。他们接受国民党的委任，组织地主武装，控制乡村政权，继续对农民进行更严密、更残暴的统治。农民刚刚摆脱了14年日伪殖民统治却仍处于被奴役的地位，在政治上翻身作主人的愿望十分迫切。

此时，东北农村最尖锐的阶级斗争是围绕土地问题展开的。东北的土地占有情况和关内一样，土地集中情况日趋严重，分配极不合理。在我军进入东北前，东北的绝大部分土地都被地主、富农和汉奸所霸占，而占农村人口70%以上的贫雇农却很少占有土地，甚至根本没有土地。据相关文献记载，黑龙江省土改前，占农村户数5%的地主，却占有总耕地面积40%以上，无地农户占农村人口的50%以上。吉林省永吉北部地区，占农村户数4.6%的地主，占有总耕地面积39.18%，占农村66.2%的贫雇农只占有9.2%的耕地[1]。日伪在长达14年的统治中，更是集中了大量的土地。仅分布在东满、北满的"满拓地""开拓地"就

---

[1] 石雅贞. 略论东北解放区土地改革的经济依据 [J].《东北师大学报（哲学社会科学版）》1984（03）：16-23.

约占当时东北总耕地面积的 10%—15%。抗日战争胜利后，东北农民的土地要求集中在分配"满拓地"和"开拓地"上，但一些地主、富农、汉奸趁机利用其政治上的优势，在"地归原主"的口号下，强占"满拓地""开拓地"并归为己有，土地兼并持续发展。由于土地的高度集中，农业生产失去了可持续发展的可能，农村经济日渐衰落，农民生活也日益贫困，甚至连简单的再生产都难以进行。农民仍然在贫困的境地中挣扎。

人民群众是政权建设的基础。在东北解放战争初期，农村是我党、我军革命的主要地区，因而发动农民建立根据地是关键，是各项工作的基础。日伪在东北长达 14 年的殖民统治使东北人民特别是农民群众在客观上与我党形成了历史性的隔离状态。因此，只有首先发动群众才能开展根据地建设的各项工作。东北农村的政权建设，一开始便与农民运动紧密结合在了一起。

1945 年山海关、锦州一线失守，我军被迫转入战略防御。在这种形势下，中央发出了《关于准备撤出大城市控制乡村的指示》，指出："我企图独占东北，无此可能……目前你们应以控制长春路以外之中小城市，次要铁路及广大乡村为工作重心。"12 月 28 日，中央发出《建立巩固的东北根据地》的指示，正式确定"我党现时在东北的任务，是建立根据地，是在东满、北满、西满建立巩固的军事政治的根据地"。同时指出"我党在东北的工作重心是群众工作"，要通过发动人民开展清算汉奸斗争、减租和增加工资运动、生产运动，给人民以看得见的物质利益，并在斗争中组织各种群众团体，建立党的核心，建立群众的武装和人民的政权，把群众斗争从经济斗争迅速提高到政治斗争和参加根据地建设上来。1946 年 3 月 20 日，东北局发出了《关于处理日伪土地的指示》，指出："所有东北境内一切日伪地产，开拓地、满拓地以及日本人和大汉奸所有地，应立即无代价地分配给无地和少地的农民、贫农所有，以利春耕，以增民食，以免致荒芜。"[①] 此后，东北局迅速组成工作团奔赴农村，结合反奸清算斗争开展了分配土地运动。我党提出将敌伪土地分配给无地和少地的农民，而不是"退还原主"等主张得到了农民的拥护和响应，并积极行动起来。在工作团的支持帮助下，农民组成了以贫雇农为主的分地评议会、农会等组织，带领群众分配敌伪土地。在这场斗争中，东北局把看得见的物质利益直接分给农民群众，广大农民也一改过去的消极态度，积极参加斗争。在工作团的扶持下，以贫雇农为主的农会等群众组织得以建立，并作为农村政权的雏形成为农民运动的领导核心。工作团则依靠这些贫雇农组织，通过反奸清算斗争使农民直接获得土地和财产。仅延吉、珲春、汪清三县就分配"公地"达8.2万公顷。这不仅实实在在地解决了农民迫切需要的物质利益，而且因势利导地将农民的民族斗争觉悟向对地主阶级、国民党反动派的阶级斗争觉悟上转移，这使我党在东北农村的影响迅速扩大。1946年5月，中央发布"五四指示"后，这一斗争由对日伪的斗争发展进而成为对地主阶级的清算分地斗争，斗争锋芒直接指向封建剥削制度的基础——农村伪政权，由此开始了东北地区的土地改革运动。

　　在分配土地运动中，农会得以确立，从而结束了东北农村的无政府状态。农会成为东北农村过渡性质的政权机关。"五四指示"公布之前的农村政权，基本上是接收政权，旧政权体制尚未彻底瓦解。因此，以

---

① 钱守云.陈云对建立巩固的东北根据地的贡献[J].《毛泽东思想研究》.2005（3）：46-49.

阶级团体来启发群众阶级觉悟、团结群众、明确核心力量和斗争对象是在短期内发动群众、培养积极分子进行斗争的唯一可行的方法，也充分体现了东北农村政权是土地改革运动的直接产物。

二、东北农村政权的演变趋势

1946年，中央"五四指示"发布后，东北局在"七七会议"上作出决议，号召干部下乡发动群众，从而掀起农村土地改革运动的高潮。东北的土地改革是在1945年底到1946年初的反奸清算、分配敌伪土地斗争的基础上，首先在东北满等地贯彻"五四指示"开始的。一般经历了清算分地，"煮熟夹生饭""砍挖"和平分土地三个阶段。农村的政权建设紧随土地改革的进程，也经历了从旧政权到农会地位的逐渐提高，进而成为农村的领导核心，最后在党的统一领导下实现农村人民政权的发展演变过程。

（一）清算时期

此时正处于新旧政权交替的过渡时期，新的政权组织——农会刚刚产生，旧政权的体制尚未被彻底打破，基本群众尚未发动起来。因此，发动农民群众，巩固已建立的新政权是这一时期中心任务。

1945年9月，我军初到东北，东北局便发出了《关于顽军登陆和我军任务的指示》，要求迅速接收各地政权，而后迅速开展群众性的反对汉奸、特务的运动，以达到从政治上唤醒东北民众的目的。虽然我军在城市中接收了一部分政权，但由于没有群众基础，接收政权的组织内部人员成分复杂，虽取得合法地位，但不能有效发挥职能，农村围绕土地问题的阶级斗争仍在激烈地进行。农民在土地要求没有被满足前，对我党我军采取了一种消极观望的态度，为此东北局不得不采取行动，开展分"公田"运动，使农村的政权组织——农会得以建立。但由于工作团不了解实际情况，缺乏经验，在分地过程中，急于求成，采取了一种简单的包办代替、强迫命令的方法，使大多数的基本群众对工作团缺乏信任，致使一些无业游民、投机分子为得到利益而表现"积极"，或成为"积极分子"、或成为干部。他们的成分虽好，但思想问题严重，容易为地主阶级所收买而成为他们的代理人。相当一部分地区，由于贫雇农等基本群众尚未发动起来，日伪时期的旧村长、旧村公所等仍保留着，并由他们参与领导分地运动，一些斗争果实不免落到敌伪职员和富农手中。

土地改革具有鲜明的阶级性。在"五四指示"公布之前建立的农村政权（农会组织），由于组织不纯，被地主阶级所收买和操纵，早已成为运动的阻力。在清算分地阶段中出现的和平分地、明分暗不分、假分地、假斗争等情况就与农会组织队伍不纯有直接联系。土地政策的不彻底性，使地主利用种种手段压制群众，设法保留土地，清算分地阶段地主留地过多的现象普遍存在。可见农村中地主阶级和封建势力的政治优势没有被彻底打垮之前，农会就不能真正发挥农村基层政权的作用。政权未能真正掌握在贫雇农手中，所以农会不能完成民主政权所肩负的任务。陈云同志把这种情况叫作"夹生饭"。

（二）"煮熟夹生饭"和"砍挖"时期

当战争主要是在解放区内进行时，为全力支援战争，征兵、征粮、支前和生产等各项工作都要有效进行，这些工作均须有稳固的政权作保证。因此，在此期间决不能允许基层政权出现混乱或者不稳定的情况。针对清算分地斗争中出现的"夹生"情况，东北局于1946年11月5日及时发出了《关于深入和巩固群众工作问题的指示》，提醒全党对以土地改革为中心的群众运动所取得的成绩不可估计过高，必须进一步深入进行反封建的群众斗争。同年 11 月 21 日东北局又发出了《关于解决土改中"半生不熟"问题的指示》，确定把解决"半生不熟"的问题作为进一步深入和巩固群众工作的中心任务。① 同年 12 月，东北各地广泛地开展"煮夹生饭"运动。在此之前，东北局也对工作团进行了调整，一些不适合参加工作团的旧职员被淘汰。东北局希望通过提高工作团的组织纯洁性，在组织上完成对农村基层政权的改造工作。一般来说，清算分地后的农村政权组织中真正的贫雇农所占比例不多，有也是一些投机分子，他们成分虽然是贫雇农，却不是劳而又苦的，并且容易为地主所收买，这引起了群众的不满。因此，要通过对农会会员的审查，以及清理组织并重新组织农会、民兵等组织，才能把领导权真正掌握在积极正派的贫雇农手中。在运动开始后，成分不纯、作风不正的贫雇农首先被清洗出去。接着对土地财产实行再分配，以确保土改果实落到基本群众手中。另外，在组织机构上把村政府纳入农会也从根本上改变了农会的性质，村长由农会委员担任，确立了农会在农村中的领导地位。到 1947年 6 月，运动已取得重大成果：在农村中，地主阶级的政治优势基本上被打垮，国民党赖以存在的社会基础也被基本摧毁。据统计，这一时期东北解放区已有 629 万名无地和少地农民分得 503 万公顷土地，比清算分地时期增加了 200 余万公顷，这些农民还分得了大量的房屋、牲畜、

---

① 薛金艳，窦可欣. 东北解放区的土地改革论析 [J].《长春师范大学学报》.2020（7）：88-91.

农具和粮食。农村基本群众的政治经济优势已经确立，农会干部和积极分子数量增多，队伍成分更加纯洁，群众的思想顾虑消除了，广大农民从经济上、政治上实现了真正的翻身。

取得政治优势的贫雇农，为彻底打倒地主并为自己谋求更大的经济利益以解决实际生活、生产中的困难，提出了"挖穷根，斗财宝，有吃有穿，好锄草"的口号，开展了"砍大树，挖底产"的运动。1947年，在农会的带领组织下，农民们挖出了地主大量浮财，分掉了他们多余的土地，进一步摧毁了农村地主阶级封建势力的经济基础。但是，"砍挖"缺乏严格法令约束，因而导致农村出现了几个新的利益集团：一是地主富农中，一部分虽然基本丧失了平均土地占有量的土地，但是隐藏了大量浮财；二是新富农、富裕中农和中农是农村中尚存的殷实户，因惧怕运动，不敢扩大生产；三是少数中农和大佃户得到了较多的利益，部分干部也趁机多吃多占，是运动的最大获利者；四是获利较少的贫雇农，他们在生产、生活上困难很大，但人数在农会中占比例很大；五是少数极度贫困却不愿生产、想吃运动饭的贫雇农，他们人数虽少，破坏性却很大。在当时，农村政权的领导核心正在向后两个群体手中转移，而这种转移只能通过更加激烈的群众运动来实现。很显然，贫雇农亟须解决生产生活困难是"砍挖"运动开展的原因之一，但根本原因在于贫雇农对更大的经济利益的要求以及农村政权结构的剧烈震荡带来的平均主义趋势。

"砍挖"运动的结果是农会组织更加纯洁，地主富农分子、投机分子被彻底清除。运动开展的本身也证明了农会组织的地位及人民民主专政的政权性质。此时农会已替代村政府成为农村中最高的政权机关。

（三）平分土地时期

1947 年，由于解放战争的局势发生了巨大变化，中国共产党对于抗战胜利后的战略设想已由和平建国彻底转换为以战争推翻国民党反动统治，并公开指出中国共产党在全国的领导作用，停止了"地方自治"的宣传。在全国政权更替的过程中，中国共产党加强了对各项工作的统一领导，强调克服无政府主义和地方主义，为政权的正规化建设做好了准备。因此，加强整体集中控制便成为重中之重。1947 年 9 月，中国共产党在河北省平山县召开的全国土地会议通过了《土地法大纲》，平分土地运动开始进行。彻底平分土地意味着土地改革不仅是为了消灭封建土地所有制，也是为了彻底变革农村政治、经济的核心力量。党中央设想分两步完成土地改革：首先，由上而下地进行组织整顿，调动地主富农出身的干部的工作，由贫农团、农会接管农村中的一切权力，保证土地改革的顺利进行；其次，平分土地以后，由下而上地改造整顿党组织和机构，建立经常性的民主制度。[①] 由此可见，平分土地运动，实际上就是政权正规化建设的过程。

在这一时期，东北局抽调大批干部，经过土改政策学习和深入的思想动员后，分别加入各地土改工作团，在各级地方党委的统一领导下开展工作，把土地改革运动和农村政权建设引向深入，从而巩固已取得的成绩。至 1947 年 6 月，东北解放区农民分 7545 万亩土地，我军在农村中基本群众的优势得以树立。

平分土地运动使东北广大农民彻底翻了身，解放了农村生产力，为

---

① 江燕.试论解放战争时期的农村基层政权建设 [].《学理论》.2013（8）：4-5.

恢复和发展农业生产、繁荣城乡经济开辟了道路，也为建立巩固的东北根据地提供了重要保障。为了保卫胜利果实，在"人民江山人民保""一切为了前线胜利"的口号下，东北解放区群众踊跃参军参战。从此，东北民主联军就拥有了强大的战略后方。

三、东北农村政权的性质

当时，东北局首先确定整党和公开建党的方针，召开贫雇农大会，公开党员和党支部，先由贫雇农对党员和党支部提出意见，再由党组织作出处理，清洗了在基本群众尚未发动起来前混进党内的问题分子，同时发展了一批土改中的积极分子入党，纯洁农村党支部，以确保平分土地运动的进行。

在运动中，县委带领干部深入农村，召开贫雇农大会，亲手把党的政策交给贫雇农，动员群众自己动手重新进行土地再分配。同时宣布干部停职，解散农会，一切权力交给贫雇农大会，以完成向政权正规化过渡。贫雇农大会采用严格的阶级审查方法，重新划清阶级阵线，确定公民权，选举产生政府委员会，成为正规化的农村政权机构，从而完成土地改革和政权建设任务。土地权的认证和农村政权的巩固表明东北土地改革的结束和东北解放区的建成。

农村政权的性质、组织形式及其机构等都是在土地改革和农民翻身运动中完善和充实的，中国共产党的领导是贯穿始终的。因此，我们说东北农村政权的性质是以贫雇农为骨干，巩固地联合中农和其他革命力量及中间力量的人民民主专政的政权，农民是主要的群众，是政权的重要基础。从执行政策上看，与抗日时期相同，东北农村政权也是"三三制"，但其内容不同，参加政权的成员是以不反对土地改革为最低标准，因此农村政权在当时只能是以土地斗争中的积极分子为骨干组成的。从其组织形式上看，农村政权的组织形式由农会、贫雇农大会最后过渡到代表会议，而这种形式完全不同于资产阶级议会和抗日时的参议会，完全没有封建势力与官僚资本，是人民大众自己管理自己生活的新的政权形式，是农村中最高的权力机构，各级人民代表会议及其选出的政府委员会是权力机关，行政、司法、立法都统一其中，由政府来执行代表会的决定，并定期向代表会议报告工作，请求审查批准。政府只有真正为人民办事，才能得到拥护。从农村政权所需完成的任务上看，工作中心是消灭封建地主阶级，彻底消灭封建剥削制度，所有的工作都是围绕它进行的，所以，东北农村政权是新民主主义的政权，是反帝反封建的人民民主专政的政权。

四、结语

东北解放区的土地改革截至 1947 年秋，经历了清算分地、"煮熟夹生饭"和"砍挖"运动。在短短的一年时间里，敌伪残余势力和封建地主阶级的统治基础基本被摧毁，大部分地区实现了"耕者有其田"。可以说，东北土地改革每一阶段的发生和发展均与农村政权结构状况有着较深联系。农村政权在运动中产生、发展和巩固，政权结构从旧政权的解体过渡到农会、雇农大会，成为农村的领导核心，最后实现了党在农村的统一领导。农村政权的基本建立使农村的政治经济形势发生了深刻的变化，这是贯彻党中央《建立巩固的东北根据地》指示的成果。东北广大翻身农民在党的领导下开展土地改革，消灭地主阶级及其武装，发展生产，为建立巩固的东北根据地创造了可靠的前提条件和组织保证。他们支援前线，保卫解放区，保卫斗争胜利果实，为东北全境解放贡献了巨大力量。

李梦璐　辽沈战役纪念馆

辽沈战役前东北人民解放军整训运动研究

练兵整训是人民军队的优良传统。东北解放战争时期，东北人民解放军利用 1948 年 3 月到 9 月的休整时期，在全军大规模开展以诉苦、"三查"为主要内容的新式整军运动和以"大兵团、正规化、攻坚战"为作战方针的军事大练兵，这是中国共产党领导人民军队在整训运动方面的积极探索。

一、东北人民解放军整训运动的启动背景

（一）人民军队开展整训运动的历史

自人民军队成立以来，毛泽东就认为，军事和政治并不对立，军事必须服从政治。[①]1929 年 12 月，毛泽东亲自主持红四军新泉整训，并在整训中总结出"三大纪律八项注意"，通过这次整训真正确立了党对人民军队的绝对领导。

抗日战争中，军事训练以技术为主、战术为辅，政治训练确定了"官兵一致、军民一致、瓦解敌军和宽待俘虏"的三大原则。抗日战争胜利后，

---

① 何立波. 毛泽东与练兵整训运动 [J]. 世纪风采，2018（08）：3-9.

1946 年 5 月，中共中央发出《关于练兵问题的指示》，指出，我党必须有充分准备，能够于国民党发动内战时坚决彻底粉碎之。[①] 全军为准备下一步的作战进行练兵，经过大练兵，我军军事技术有了很大提高。1946 年 12 月，毛泽东起草了《关于练兵和训练干部的指示》，全军采取群众评议、自下而上与自上而下相结合的方法，进行全面的经验总结，以提高战术技术水平。

这些整训和练兵运动对提高人民军队的战斗力、加强军队建设、夺取战争胜利都有重要意义，也为东北解放战争时期我军的整训运动提供了支持和指导。

（二）东北整训运动前的实际情况

1945 年 8 月抗日战争胜利后，国民党政府在"和谈"的烟幕下，在美国政府的帮助下向东北大量增兵，准备抢占东北。东北广大军民在中国共产党的领导下，英勇作战，历经"山海关保卫战""秀水河子战斗""四平保卫战""新开岭战斗""三下江南、四保临江战役"等，粉碎了国民党军的猖狂进攻，扭转了东北战场上的不利处境，使我军由战略防御转入战略进攻。

1947 年 6 月 30 日，刘、邓大军强渡黄河，举行鲁西南战役，揭开全国战略进攻的序幕。而在东北战场，从 1947 年 5 月到 1948 年 3 月，东北我军为歼灭国民党军的有生力量，扩大解放区面积，主动发起夏、秋、冬三季攻势。三季攻势歼灭国民党军 30.7 万人，解放城市 74 座，

[①] 毛泽东军事文集：第三卷 [M]. 北京：军事科学出版社、中央文献出版社，1993：193-194.

扩大解放区面积 40 万平方公里，解放人口 1700 万。冬季攻势结束后，东北 50 余万国民党军被分割压缩在长春、沈阳、锦州等孤立地区，只能重点据守大中城市，无力反攻，东北人民解放军进入了休整阶段。

（三）东北人民解放军面临的新形势及新任务

1948 年 2 月 7 日，毛泽东发给东北野战军总部的电报中第一次明确提出："对我军战略利益来说，是以封闭蒋军在东北加以各个歼灭为有利。"在这封电报中毛泽东指出：关内各部队经过一年半的作战现进行了一次全面大休整，而东北战场在解冰期前可利用几个战役或战斗解放辽南及辽北各城市，然后进行大休整。①

在东北解放战争初期，我军的干部大多由关内各解放区进入东北，他们经过了长期考验，政治及军事素养极高。战士大部分是翻身农民，他们经过土地运动拥有自己的土地，为保护胜利果实积极参军参战，对党和军队都有深厚的感情。

随着战争的发展，部分干部对新形势下，土地改革与革命战争的关系认识不足，缺乏积极性；少部分中下级干部，对敌人力量估计过高，厌倦长期战争；还有部分干部在胜利形势下骄傲自满，组织纪律观念不强。另外，我军各部队开始补入大量新兵，同时还有大批被俘国民党官兵转为"解放战士"，其中还混入了少数地主、流氓、兵痞和日伪宪兵、警察等坏分子，虽然是少数人，但对部队的思想作风却有一定的影响；同时，这一阶段战斗频繁，开展政治教育的时间相对较少，因此都对部

---

① 毛泽东军事文集：第五卷 [M]. 北京：军事科学出版社、中央文献出版社，1993：390-391.

队风气造成一定的影响。

同时，由于战争规模不断扩大，部队对于打大攻坚战和大运动战经验不足，军事技术和战术都跟不上大兵团作战的需要。新的形势和任务，要求东北人民解放军全体指战员必须有更高的政治觉悟，更高的纪律性，能够坚定执行中共中央的战略方针；必须提高军事艺术和战斗力，敢于斗争、善于进行大规模决战。

二、开展新式整军运动提高政治素质

（一）东北诉苦运动的兴起

新式整军运动的其中一项主要内容是诉苦运动，东北人民解放军的诉苦运动，早在 1946 年东北战场最困难的时期就已经开始了。

1946 年夏，第三纵队第七师开展阶级教育，第二十团九连也进行了学习讨论。九连是由本溪煤矿工人、解放区群众和部分被俘国民党军转为"解放战士"组建的一支连队，成分十分复杂。在学习教育中，指导员赵绪珍组织战士们召开诉苦大会，用本连队战士的苦难家史教育启发战士们的思想觉悟。通过诉苦，战士房天静从一名思想落后的"解放战士"，转变为敢于单人独枪冲入敌群、首立特功的典型人物。九连也由一个成分复杂、纪律涣散、战斗力差的连队，变成一个团结巩固、战斗力很强的连队。诉苦运动像一把万能钥匙，不仅打开了房天静的心扉，也使成千上万的"解放战士"迅速转变了立场。

九连的经验引起了辽东军区政委陈云的关注，并上报东北民主联军总部，罗荣桓对此十分重视，根据他的指示，1947 年 8 月，《东北日报》

刊载了《辽东军区第三纵队诉苦教育的经验》，并发表社论《部队教育的方向》。由此，诉苦运动在东北民主联军各部队广泛开展起来。

1947 年 9 月 28 日，东北民主联军总政治部下发并同时向中共中央军委总政治部报告了《辽东三纵学习土地改革政策经验（诉苦）介绍之一》和《辽东三纵学习土地改革政策经验（诉苦）介绍之二》。毛泽东充分肯定了上述经验，并对《经验之二》作了修改、批发。随后，诉苦运动在全国各部队普遍展开①。

（二）全面展开新式整军运动

东北人民解放军新式整军运动于 1948 年 3 月中旬至 4 月底，全面展开。此次新式整军运动在诉苦教育的基础上，把整党与整军结合起来，在干部中开展"五整一查"运动，在战士中开展诉苦、"三查"运动，同时进行土改教育。

干部的"五整一查"运动，是指"整思想、整作风、整关系、整纪律、整编制、查阶级"，是在各级党委领导下，以党委扩大会议的形式自上而下进行的。第一阶段：在扩大会议前，学习中共中央、中央军委的相关指示和文件，明确开展新式整军运动的目的和意义。第二阶段：在党委扩大会议上积极展开批评与自我批评，领导干部带头检讨，上下、互相之间共同明辨是非，密切上下级关系，树立集中统一的整体观念。第三阶段：本着"思想教育从严，组织处理从宽"的方针政策，对干部进行全面鉴定，缺点、错误予以指出，成绩加以肯定，对个别贪污腐化情节严重者给予适当处分。让干部明确自己的问题和努力方向，使各级

---

① 第四野战军战史编写组 . 第四野战军战史 [M]. 北京：解放军出版社，2017：226.

领导和群众对干部有一个比较全面的认识。

连队主要进行诉苦、"三查"运动和土改教育。第一步：组织战士进行诉苦运动。通过"倒苦水、算苦账、挖苦根"，弄清穷人为什么受剥削，使战士明白"为谁当兵、为谁打仗"的问题。第二步：在诉苦的基础上学习土改政策，使广大战士懂得土地改革与农民、战士切身利益的关系。如果说诉苦教育解决了战士个人复仇的决心，那么进入到土改教育，个人仇恨便上升到阶级仇恨，将仇恨集中到打倒蒋介石身上，部队的一些思想问题、不团结问题、干群关系、军民团结等问题，都迎刃而解。第三步：进行民主运动。连队干部、党员通过"查斗志、查立场、查忘本"，纠正错误思想，学习模范共产党员的先进事迹，增强党性。通过"三查"，提高了部队的纯洁性和党员、群众的阶级觉悟，不少战士自愿要求加入党组织。

（三）新式整军运动的作用

这次新式整军运动是东北人民解放军第一次大规模开展以阶级教育为基本内容的民主运动。通过这一运动，大大提高了东北人民解放军全体指战员为解放被剥削的劳苦大众，"打倒蒋介石、解放全中国"的觉悟性和积极性。

1.新式整军运动加强了中国共产党对军队的统一领导。通过整党整军运动，党员领导干部普遍受到深刻的教育，真正认识到中国共产党的绝对领导是保持人民军队性质的根本原则，是胜利的根本保证。党的组织和领导在部队中得到进一步加强，党委的核心领导作用、连队党支部的战斗堡垒作用和党员的先锋模范作用得到发挥。经过整顿，纠正和打击了部队的不良倾向，军阀主义、官僚主义、山头主义、本位主义、个人主义的思想作风受到严肃批判，违反政策、破坏纪律等现象得到克服。一大批符合条件的优秀分子被吸收入党，发展了党的队伍。

2.新式整军运动从根本上提高了广大指战员的政治觉悟。经过这次整军，干部、战士的阶级觉悟和政治水平普遍提高，认清了劳动人民受剥削、受压迫的苦难根源和国民党的反动本质。广大指战员坚定了坚持革命到底的决心，激发了为彻底推翻国民党反动统治而战的自觉性。

3.新式整军运动增强了军队内部团结，密切了军民关系。通过诉苦运动，官兵之间、上下级之间的关系进一步密切，官兵之间革命感情加深，凝聚力大大增强。通过土地政策和入城纪律的学习，提高了广大指战员为人民服务的自觉性。在行军作战中，各部队严格遵守纪律，尽量减轻地方负担，保护城市工商业、学校等公共设施，在新解放区人民心中留下了良好的印象。

三、开展军事大练兵提高军事素养

东北人民军队一贯重视部队建设和练兵。随着战争的发展，新的形势和任务要求军队由分散作战转到集中作战、由运动战转到攻坚战，后方工作也要适应高度集中作战。因此，东北人民解放军利用休整期间开展了军事大练兵。

（一）加强司令部建设培养指挥人才

为适应大规模作战的要求，东北人民解放总部于1948年3月在哈尔滨召开第二届参谋工作会议，着重研究进一步加强司令部建设问题。此时的形势和任务要求东北人民解放军要转向"大兵团、正规化、攻坚战"

的作战方式，各级司令部在组织上、制度上、权威上都要做好相关准备。

会议之后，各级司令部就如何更好地为指挥员决策、部队训练和作战服务，加强了参谋人员的业务学习和培训。第一，加强对战场地形、敌情的侦察研究。参谋人员在战前要协助指挥员全面了解地形、敌情，作战过程中也要加强侦察，以便随时掌握情况。第二，加强各兵种协同作战的研究。在城市攻坚战中，步炮协同作战便于打开突破口及扩大战果。因此，要对炮兵与步兵协同作战的各个环节加以研究，制订出切实可行的作战计划非常重要。第三，全面掌握各部队情况。每个部队有各自的特点，指挥员的指挥风格也各不相同，所以上级指挥员要准确掌握和熟悉各部队的情况，以便指挥调度。第四，建立工作制度和程序。为保证各个环节高速运转，紧密协同，各级司令部相继制定和完善各项制度，明确工作职责和工作程序。第五，保障通信顺畅。将统一的信号命令设置得更加简单、快速、保密，通信建设进一步加强。

以上这些工作，使各级司令部在组织上和制度上更加正规化，对于下一步大决战在指挥上做了准备。

（二）学习战术原则加强军事素养

1948年4月，东北人民解放军总部召开由纵队、师两级军事干部参加的军事会议，具体研究了城市攻坚战的特点，纵深战斗的战术，以及如何使用炮兵等问题。根据会议精神，东北人民解放军总部决定全军在新式整军运动基础上，以"大兵团、正规化、攻坚战"为总方针，开展一次群众性的大练兵运动。确定这次练兵的中心是学会运用纵深战斗战术，即突击队的"四组一队"和"三三制"战术；巷战中的"四快一慢"原则；分割、切断守军退路的"一点两面"战术；打援的"三猛"战术和"三种情况三种打法";对守军反冲击的战术。练兵的重点是爆破、土工作业、投弹、射击等技术动作。

各部队根据指示精神,结合实际,制订了具体的训练计划。干部主要学习组织指挥艺术和大兵团协同作战的方法。结合战例,研讨大规模攻坚作战,特别是纵深战斗的战术。经过学习,广大干部普遍提高了战术思想和战术水平。

步兵连队的战士主要演练射击、投弹、爆破、近迫作业四大技术和基本战术动作,其中以爆破为重点,练习炸药包的捆绑和对不同目标的具体使用方法以及连续爆破动作等。在训练中,各部队依据假设情况,构筑大量工事、障碍物,在实兵实弹下,演练战术。有的连队把部队拉到国民党军遗留下来的桥头堡,组织对抗演练,进行模拟爆破,打消战士们对打碉堡的顾虑。白天,战士们练射击、刺杀、投弹、冲锋、下炸药、爬墙、土工作业;晚上,就练夜行军,演习夜间攻坚、巷战。到练兵结束时,每个连队有一个重点爆破排,80% 的战士能担任爆破任务,射击命中率亦有很大提高。绝大多数战士掌握了"三三制"等战术,能够灵活运用地形、地物,战术动作和火力组织都有了很大提高。

经过夏、秋、冬三季攻势的一系列攻坚作战,我军深刻认识到特种兵尤其是炮兵在作战中的重要作用,因此更加重视特种兵建设。

攻坚作战是下一步大战的主要作战形式,支援步兵实施攻坚突破是当前炮兵作战的主要战斗和战术要求。炮兵部队的训练内容主要是步炮协同作战、集中炮火打开突破口、近迫作战和攻坚作战。协同作战是指:在作战中"火力"与"运动"相配合。步兵首长指挥炮兵进行指定目标轰击,步兵按照炮兵的轰击成果发起冲锋,占领阵地后在炮兵的掩护下巩固阵地。集中火力是指：在作战过程中统一分配目标，最大限度集中火力，击破国民党军一点，克制敌人碉堡或其他重要据点为步兵开路。近迫作战是指：在有条件的情况下，一部分炮兵在步兵掩护和其他炮兵支援下抵近作战，最大程度发挥炮兵作用。

除炮兵建设外，各部队还加强了工兵建设。为保障铁路运输，铁道部队建设也在加强。战车部队边搜集器材、边装备，边训练、边参加作战。通信兵建设也迅速发展壮大，到1948年4月，东北野战军的纵队与师、团之间，各纵队之间，以及野战部队与后勤供应系统之间，都建立了电台联系网络。

（三）东北人民解放军开展大练兵的作用

这次大练兵，是我军进入东北后，组织最周密、准备最充分、时间最长、收效最大的一次练兵。由于是在新式整军运动后进行的，部队的政治觉悟空前高涨，指挥员在练兵时有意识地将战士们要求杀敌立功的热情引入其中，给这次军事大练兵带来了巨大的推动力。

军事大练兵全面提高了部队的战斗力，各级指挥员的指挥能力得到加强。各兵种协同作战和城市攻坚战、运动战的技术战术水平得以提高。广大战士普遍熟练掌握爆破、射击、刺杀、投弹、土工作业"五大技术"和"三三制"队形等战术。后勤组织为保障前线大规模作战的需要，从思想上、组织机构上都进行了调整，后勤保障能力全面提高。

在练兵过程中，各级干部深入连队，发扬军事民主思想，与官兵交流总结经验。广大指战员开展练评活动，边练边评、互相学习、共同提高，极大地激发了广大官兵的积极性和创造性。

通过这次练兵与休整，东北人民解放军兵力得到进一步扩充。到

1948 年 8 月，东北野战军已发展到 12 个步兵纵队、36 个师、15 个独立师、3 个骑兵师及 1 个炮兵纵队、1 个铁道纵队、1 个坦克团，共约 70 余万人，另有地方武装及二线补充兵团 33 万人，总兵力达 103 万人。全军拥有战防炮、步兵炮、迫击炮 1600 余门，山炮、野炮、榴弹炮、加农炮 660 门，高射炮 116 门。[①] 毛泽东主席评价说 1948 年上半年东北全军获得了五个月的大休整"现在壮得厉害"。

　　辽沈战役前的此次整训运动为夺取东北解放战争的胜利奠定了坚实的基础。新式整军运动在思想素质上，使东北人民解放军提高了政治觉悟，加强了中国共产党对军队的统一领导；军事大练兵在军事素质上，使部队技术和战术水平有显著的提高，我军的战斗力在整体上获得了一次巨大飞跃。1948 年 9 月，东北人民解放军展开辽沈战役，拉开了全国战略决战的序幕，为全国解放战争的胜利奠定了基础。

姚璐璐　辽沈战役纪念馆

---

① 第四野战军战史 [M]. 北京：解放军出版社，2017：252.

致敬·梁士英

——创新情景访谈思政课

主持人：大家好，锦州是一座英雄的城市，因解放战争三大战役第一个战役——辽沈战役的主战场而闻名于世。今天，我们课程讲述的主人公就是在东北野战军攻打锦州时出现的著名英雄。

请看大屏幕。

屏幕播放电视剧《梁士英》牺牲经过。

主持人：这段影像来源于 1994 年中央电视台影视部、松原市委、市政府，扶余区委、区政府，中国人民解放军 81043 部队，八一电影制片厂电视部联合摄制的电视剧《梁士英》。

梁士英是辽沈战役中的特等功臣，是锦州家喻户晓的英雄，是锦州这座英雄城市的灵魂。今天我们就和梁士英烈士的孙女梁丹丹一起回顾革命烈士梁士英及其家人的故事，有请梁丹丹。

主持人：丹丹，你好！你是哪里人？

梁丹丹：我老家是吉林省扶余县，我就出生在那里。

主持人：爷爷也是出生在扶余县吗？

梁丹丹：是的，爷爷 1922 年 11 月 13 日出生在扶余县三岔河镇梁家窝堡，现在叫大梁家村，父亲告诉我，爷爷是家中的长子，深得祖爷爷的喜爱，祖爷爷是私塾先生，他特别喜欢梁士英这个孙子，给他起了个乳名——梦臣，并带他到私塾课堂上学习，学习《百家姓》《千字文》，上学后爷爷开始用梁士英这个名字。大约在爷爷10岁时，祖爷爷去世了，太爷爷也因劳累过度，在爷爷13岁时，也去世了。从那时起，一家人为生活所迫，居无定所，从吉林到黑龙江往往返返几次搬家，直到爷爷参军后，全家才稳定下来，之后就一直居住在扶余县。

主持人： 丹丹，你是从什么时候开始知道爷爷事迹的？

梁丹丹： 从我记事起，父母就和我讲爷爷的事迹，告诉我爷爷是在哪场战役中牺牲的，牺牲在哪里，怎样牺牲的。记得5岁的时候父母带我来过锦州，但父亲是每一年都要来锦州的，来给爷爷扫墓。儿时的记忆是模糊的，只知道我的爷爷是一个英雄，随着年龄的增长，我才重新认识了爷爷，也让我的心灵发生了更多的触动。

记忆更深刻的是父母从小对我的叮咛，他们总说对你我们没有过高的要求，但我们是烈士家庭，只要求你做人要踏实，做事要用心，善待他人，不可以给你的爷爷丢脸。这些年我也一直谨记父母的教导。

主持人： 嗯，丹丹，我们一起来看爷爷的照片。

大屏幕上展示梁士英照片

主持人： 梁士英，中国共产党党员，汉族，1946年1月参军，被编在东北民主联军独立团，1946年春，调到二纵五师十五团三营当重机枪手，同年冬，入党。他跟随部队南征北战，多次立功。1947年6月，打昌图，梁士英用一挺机枪打垮了敌人两个排的顽抗，掩护部队顺利地打开了突破口。1947 年冬，攻彰武，他主动在左翼策应，对打开突破口，起决定性作用，再立军功。1948 年 10 月，锦州攻坚战前 5 天，调到尖刀连尖刀排当战斗组组长。14 日，在攻锦州的战斗中舍身炸地堡，牺牲时 26 岁。

这是我们在资料中找到的梁士英烈士的照片，丹丹，家里有爷爷的照片吗？

梁丹丹：家里摆放的也是这张照片，其实，爷爷没有留下照片，这张照片是爷爷牺牲后，部队根据家人、战友们的描述请人专门给爷爷画了这张相片。

屏幕上展示照片：1. 半截腰带　2. 爆破筒残片

主持人：梁士英烈士生前连一张照片也没有留下，但他却把自己的全部，直至生命都献给了新中国。请看大屏幕，这是我馆千方百计征集并收藏到的与烈士相关的 2 件物品：半截腰带是他留下唯一的物品，锦州战斗结束后战友们返回梁士英炸地堡的地方，想找到烈士的遗体，结果只找到这半截腰带。而这 3 块爆破筒残片，是他塞进敌堡爆破筒的碎片。1964 年我馆派人去鞍山访问梁士英烈士的排长靳文清和战友王佩贤，并请他们一同到锦州梁士英烈士牺牲地进行现场勘查。7 月 21 日，在他俩指出的地堡位置上，挖出了 7 块爆破筒残片，为我们留下了极其珍贵的历史见证，现为国家一级文物，现在我馆展厅展出 3 块。

丹丹，在你上台来之前，我们播放了电视剧《梁士英》中爷爷炸地堡的经过，还有哪些细节是你所知道的?

梁丹丹：当时这座地堡是一座暗堡，隐藏在铁路桥路基的西侧，并占据了有利地形，高出地面五六米，是一个可以三面扫射的火力点。它里面的两挺重机枪突然开火，居高临下，朝着路基下及突破口方向疯狂扫射，不仅封锁住了爷爷所在的八连，就连位于突击右侧的三连也被阻挡，整个部队都被压得不能动弹。几个爆破组上去都没能把它摧毁，而且大部队的总攻号角也吹响了，再不除掉它，我军会遭到更大的伤亡。这时，爷爷主动向连长请战，去炸地堡。他已将爆破筒塞进了碉堡，可被敌人推了出来，但他拾起冒着白烟的爆破筒再次塞了进去，却又被敌人推出一尺来长，爷爷就用双手紧紧地攥住，并用全身力气顶住了爆破筒……

主持人：拉开了导火索，梁士英一次又一次将即将爆炸的爆破筒塞进地堡，他清楚地知道这意味着什么，爆破筒爆炸只需短短的 7 秒钟，可是就是这短暂的 7 秒却记载了梁士英面对生与死的抉择。在设计这堂课的时候，随着每一次档案的翻阅，他在我心中的分量越来越重，他的形象也越来越清晰与伟岸。

我们再听听梁士英的战友们是怎么说，请看大屏幕。

屏幕上播放视频：原 3 纵 7 师 20 团干事 闫立文 胡可风

主持人：可能对于生活在今天的我们来说，战场的血腥与残酷是难以想象的，每天面临着生离死别的战友情也是我们无法感同身受的。然而，对于饱受炮火洗礼的老兵们，那些岁月是他们永远都无法忘怀的，是一段铭肌镂骨的记忆。是他们用浴血奋战，撑起了国家的钢筋铁骨，他们也将永远被我们记住，被历史铭记。

这是一张成绩单。

屏幕上展示梁士英大练兵的成绩单

1948 年春，东北解放军为适应"大兵团、正规化、攻坚战"的需要进行着全面的准备，开展了军事大练兵。这是梁士英在大练兵中的成绩单。五大技术：爆破、土工作业、投掷手榴弹、射击、刺杀，每一项梁士英都是优秀，其中的土工作业是全排第一名，他用 12 分钟就可以挖一个立射散兵坑，投掷手榴弹全连第 3 名，45 米远，刺杀是全连最好的，在大练兵中梁士英荣立两小功。

正是因为梁士英军事技术全面，所以他形成了沉着勇敢、机智灵活、坚韧顽强的作战特点。战斗总结会上，战友们问过他："整训时，咱命中率都不相上下，怎么一到打仗为啥就不如你啦？"梁士英回答说："在战场上，打仗要勇敢，无论敌人炮火打得多厉害，要沉住气，不能慌，瞅准敌人火力间隙，然后狠狠地打，战场不如靶场，你稍一发急，枪就不听你摆弄了。"他还常说："共产党员嘛，什么都得起个带头作用，要不怎能配得上这个光荣称号呢！"

1946 年参军，不到一年他就光荣入党。梁士英从参军到牺牲，两年多的时间，他一直在不断地进步，在辽沈战役中他舍身炸地堡，为了解放锦州献出宝贵的生命，这绝不是偶然的行为，他已经从一名普普通通的农民成长为伟大的战士和优秀的共产党员，有着坚定的信仰和为新中国奉献一切的革命精神。

可能我们还不禁要问，生活中的他有着什么样的性格特征呢？丹丹，你给我们讲讲吧。

梁丹丹： 在父辈们、老家的人，还有爷爷部队的战友的嘴里，我都听说过，他们说爷爷平时不怎么说话，沉默寡言，但做起事来胆大、心细，性格刚强、坚毅。父亲说爷爷从小嫉恨邪恶，好打抱不平，好奇心强，同情并愿意帮助弱者。

屏幕上展示照片：梁士英母亲和家人合影。

主持人： 这是梁士英烈士的母亲及家人。

梁丹丹： 照片上是太奶奶，爷爷是太奶奶的大儿子，与太奶奶合影的是爷爷的弟弟、妹妹，除此之外，爷爷还有两个姐姐。爷爷参军不久，在扶余榆树沟村十二号屯休整时，他和指导员回了一趟家，因为爷爷参军是背着家里人的，当时他是自己趁舅舅睡着后，悄悄把大舅刘景阳的印章盖在保条上参军的。那次见面时，太奶奶哭着说：看见你当兵，妈高兴，可家里老的老，小的小，咋办啊。爷爷对太奶奶说："妈，我有任务在身，马上就得走，如今解放了，家里的事党和政府会照顾的。我这一走当兵打仗，不知啥时能回来，一时半会的不能成家了，等我弟弟娶妻生子，过给我一男半女的。"父亲是照片上站在太奶奶身边的，也就是爷爷弟弟的第一个孩子，生下来就过继给爷爷了。

主持人： 那个时候父亲多大呢，今年父亲多大年纪啦？

我们一起来看父亲的一段视频。

屏幕上播放视频：采访梁继英片段。

主持人：丹丹，父亲的手是有伤吗？

梁丹丹：父亲在 18 岁时，部队来人把他接走，并且在部队改了名字，父亲本名叫梁德学，参军后，首长给父亲改名为梁继英，寓意继承爷爷的遗志，做好接班人。

一次部队在野外拉练，父亲和几名战士在防空洞做晚饭。当时一名战友不小心踩到煤油灯而导致防空洞起火，当时火势很大，根本看不到出口，那位战友还是刚刚入伍的，看到这种情况已经慌了，父亲是一名老兵，也有经验，他拉着战友跑向出口，并一把将战友推了出去，但是父亲没能及时跑出来，造成全身大面积烧伤，在医院昏迷 20 多天，还做了植皮手术。

伤好后，因大量的麻醉药物影响了父亲的脑神经，他怕拖累部队，申请复员，部队首长一再挽留，但父亲却毅然决然地回到地方工作。

其实，从很小的时候我就知道，长大后我也会成为一名军人的，果不其然，1997 年 12 月，我光荣入伍，在原三十九军地炮旅卫生队。1998 年黑龙江嫩江发大水，我地炮旅卫生队接到去嫩江抗洪任务，我们卫生队是后勤保障，队长安排好随队医护人员，随时待命，当得知名单中没有我时（女兵去的是班长），我去找队长说出了我的想法：队长，我要参加这次抗洪，我知道按规定我是没资格参加的，但是，我觉得在这种时刻我应该去，而且必须去，因为我是烈士后代，这是我的责任，就这样得到了首长的批准（待命期间，因嫩江水势已降，我们最终没有去）。

主持人： 丹丹，现在的你是不是在做事的时候总会想到爷爷？

梁丹丹： 是的。

主持人： 嗯，这已经成了你的一种习惯和下意识。那我们再来看看与梁士英烈士相关的其他人。

屏幕上播放视频：锦州士英街、士英小学、士英连传承士英精神视频。（以部队点名结尾：梁士英……到！到！到！）

主持人： 今天，梁士英这三个字不仅仅是一位烈士的名字，而是成为了一种精神符号与价值指向，是英雄、先锋的代名词。1936年10月19日，鲁迅先生在上海病故，郁达夫听闻后，随即写下了《怀鲁迅》一文，在文中他写道："没有伟大的人物出现的民族，是世界上最可怜的生物之群；有了伟大的人物，而不知拥护，爱戴，崇仰的国家，是没有希望的奴隶之邦。因鲁迅的一死，使人们自觉出了民族的尚可以有为，也因鲁迅的一死，使人家看出了中国还是奴隶性很浓厚的半绝望的国家。鲁迅的灵柩，在夜阴里被埋入浅土中去了；西天角却出现了一片微红的新月。"

在中国共产党百年的奋斗历史中涌现过太多英勇无畏的英雄、赤胆忠心的志士和义无反顾的革命先驱。党的十八大以来。习近平总书记曾在多个场合讲述英雄事迹、致敬英雄精神。

屏幕上播放字幕：红色江山来之不易，守好江山责任重大。要讲好党的故事、革命的故事、英雄的故事，把红色基因传承下去，确保红色

江山后继有人、代代相传。——习近平 2022 年 8 月 16 日在辽沈战役纪念馆考察调研时的讲话

主持人：发扬光荣传统、传承红色基因，不忘初心、继续前进，是我们对英雄的最好纪念和最崇高的敬意。丹丹，如果有时空隧道，让你能见到爷爷，你会对他说些什么呢？

梁丹丹：爷爷，我想你，你离开我们 73 年了，太奶奶、爸爸和家里的所有人无时无刻不在想你啊。爷爷，你走了，可我知道，你心里也会惦记我们，惦记太奶奶、惦记弟弟、妹妹……爷爷，就像你告诉太奶奶的一样：党和政府会管我们。你牺牲后，部队登报查找到了我们，给家里分了房子，部队和区里委派专人经常来家探望。太奶奶是你离开后的第 11 年走的，部队领导派人来家举行了 5 天的隆重仪式，为太奶奶送终，你放心吧。

爷爷，你是我们全家的骄傲，梁家人因为你而自豪。爸爸和我像你一样，都参军了。我从部队复员后，来到辽沈战役纪念馆工作，因为小时候爸爸就不止一次告诉我："丹丹，长大后你一定要去锦州工作生活，你要去陪着你爷爷。我小时候，你太奶奶经常哭着对我说，去锦州陪着你父亲吧，他太孤单了，他那么年轻，就把命献给了锦州，我们却连一个亲人都不在他身边。"爸爸说："我老了，也残疾了，是去不了了，希望你能完成太奶奶和我的愿望。"爷爷，现在我就在你身边，18 年了，每天早晚我在园子里走过，站在你身边和你说了那么多知心话，你都听到了吧。

爷爷，我想带你看看，你为之献出生命的锦州今天是什么样子。

屏幕上播放视频：锦州风光

主持人：对于丹丹来说，爷爷是历史书里的战斗英雄，是名录墙里的烈士，是陵园里的雕像，是白山黑水的骄傲，也是她刻骨铭心的怀念和与生俱来的光荣。感谢丹丹！感谢你带来你们一家人的故事。

前辈回眸应笑慰，擎旗自有后来人！

回顾梁士英烈士走过的道路，他留给我们的不仅仅是荡气回肠的英雄壮举和波澜壮阔的战斗历史，更是催人奋进的红色基因和宝贵的精神财富。今天，信仰坚定、英勇顽强、百折不挠、敢于牺牲的士英精神在亲人的血脉中流淌、在部队的传承中继承、也在我们所有人心中薪火相传！

朋友们，历史是最好的教科书，历史是最好的营养剂，100多年岁月里发生的中国共产党和中国人民的故事，告诉了我们：历史和人民为什么选择中国共产党，历史与现实是最好的答案。

今天的访谈课程就到这里，谢谢大家！

刘　军　辽沈战役纪念馆

平凡成就伟大　无名铸就丰碑

——无名烈士墓前的思索

在锦州城北钟屯乡帽山村有这样一座讲述无数动人故事的烈士陵园——解放锦州烈士陵园。陵园内有这样一座无名烈士合葬墓。这座无名烈士合葬墓呈"回"字造型，长21.4米、宽21.4米、高2.5米，占地面积458平方米。墓身为灰色花岗岩铸就，下方为暗红色大理石镶嵌周身，寓意着烈士鲜血染红了大地。前方立有一方卧碑，中间为灰色凸起花环点缀，碑文中写道："这里长眠着为解放锦州而牺牲的11750多位革命烈士。他们用宝贵的生命为后人换来和平和安宁……"无名烈士墓周围云杉环抱，肃穆挺立。一寸山河一寸血，一抔热土一抔魂。我们对烈士的每一次凝望，都是对初心的叩问；只要我们记得，他们就还活着。

在1948年10月的解放锦州战役中，我军付出伤亡24000余人的代价。当时基本采取就地掩埋的方式，大大小小的烈士墓散落在锦州周边钟屯、白老虎屯、陈家坟等40余处。1997年，锦州市第十一届人民代表大会第五次会议通过了《关于修建"解放锦州烈士陵园"的决议》，于同年4月5日破土动工。由原驻锦某部千余名官兵将散落在锦州各处的烈士墓、烈士遗骨进行集中安葬。其中烈士碑文（姓名）和遗骨能完全对上的仅有214位，剩下11000多具都是无法考证和查实的无名烈士遗骸。在迁墓的过程中，最让人心痛的一幕，就是这一具具不完整的遗骨，有的被炸断手臂、有的失去双腿、有的是两三具遗骨合在一起。他们是哪里人？他们还有哪些亲人？他们的家在哪里？没有任何的相关信息。他们化作了一抔黄土，化作巍巍的青山，也成为了亲人们最不愿提及的伤痛。陪同这些无名英雄下葬的还有他们留下的钢笔、茶缸、行军水壶等遗物，没有一件是值钱的东西。印象最深的是在白老虎屯的一座烈士墓中工作人员发现了17枚手榴弹弹环。当年的白老虎屯战斗非常激烈，这17颗手榴弹击退多少国民党军，我们不得而知，我们只知道，我们胜利了，这位伟大的无名烈士和他的战友们却永远倒在了这里……

　　新华社报道，据不完全统计，近代以来中国有约2000万名烈士为国捐躯，其中有名有姓的只有196万名，无名烈士为78万多名。生而为人，谁不是有名有姓，谁不是有家有口，然而为了人民的解放事业，他们却无怨无悔地选择了两个字：牺牲！正是这些无名英雄，以普通人的平凡书写了不平凡的人生，正是这些默默无闻的壮举才换来了安得广厦千万间。工作的原因，经常使我们目睹这样的一幕幕：烈属们千里寻亲，那噙满泪水的双眼，在锦州攻坚战中牺牲了这样一位烈士叫陈国太，牺牲时他的儿子仅三个月大，如今这个襁褓里的孩子已是一位两鬓斑白的古稀老人，他步履蹒跚地走到这座无名烈士合葬墓前，长跪不起，哽咽地说："爸，七十三年了，我们找您找的好苦，终于找到您了！您和战友们安息吧……"这样场景，我们为之动容和感动，这些烈士家属们知道这1万多无名烈士当中总会有他的亲人，这里有他们无限的思念和寄托；我们更无法忘记，在补刻上烈士英名后，烈属们长跪在烈士名录墙前，他们用颤抖的手触碰亲人的名字后失声痛哭的感人场景，虽然天人永隔，却如同握住了亲人的手永远不再分离……

此时此刻，我们的心在颤抖，不禁在思索：这些革命先烈，无论是有名的还是无名的，他们是为谁在战斗？为什么敢于牺牲？他们不怕死吗？他们是为了追逐名利吗？不是！都不是！是因为他们有坚定的信仰，他们相信只要跟着中国共产党，咱老百姓就一定能过上好日子。因为他们就是劳苦大众的一员，他们也曾饱受剥削和压迫，他们清楚地知道，这场战争是为了人民解放的正义之战。正是这种"为有牺牲多壮志，敢教日月换新天"的大无畏精神，才使他们在炮火纷飞中奋勇向前，冲锋陷阵时不惧死亡，用鲜血和生命谱写了一曲曲荡气回肠的英雄赞歌。

"到那时，到处都是活跃的创造，到处都是日新月异的进步，欢歌将代替了悲叹，富裕将代替了贫穷……"这是 1935 年方志敏烈士写下的《可爱的中国》，今日之中国正如烈士们之所愿。2022 年 8 月 16 日，习近平总书记来到辽宁省锦州市考察，在参观辽沈战役纪念馆时发表重要讲话："我们的红色江山是千千万万革命烈士用鲜血和生命换来的，江山就是人民，人民就是江山，我们决不允许江山变色，人民也绝不答应。"① 这是对革命先烈的深情告慰，也是对我们莫大的激励和鞭策。踏着英烈的足迹前行，就是对英烈最好的祭奠。

国泰民安，离不开我们每一个平凡人的坚守，岁月静好，更是有太多人的默默付出负重前行。抗疫期间，多少医生护士白衣执甲，逆行出征，他们义无反顾，冲锋在保护人民群众生命安全的第一线。英雄模范们用行动再次证明，伟大出自平凡，平凡造就伟大。只要有坚定的理想信念，

---

① 习近平在辽宁考察时强调　在新时代东北振兴上展现更大担当和作为　奋力开创辽宁振兴发展新局面［OL］.新华网 http://www.news.cn/politics/leaders/2022-08/18/c_1128925891.htm.

不懈的奋斗精神，脚踏实地地把每件平凡的事做好，一切平凡的人都可以获得不平凡的人生，一切平凡的工作都可以创造不平凡的成就。让我们坚定信仰，立足本职，用朴实的行动诠释初心和使命，用辛苦的付出彰显责任和担当，为实现中华民族伟大复兴贡献自己的光和热，以无愧于这个奋进的新时代！

图为笔者在无名烈士墓前讲授微党课

李露露　辽沈战役纪念馆

独胆忠魂

——记英雄卜凤刚

1961 年，东北美丽的海滨城市大连，一座普通的家属院内，孩子们正在嬉笑玩耍。院子一角的锅炉房，半截矮墙和一堆砂石成了孩子们嬉戏的阵地。崇尚军人是孩子们的天性，男孩子们最爱的就是打仗游戏，抢占山头。不一会儿，孩子们就争吵起来。

一个年龄最大身强体壮的孩子说："你们都听我指挥，抢山头，我最在行！"

另一个孩子不服气："我爸打过仗，应该听我指挥。"

旁边的孩子有些轻蔑地说："我爸是团长，你们都应该听我的。"

孩子们七嘴八舌地攀比着各自父亲的军衔，其中一位瘦弱的孩子默默不作声，他叫卜作林，他的父亲是辽沈战役塔山阻击战中赫赫有名的战斗英雄卜凤刚。

全国解放后，卜凤刚并没有向部队申领军功官衔，而是走进了校园，在军校开始了学习深造。1955 年，卜凤刚应召转到海军，1961 年从海军指挥学校火炮系毕业，历经近十年的苦读，而军衔仍是连职。

小作林回家后，委屈地扑进妈妈秦金枝的怀里："妈妈，为什么别人的爸爸都是营长、团长，爸爸老说他打过仗，军衔还这么低呀？"秦金枝怜爱地抚着孩子的头，轻声说："你爸爸常说，他牺牲的战友很多都是普通的战士，他们都没有获得军衔，自己是党员，又是革命军人，一样是为人民服务，仅仅是参加了一些战斗，怎么能就此邀功向组织要求军衔呢。"

小作林似懂非懂地点了点头，抬头问："妈妈，那些牺牲的战士，他们疼吗？"秦金枝没有说话，只是紧紧地将小作林搂在怀里。

晚上，小作林早已睡下，秦金枝将饭菜热了又热，老卜还没回来。秦金枝抬头看了看墙上的挂钟，几近深夜。

房门吱呀一声，黑瘦的老卜风尘仆仆地从外面回来，脱下外衣，伸手要从桌上拿起馒头。

秦金枝用筷子轻敲了下老卜手背："打仗时候战场上留下的坏毛病，洗了手再吃！"

老卜边洗手边对秦金枝说："我们这批学员今天毕业了。组织向我们问询毕业去向。"

秦金枝停下手中的活计，专注地聆听。

卜凤刚继续说道："领导今天开会说，我们要在内蒙古建设一支团队，加快海军的军备研发与生产。很多同学觉得海军技术复杂，内蒙古远离江河湖海，哪有海军战士的发挥空间，工作地离家又远，都不大愿意去。"

老卜用毛巾擦了把脸，黑瘦的脸庞上，眼睛闪烁着光芒："可我想去！当初在塔山战场，国民党的美国军舰远远地从海上发射舰炮，我们的战友牺牲了不少，可我疼在心里，使不上劲儿，那时我就暗暗发誓，以后我们一定要有自己的舰炮！只是……这一次需要封闭工作，无法经常回家，家里面就辛苦你和作林了。"

秦金枝没有说话，转身抱起了沉睡中的小作林，扑簌簌地暗自掉着眼泪。

秦金枝心里明白，自己即使有一百个不愿意，却也拗不过卜凤刚军人的牛脾气。

就这样，卜凤刚毅然走向了茫茫荒漠，加入到海军火炮监造工作中去了。

内蒙古，包头，九曲黄河从这里流经，远处茫茫戈壁，跨越中蒙两国边界。风沙中，部队战士们努力盖建营房基地，靠人力搬运搭建各种建材，那些弱小的身躯在黄沙中显得如此渺小，像一群不知疲倦的蚂蚁。

人群中，卜凤刚和普通一兵一样，肩扛手搬着各种器材，不停地嘱咐战友：这些器材，金贵得很，咱们受点伤能长好，这些宝贝可千万磕碰不得啊，大家一定小心！

沙暴中，卜凤刚将自己的防风镜和面罩戴在了科研人员的脸上，让出了帐篷里最避风的睡床位置。就连宝贵的淡水也全留给了那些研究人员，自己和士兵喝着苦涩的黄河水。

为了让科研教授和专家生活的便利一些，卜凤刚将倒痰盂、生火、劈柴等杂活全部承包下来，身着一身褪色的海军军装，没有佩戴军衔，常常被科研人员误认成基地的杂工，大家经常喊道："老卜，麻烦帮忙烧点热水。""老卜，营房又漏水了，有空帮忙修补一下。"

直到军区首长召开军科人员碰头会，大家才恍然大悟，"杂工老卜"原来是政治部下派的首席军事代表。这个"杂工老卜"不仅对技术图纸有着浓厚的兴趣，对武器性能和装备更是如数家珍。

卜凤刚将自己的实战经验与科学技术相融合，在他的参与带领下，攻克了一个又一个技术难关，在国产舰炮的研制方面很快有了突破性的进展。

在卜凤刚的家乡，辽宁鞍山岫岩汤沟镇古石村，卜凤刚家里来了几位风尘仆仆的学者，他们是辽沈战役史的研究专家。打听到卜凤刚家的位置后，与村干部一起，等待着一位战斗英雄的出现。

一会儿，村部进来一位身材壮实，面容憨厚的农家汉子，村干部热情地为辽沈战役专家们介绍："这位就是我们村的卜凤刚，他曾参过军，在军分区做过支前工作，在保家保田工作中做出过巨大贡献啊。"

几位专家一听，彼此疑惑地对视，又仔细比对手中的资料，对着眼前的卜凤刚看了又看，又微微地摇了摇头。

尴尬的气氛还是被村干部打破了，张罗着大家在一起合影留念。

这样一张照片，在辽沈战役史研究专家，后来辽沈战役纪念馆建馆委员会杨美莹同志的案头压了很久很久，也成了压在诸多东北解放战争史学者心头的一个未解之谜。

黄河包头段每年封冻早、解冻迟，于是造就了壮观的流凌现象。黄河流凌是黄河包头段独有的景致。

对于海军舰船火炮研究基地的同志们来说，黄河流凌却是前所未有的考验。船舰在海况变化多端的情况下，舰炮的准确性和稳定性是战舰对敌作战中的首要保证。实验当然不能在波涛汹涌的深海进行，早春武开河的滔滔黄河就是最佳的试验场。从科研专家到首长战士，每个人心里都捏着一把汗。

黄河水面上寒意深深，水鼓冰裂，光是将实验器械架在河面上面对这震撼的场景就已经让人惊骇恐慌，更不用说在器械上操控舰炮进行多角度实弹实验。卜凤刚主动请缨："我相信专家们的设计，也相信同志们的工艺，第一次试射，我来完成。"

松动的冰凌成为黄河表面的浮冰，顺流而下，一泻千里。它们大小不一，大的形如小舟，小的如车轮，浮冰在河水的推动下，顺着前面的冰体攀爬，后面的浮冰又往上叠加，层层叠叠，像是叠罗汉，冰块撞击时，发出咔嚓咔嚓的声响，相互拥挤、堆叠着向东奔涌，不可一世地荡涤着一切。

河面上架设的模拟舰船甲板宛若行驶在波涛汹涌的海面上一样，大角度摇摆不定。卜凤刚和战友们有条不紊地安装好试射设备。

一声震耳欲聋的炮响，前方回报，正中目标。水面上、岸头上，人群立时沸腾欢呼起来。

模拟甲板上的战士也忘了手中的操作，跳跃着，高喊着，庆祝着。舰炮与陆上大炮一样，发射后存在着后坐力。舰炮的制退器值守战士的一时疏忽，六七十斤重的炮栓顺势滑出。卜凤刚眼疾手快，双臂紧紧抱住炮栓，连人带栓一起摔进了滔滔冰河之中。

人们纷纷向掉落的老卜发出救援，冰河水面上，卜凤刚在浮沉间大喊：先捞炮栓！别管我，我会游泳！

老卜与炮栓被大家救护上来，炮栓安然无恙，老卜却发烧了四天四夜，肺部造成了不可逆的损伤。

家中的秦金枝再一次哄睡孩子，悄悄拧亮台灯，书写着给爱人卜凤刚的信。桌面一角堆放着厚厚一摞被退回的信。

秦金枝耳边回荡着卜凤刚临行前的嘱咐："我这一次参加火炮监造工作，和你不会经常见面。你在家中照顾好孩子和自己，期盼试制成功那一天，我们即会相聚。"

书桌是老卜使用多年的旧桌子，榫卯开裂了很久，抽屉虽然上着锁，屉底撑不住物品的重压，马上就要掉下来。秦金枝打算推扶一下屉底，没承想里面的东西哗啦啦散落了一地。

散落在地上的，是各种奖章、功勋章、立功证明和一本泛黄的日记。

上面记录着牺牲的战友名录，详细记载着战友的姓名、籍贯、年龄和战斗经历。秦金枝详细阅读着每一份材料，这才知道陪伴了自己十几年的爱人，竟然是塔山阻击战中赫赫有名的"独胆英雄"。

1962年，转眼间年关将至，除夕夜下起了鹅毛大雪，家家户户红灯高挂，团聚一堂。卜凤刚戴着棉帽子，披着满身雪花，宛如一个雪人，推开自己的家门。

小作林一见，忙不迭扑到爸爸身上，也沾了一身的雪花。

屋内桌上摆着简单的四个菜，饭菜旁边还放着卜凤刚的那些奖章和证书。

秦金枝嗔怪地说："老卜，你瞒了我们娘俩这么多年，来，今天过年，顺便为你庆功，恭喜你这个国家的'大功臣'，二贺你们科研取得成功，三庆我们一家人又能在一起了，作林，咱们一起敬爸爸一杯酒。"

卜凤刚干了杯中酒，酒杯却迟迟没有放下，他凝重地说："我仅仅是个幸存者，荣誉是人民给的，我不能当作资本。没什么好说的，以后你也别到处讲，包括对家里的人。"他继续说道，"研制虽然成功了，可生产还要跟得上，从中央到部队，从首长到群众，从国内到海外，都在急切地等待着一支强大的中国海军成长起来，这事不能耽搁。年后，我还要出发，去北大荒，督促生产建设。你们娘俩再坚持坚持，等我们的祖国强大了，那才是我们安享幸福生活的时候。"

1962 年早春，卜凤刚背上简单的行囊，又匆匆奔赴了祖国的北疆。这一去就是二十年，卜凤刚像一株顽强的乌拉草，深深地扎根在黑土地上。

东北不仅是祖国的粮仓，也是我国重要的工业生产基地。军工生产容不得半点马虎，在黑龙江某舰船厂，汇集了来自全国各地的顶尖金属材料加工的精英工匠。钳工"大拿"王福全就是精英中的精英，人送外号"王八级"，其实他的技术工艺早已突破了他"八级钳工"的定级。

正因为技术了得，王福全平时有些傲慢，和工友的关系也不太融洽，军地双方人员对"王八级"都很客气忍让。工作中，没人愿意给王福全打下手，卜凤刚主动接近他，忙前跑后，大家都说"王八级"收了个军代表当学徒。

生产过程中，卜凤刚发现，理论数据光落在图纸上还不够，要靠过硬的技术才能实现产品的生产，而国内缺乏先进的生产设备和技术，实现这些高精度材料的制造，目前只能靠这些经验丰富技术过硬的老工匠。

有一段时间，老卜发现"王八级"生产的材料废品率很高，情绪低落，生活态度也不像从前那样饱满了。了解之后才知道，原来厂组织进行军工人员背景调查，王福全在伪满洲国时期有过为日伪生产制造军工产品的经历，受到了审查，女儿的就业和婚姻也因此泡汤了。

经过细致的了解，卜凤刚认为王福全个人素质和思想没有问题，曾经的履历也是为时代所迫，仍然可以为我党所用。通过向上级的汇报和申请，保下了王福全"八级钳工"的职称和岗位。为了王福全女儿的婚事，老卜特意回老家鞍山一趟，将牺牲班长夏明生的儿子介绍给"王八级"

的女儿，促成了一对圆满的婚事，也改变了他女儿的阶级身份。

此后，王福全放下了身架，对老卜的指导言听计从，并在卜凤刚的倡议下，带出了一大批技术过硬的优秀工人学徒。

几年的光阴匆匆而过，卜凤刚在黑龙江与军代表、工人和技术人员一起呕心沥血，克服了无数困难，使海军军备生产慢慢走上了正轨，生产除了合格的海岸炮和导弹舰炮，先后装备了四个海岸炮阵地和十六艘导弹舰，受到上级的多次奖励和好评。

从 1964 年起，卜凤刚一家四五口人，同别人家合住一个单元，居住面积仅有 13 平方米。他多次把组织分配给自己的住房让给其他战友和同志，自己和家人挤在十几平方米的简易平房里。

卜凤刚把自己全身心地奉献给了祖国的建设事业，却把委屈留给了家人。在卜凤刚为海军建设做出辉煌成绩的背后，奖章里也有家人默默的付出与奉献。

1975 年，卜凤刚的大儿子卜作林刚刚初中毕业，正是朝气蓬勃青春开启的年纪，在那个年代，却恰逢下乡插队。年仅 16 岁的少年，在当今，正是积极求学，享受父母呵护的年纪，卜作林却被父亲要求响应号召下乡插队。

眼看身边的同学伙伴有的留城就业，有的当兵入伍，小作林此时渴望着父亲能给自己帮帮忙，留在母亲身边。可是决绝的卜凤刚拒绝了小作林的想法，要求他下乡深入农村，在艰苦的条件下接受锻炼。就这样，少年卜作林在大山种马场和宛屯畜牧场一待就是几年。直到 1978 年，下派青年只剩下了卜作林三个年轻人了，卜凤刚才勉强签字同意卜作林回城参加工作。

从事多年的军工研制和生产工作的卜凤刚取得了许多成绩，上级多次为他晋升军衔，他总是百般推辞，只肯担任军代表这个职务。

军代表担负着与材料供应商的对接工作，若是把关不严，将会为国家和军队带来不可估量的巨大损失。有些不良商人，妄图以次充好，企图通过贿赂手段，蒙混过关获取利润，均被卜凤刚严词拒绝。也有些厂商见到卜凤刚家庭条件艰苦，想为他老家的父母翻盖房屋，给老卜家购置物品，同样也遭到卜凤刚的回绝。

在担任军代表的 20 多年时间里，从内蒙古大草原到黑龙江北大荒，卜凤刚先后在 4 个工厂参加筹建了军代表室，组织了两型火炮的科研及生产线建设工作。

他领导研制的新型舰炮，获全国科学大会奖。

他带领开展的技术攻关活动，攻克了 12 项技术难关，解决了某大型舰炮定型后遗留的技术问题，为海军装备建设作出了突出贡献

中国海军在卜凤刚这样的中国军工人的努力下飞速成长。而卜凤刚的身体也在夜以继日的工作操劳中每况愈下。

1978 年 3 月，全国科学大会在北京人民大会堂隆重召开，大会上，邓小平同志提出"科学技术就是生产力"，这是中国科技的春天！卜凤刚带领研制的新型火炮 F8 项目荣获大奖。在颁奖时，公布的表彰人员名单里却没有卜凤刚的名字。原来，卜凤刚在报送名单中悄悄将自己的名字划去了。

1981 年国庆前夕卜凤刚积劳成疾，被确诊为恶性胸膜间皮瘤。卜凤刚想回到自己的家乡看一看，途中路过锦州，要到塔山看一看。

再次踏上塔山这片记忆中无比深刻的土地，卜凤刚满含热泪，当年

辽沈战役期间塔山阻击战激烈的战斗场景再一次浮现在眼前。眼前红颤颤的高粱，仿佛当年阵地上熊熊燃烧的战火。夕阳映照下的饮马河，泛着粼粼波光，远处滔滔的海浪声，似乎是那些逝去战友们的呐喊与呼唤。隐约中，夏班长声音在卜凤刚的耳畔回响：凤刚，我们胜利了吗？凤刚，你们现在幸福吗？我们的牺牲换来的是咱们当初想要的美好生活吗？我们虽然不在了，可你要替我们全班、全连牺牲的战友坚持下去，把国家建设的像我们当初盼望的那样美好，那样强大。

卜凤刚曾经在这片土地上坚守六昼夜，如今他拖着病体在旧日的阵地上，久久不愿离去，坐在烈士墓前，将一肚子的话向老战友倾诉。

汽车飞驰，驶向养育卜凤刚的故乡，他又回忆起儿时的那个小凤刚。卜凤刚原名卜凤殿，蒙古族，自幼与哥哥卜凤刚在辽宁岫岩大汤沟古石村务农为生，蒙古族孩子，天生活泼好动，身姿矫健，农闲时，总喜欢练些骑射拳脚。日伪时期，辛苦种下的粮食都被侵略者掠夺走，卜凤殿常常问哥哥卜凤刚，为什么我们辛辛苦苦种下的粮食，要被那些侵略者抢走。人们盼着日寇早日投降，农民拿回属于自己的土地，可随着国民党的进驻，地主豪绅勾结国民党，抢夺土地，日渐长大的卜凤刚兄弟，积压的仇恨也日渐增长。

卜凤殿早就听说，有一支属于我们工农自己的武装，叫"红军"，还有"八路军"，他们都是在共产党领导下为农民打天下的人民武装。不久，共产党领导下的东北民主联军在卜凤刚家乡征兵，由于自己年龄不够，卜凤殿决定冒充哥哥卜凤刚的名字参军。就这样，卜凤殿变成了卜凤刚，跟随东北人民解放军参加了诸多战役，获得了大功一次，小功多次。在辽沈战役胜利后，又随军入关参加了解放康怀、宣化、张家口、衡宝、桂林等战役。

而哥哥卜凤刚，随后在军分区征兵时，也参加了部队，做了很多后勤保障工作。两个人都使用了卜凤刚这个名字，这也成为了东北解放战争史研究学者们困惑的谜题成因。

多年来，寻找"卜凤刚"的，不仅有军事专家和学者，还有卜凤刚当年的首长、战友。吴克华、莫文骅两位将军在回忆录中都详细描述了塔山阻击战中卜凤刚的英雄事迹。在战场上曾与卜凤刚坚守同一块阵地，共同出生入死的全国战斗英雄张金木，在转业后从未放弃对老战友的寻找。抗美援朝战争结束后，张金木出朝回国，四处打探卜凤刚的下落，终于在卜凤刚的家乡从哥哥的口中知晓了卜凤刚的消息。

病床前，张金木紧紧握住卜凤刚的手，热泪纵横："老卜，我找了你几十年，终于见到你了。"

老战友相见，心中百感交集，两双手紧紧地相握，再不愿松开。

1948年塔山阻击战的阵地上，这双手也曾如此有力而紧密地握在一起。在部队中，受到卜凤刚的带动和影响，张金木光荣入党。在塔山阵地的党旗下，卜凤刚与张金木双手紧握："金木同志，欢迎你正式成为一名共产党员！"两人高声朗读纵队发布的《告全纵指战员书》和《告全纵共产党员的信》，铿锵的誓言回荡在阵地上空。

作为久经沙场的老兵，一般可以通过破空而来子弹的声音，就能判断敌人的武器和密集程度。而这一次，卜凤刚和张金木却是心头一惊。密集的炮弹，剧烈的炸响，震撼心魄，这是他们入伍以来从未遭遇过的密度和强度，各种炸弹和炮弹的破坏力前所未见。匍匐在战壕里的二人，再次紧握双手。

卜凤刚大喊："同志们，姿态放低！注意隐蔽！"

张金木："老卜啊，听声音，我猜这是美式军舰的舰炮啊。"

卜凤刚答道："敌人的炮弹早晚有打完的时候，等步兵冲上来，咱们再发起反击。"

国民党军在空中飞机、海中舰炮、陆上重炮的掩护下对塔山发起轮番进攻。坚守阵地的战士们抵抗着几十甚至百倍于己的国民党军的冲击，打退了敌人一波又一波的冲锋。卜凤刚所在的三十四团坚守在最前沿，部队伤亡也是最大的。身边的战友接二连三地倒下，却没有一名战士退缩。

夜晚是最难熬的，国民党军乘解放军装备差、补给弱的军事缺陷，在照明弹的指引下，不停歇地连夜轰击阵地。卜凤刚和战友们以坚守与反击相结合的战法，确保阵地寸土未失。

10 月 14 日，锦州攻坚战打响，敌人的进攻愈加疯狂，国民党军派出了号称"赵子龙师"的王牌部队独立九十五师，这支队伍狂妄地宣称"在战场上从未打过败仗，未丢过一挺机枪！"只见他们赤裸上身，身背大刀，斜挎手枪，腰间绑着手榴弹，手中握着冲锋枪，头扎红飘带，不要命地向阵地拥来。后方督战队一手举着银元，一手握持机枪督战，军人们潮水一般发起波次进攻。冲到阵地前沿的士兵和坚守阵地的战士展开了激烈的肉搏战。

养尊处优、妄自尊大的独立九十五师肉搏战也不是人民解放军战士的对手，只迎来了徒劳送命的结果。而这时，丧心病狂的国民党指挥官竟然命令大炮直指阵地，对掺杂厮杀的队伍，发起无差别轰击。这一令人发指的行为，让准备冲锋的士兵们心寒。

炮击过后，阵地上留下了满地尸体，双方战斗人员交织着牺牲在阵前，塔山阵地一片人间惨像。国民党军士兵的冲锋不再有力，就地挖起了简易战壕，暂时隐蔽。

在卜凤刚所在连队坚守的阵地上，只剩下 21 个人了，副营长鲍仁川都亲自参与前沿战斗。六昼夜不眠不休的战斗，每名指战员都怒睁着血红的双眼，紧咬嘴唇，死死盯着阵地前敌人的动向。

国民党军也将团指挥部转移进了夯道壕沟，谋划着发起新的冲锋。

鲍仁川手持电台话机，向总部汇报着敌情战况。

一个好消息从锦州方向传来，锦州已被突破，只剩下老城残余之敌在负隅顽抗，东北"剿总"副总司令、锦州指挥所主任范汉杰化装出逃。

这一振奋人心的消息鼓舞了前线的将士们，鲍仁川当即决定，趁前敌立足未稳，发起反击，命令文书、宣传队剩余战士，开展阵前喊话，瓦解敌人意志。

鲍仁川询问道："谁是共产党员，哪个敢报名冲锋袭扰敌阵？"

正在为牺牲的班长夏明生擦拭遗体的卜凤刚闻听，立即高举手臂向鲍仁川报到。同时举手的，还有张金木。

卜凤刚解下夏班长身上的四枚手榴弹，绑在自己的胸前，后背背着自己的四颗手榴弹，张金木也捡起一支冲锋枪，准备跃出战壕。卜凤刚一把拉住张金木的胳膊，二人再次紧紧握手，卜凤刚说："我的党龄比你长一些，我先去，你要坚守阵地，人不多了，要保留战斗力。"

说完，卜凤刚弯腰弓腿在战壕鹿砦之间蜿蜒穿行，宛如一匹驰骋山间的骏马，飘逸在枪林弹雨间。

壕沟内国民党的团指挥部也接到了锦州突破的消息，指挥官摔掉话机，大声骂道："我们死了这么多弟兄，你们说锦州守不住了！？我怎么面对死去兄弟的父母？你们这群废物！"

指挥官的骂声传遍了战场，前一秒还擦拭冲锋枪的士兵，一手将枪带扯断扔在地上，点燃一根烟瘫坐在地上骂道："咱们到底在为谁卖命？先来一根，舒服一秒是一秒，谁知道爷们一会儿还能不能活着。"

正说着，一个黑瘦的身影从天而降，跳进壕沟，黑洞洞的枪口直对脑门。卜凤刚宛如天神一般，大声喊道："都别动，谁动打死谁！锦州马上解放了，再打下去谁都活不了，不想死的，跟我回解放军，我们优待俘虏的政策，你们比谁都清楚。"

国民党军官率先扔出了军帽，举着双手走出战壕："这仗我不打了，解放军别伤害我的弟兄们，你们优待俘虏的政策我知道，一会儿我们跟你走，兄弟们卖命也不易，到了你们那边，给弄口猪肉炖粉条吃。"

卜凤刚答道："猪肉炖粉条管够！都沿着沟边走，双手举着白布条，我们保证不开枪。"

鲍仁川和张金木在望远镜里看着，国民党军的士兵一个跟着一个举手投降，张金木细心地数了半天还没数完。直至队伍最后，卜凤刚押着胖军官出现在视野里，张金木兴奋地向鲍仁川汇报："好家伙，卜凤刚一个人俘获了124名俘虏！"

鲍仁川激动地搓手："好小子，是个党员！回来我给你请功！"

硝烟尚未退散的战场，堆积如山的战利品，后援战士和支前群众正在清点掩埋牺牲的士兵。

纵队的颁奖立功会刚刚开过。

卜凤刚胸前佩戴着"毛泽东奖章"，这是军人最高荣誉的象征。

夕阳下，卜凤刚的脸上却没有一丝喜悦，只是独自一人望着天边呆呆地出神。瑰丽的晚霞把奖章照的金灿灿的，卜凤刚却用嵌满泥土的手将奖章摘了下来，仔细包好，揣进了怀里。

海军政治部办公大楼，开国少将海军政委李耀文阅读了卜凤刚的事迹报告，走到窗边望着远方陷入了久久的沉思。

病床前，李耀文将军俯下身，心疼地望着卜凤刚："老卜，你受苦了！你还有什么需要，组织一定全力解决。"

卜凤刚用力地保持着微笑，对李耀文说："首长，十二大召开了，我想听听报道。我还想看看，国家有什么需要我做的。"

卜凤刚在身患重病期间仍保持革命乐观主义精神，以惊人的毅力与病魔抗争。

部队多次向卜凤刚的家属提出困难问询，而在卜凤刚的要求之下，亲属子女未向组织提过一点要求。在病榻上，他写下"五不得"，鞭策后人："今后办事，法纪违不得，政策偏不得，作风歪不得，便宜占不得，群众离不得。"

1983 年的 10 月 6 日，卜凤刚病逝，终年 53 岁。

卜凤刚的一生，有功不居功，有权不谋私，忘我不忘人。

卜凤刚过世后，他的家人将他获得的毛泽东奖章捐献给了辽沈战役纪念馆，卜凤刚的事迹和留下的铮铮誓言，现在陈列在锦州辽沈战役纪念馆内。

2022 年 8 月 16 日，习近平总书记来到英雄城市——辽宁锦州，走进辽沈战役纪念馆，回顾东北解放战争历史和辽沈战役胜利进程，追忆广大人民群众支援前线的感人事迹和革命先烈不畏牺牲的英雄事迹。

　　"独胆英雄卜凤刚，用一枚手榴弹迫使 124 名敌人缴械投降。"在辽沈战役纪念馆的塔山阻击战展区，时任辽沈战役纪念馆党组书记、馆长刘晓光指着展板，为习近平总书记讲述着卜凤刚的英雄事迹。

　　"新中国成立以后，卜凤刚回到地方工作，后来二次入伍加入中国人民解放军海军，但他从未提起自己的英雄事迹。曾经有人问卜凤刚，为什么不说自己是'毛泽东奖章'获得者，为什么不向组织报告自己是战斗英雄？卜凤刚则说：'我们一个班 12 名战士，就剩我一个人还活着，能看到胜利就是最大的幸福，我还有什么要求呢？'"

　　刘晓光说，当时总书记看得仔细，听得入神。当他的目光与总书记的目光相对时，他深切感受到，卜凤刚的事迹令总书记动容。

　　夜色深沉，工作人员熄灭展厅的最后一盏灯光，庄严的辽沈战役纪念馆变得沉静下来，寂静的展厅内似乎仍然回响着总书记参观的脚步声。

　　银色如水的月光从玻璃透窗照射进来，铺洒在展墙上。照片中的卜凤刚面带从容的微笑，坚定地望向远方。面前展柜里，那枚象征着中国军人最高荣誉的毛泽东奖章，在月光里熠熠生辉，呼应着夜空中闪烁的繁星，像是在与分别多年的老友热烈地攀谈，讲着说不完的话，回忆着那些峥嵘岁月里的故事。

吕　亮　辽沈战役纪念馆

革命纪念馆在新时代思政教育中的
使命担当与实践路径
——以辽沈战役纪念馆为例

1985 年 1 月文化部颁布的《革命纪念馆工作试行条例》中指出，革命纪念馆是为纪念近、现代革命史上重大事件或杰出人物并依托于有关的革命遗址、纪念建筑而建立的纪念性博物馆，是有关的革命遗址、纪念建筑和文物资料的保护收藏机构、宣传教育机构和科学研究机构，是我国博物馆事业的重要组成部分。辽沈战役纪念馆是全面展示辽沈战役历史的专题性博物馆，属于革命纪念馆范畴。

2021 年中共中央、国务院印发《关于新时代加强和改进思想政治工作的意见》强调，要用好各级各类文化设施和阵地，加强各级各类党员教育培训基地、爱国主义教育基地等的规划建设和管理使用。

党的二十大报告明确指出，我们党要坚持不懈用新时代中国特色社会主义思想凝心铸魂，全面加强党的思想建设，加强理想信念教育。这是新时代、新征程赋予革命纪念馆在思政教育中的政治使命和责任担当。

一、革命纪念馆在新时代思政教育中的使命担当

2022 年 8 月 16 日至 17 日习近平总书记赴辽宁考察，首站来到辽

沈战役纪念馆，参观结束时勉励在场工作人员："红色江山来之不易，守好江山责任重大。要讲好党的故事、革命的故事、英雄的故事，把红色基因传承下去，确保红色江山后继有人、代代相传！"习近平总书记的话语意味深远，充满力量，令人感动，既是对革命纪念馆工作人员的鼓舞和鞭策，更清晰指明了革命纪念馆在新时代思政教育中的使命和担当。

（一）秉持"守住红色江山，确保江山后继有人"的理念，自觉承担政治使命

"中国的解放来之不易，新中国成立来之不易啊！千千万万先烈、英雄、人民打下了这个江山。江山就是人民，人民就是江山。要江山变色，人民绝不会答应！我们要守好这个江山，努力实现中华民族伟大复兴，告慰革命先辈先烈。"①"共和国是红色的，不能淡化这个颜色。无数的先烈用鲜血染红了我们的旗帜，我们不建设好他们所盼望向往、为之奋斗、为之牺牲的共和国，是绝对不行的。"②关于红色江山的重要论述，习近平总书记在多个场合多次提过。心心念念一句话：红色江山来之不易，守好江山责任重大。

红色是革命纪念馆的主基调和政治本色。如果说信仰有颜色，那一定是中国红。革命纪念馆是见证中国共产党开天辟地筚路蓝缕伟大奋斗

---

① 习近平在辽宁考察时强调　在新时代东北振兴上展现更大担当和作为　奋力开创辽宁振兴发展新局面［OL］. 新华网 http://www.news.cn/politics/leaders/2022-08/18/c_1128925891.htm.
② 共和国是红色的！习近平总书记说英雄［OL］. 求是网 http://www.qstheory.cn/zdwz/2019-04/03/c_1124322184.htm.

历程的信仰殿堂，是见证中华民族从站起来富起来到强起来伟大飞跃的精神家园，是见证中国人民团结奋斗笃行不怠伟大意志的宗祠家庙。因此，革命纪念馆必须秉持"守住红色江山，确保后继有人"的理念，自觉承担新时代革命纪念馆在思政教育中应该肩负的政治使命。

革命纪念馆要在政治立场、政治方向、政治原则、政治道路上同党中央保持高度一致，光明正大、理直气壮地宣讲中国共产党为什么能，中国特色社会主义为什么好，归根到底是马克思主义行，是中国化时代化的马克思主义行的普遍真理。弘扬以伟大建党精神为源头的中国共产党精神谱系，发挥爱国主义教育、革命传统教育和国防教育的主阵地作用。因此，革命纪念馆要将思政教育工作深度融入整体工作中，主动作为，特别是通过场馆文化和宣传宣讲加强针对大中小学生的思想政治教育，确保红色江山后继有人，革命薪火代代相传。

要提升革命纪念馆的思想政治教育成效，革命纪念馆就必须专心致力于传播红色文化、宣传革命精神、培育社会主义核心价值观，通过多渠道、多方式、多角度让社会公众尤其是大中小学生全面了解党的艰辛历程，明白今天的辉煌成就是革命先烈付出巨大牺牲换来的沉甸甸历史，从而增进对党的奋斗历程和理论创新成果的认同感。教育引导广大青年要坚定不移听党话、跟党走，怀抱梦想又脚踏实地，敢想敢为又善作善成，立志做有理想、敢担当、能吃苦、肯奋斗的新时代好青年，让青春在全面建设社会主义现代化国家的火热实践中绽放绚丽之花。①

---

① 习近平．高举中国特色社会主义伟大旗帜　为全面建设社会主义现代化国家而团结奋斗——在中国共产党第二十次全国代表大会上的报告［OL］．中国政府网 https://www.gov.cn/xinwen/2022-10/25/content_5721685.htm.

（二）"讲好党的故事、革命的故事、英雄的故事"，传承红色基因

红色是中国共产党、中华人民共和国最鲜亮的底色，在我国 960 多万平方公里广袤大地上红色资源星罗棋布，在我们党团结带领中国人民进行百年奋斗的伟大历程中，红色血脉代代相传。[①]传承红色基因，讲好红色故事，是新时代革命纪念馆在思政教育中应该展现的责任担当。

1. 讲好党的故事，提升党性修养

革命纪念馆是开展党性教育的最佳场所，通过基本陈列和文字说明，以及新闻媒体传播手段，加上党史现场教学的看、听、学、思、悟、辩等方式，使前来参观受教育的党员同志自觉经受党性锻炼，强化政治担当，永葆共产党人的政治本色。革命纪念馆要深入挖掘红色资源，把党的优良传统，革命先辈坚定的理想信念，作为党员干部教育最厚重、最宝贵的教育素材，锤炼党性修养，筑牢党性根基。

2. 讲好革命的故事，培养爱国主义情怀

中国革命的历程波澜壮阔，雄浑悲壮。革命先辈们毕生奋斗追求建设的是一个富强、民主、自由、平等的新中国，每一个人身上都闪耀着爱国主义精神的伟大光芒，诠释着追求真理、敢为人先、保家卫国、爱国爱民的民族精神。

截至 2021 年底，全国共有登记备案的革命纪念馆 1600 余家。每一件文物、每一条史料、每一张图片，都在生动而翔实地展示着独具特色、富有生命的中国革命史上的重大事件和重要人物。这些承载着革命情感

---

① 习近平主持中共中央政治局第三十一次集体学习并发表重要讲话［OL］．中国政府网 https://www.gov.cn/xinwen/2021-06/26/content_5621014.htm.

的红色资源，构筑为纪念馆的话语体系，革命纪念场馆通过讲述革命故事，对全社会各个年龄段、各个群体进行"四史"教育，从而实现情感共鸣，培养广大公民热爱祖国、热爱人民的高尚情怀。

3. 讲好英雄的故事，塑造道德示范楷模

中国共产党带领人民进行社会革命的历史也是千千万万革命先烈用鲜血和生命铸就的历史。在东北解放战争和辽沈战役中，5万余名革命先烈英勇牺牲，为人民的解放事业献出了宝贵的生命。习近平总书记说，我们要永远铭记革命先烈的牺牲和奉献。

因此，革命纪念馆要通过讲好英雄的故事，教育引导青少年树立正确的人生观、价值观，把铭记英雄、崇拜英雄、学习英雄、争做英雄作为人生的价值和目标，坚定共产主义信仰，做一个对国家对民族对社会有贡献的人。同时，革命纪念馆还要通过讲好英雄的故事，倡导社会公众正确认识历史，充分肯定英雄的力量和作用，把英雄作为中华民族的脊梁和激励前行的强大力量，敢于同抹黑丑化英雄的行为做斗争，在全党全社会塑造道德示范楷模，更好担负起我们这一代人的使命担当。

二、辽沈战役纪念馆在新时代思政教育中的实践路径

辽沈战役纪念馆作为全国爱国主义教育示范基地、全国首批"大思政课"实践教学基地、辽宁省党性教育教学基地、辽宁省职工思想政治教育基地，始终牢记革命纪念馆的使命担当，特别是注重通过讲好党的故事、革命的故事、英雄的故事开展思政教育工作。通过加强硬件设施建设、软件文化建设、师资队伍建设、宣传平台建设等路径，保证纪念

馆的思想政治教育功能真正取得实效。

（一）加强硬件设施建设，打造思政教育基地方队

工欲善其事，必先利其器。辽沈战役纪念馆抓住国家关于加强革命文物保护利用政策，结合自身发展特点，整合现有资源，以树立红色文化品牌为导向，以规范化建设为标准，将主体陈列馆及附属分支机构打造成各具特色、互为补充的思政教育基地。

2018 至 2022 年，纪念馆争取各级专项资金累计 1.8 亿元（其中国家 7000 余万元、省级 2100 余万元、地方财政投入 8700 余万元），实施了辽沈战役纪念馆烈士纪念设施修缮和景区基础设施改造工程；对配水池战斗遗址文物本体及周边环境进行修缮和全面改造；对东北野战军锦州前线指挥所旧址进行修缮；对解放锦州烈士陵园纪念设施和基础设施进行维修改造。一系列硬件建设完成后，呈现在全国游客和锦城市民眼前的是庄重大气、布局合理、功能完备、环境良好的纪念和活动场所。

在加强基地建设的基础上，推出了以辽沈战役纪念馆为主线，以东北野战军锦州前线指挥所旧址、配水池战斗遗址、解放锦州烈士陵园为延伸的"四点一线"红色旅游主题线路，强化红色旅游品牌推广，促进研学活动开展。同时，纪念馆还加强了与辽沈战役干部学院、锦州苹果廉政文化教育基地和红色主题公园等红色阵地的融合发展，形成了"聚是一团火，散做满天星"的大思政教育格局。

（二）加强软件文化建设，提升思政教育实效

1. 夯实文博业务建设，汇聚思政教育源头活水

要汇聚思政教育源头活水，就必须不断夯实文博业务基础。为此，纪念馆加强了革命文物保护，实施可移动文物预防性保护工程和数字化

保护工程；深入开展文史研究，挖掘辽沈战役史实和红色故事的时代内涵；丰富展览展示内容，举办专题展览和交流展览；强化革命烈士褒扬工作，充实红色基因库，并于 2021 年 11 月 1 日上线运行全国首个东北解放战争烈士信息查询系统；同时，还对全市 70 余处辽沈战役红色遗址遗迹进行调查摸底采集信息，为编制锦州市红色资源保护利用方案提供第一手资料，为片区化保护项目奠定基础。

2. 创新宣讲方式，推动思政教育入脑入心

红色故事的思想政治教育内容要通过有效的宣讲方式展现。为此，纪念馆不断创新宣讲方式，开展了进学校、进军营、进机关、进企业、进社区的"五进"活动。采用线上线下相结合的方式，用"云讲解"扩大影响力。2022 年 9 月 9 日，"红色第一课——重温总书记关注的辽沈故事"在锦州市 352 所中小学 8000 多个班（次）开讲，20 多万名师生在线集中收听收看。"红色辽沈星课堂""辽沈趣课堂"将英雄烈士的故事送到大中小学校；以辽沈战役历史和英雄模范故事为素材，举办"传承青春力量　致敬辽沈榜样"驻锦高校大学生演讲大赛；开办"红色记忆·薪火相传"小讲解员培训班。通过宣讲形式的创新，纪念馆不仅扩大了思想政治教育的覆盖面，而且实现了思政教育入脑入心。

3. 拓展社教和研学活动载体，增强思政教育成效

辽沈战役纪念馆在做好阵地讲解的同时，还利用五一劳动节、七一建党日、八一建军节、十一国庆节，"9·30"烈士纪念日、"11·02"东北解放纪念日和春节、清明、端午、中秋、重阳等传统节日，设计丰富多彩的适合各个年龄段观众的特色社教和研学活动。采取展教结合手段，用文物、史实和各类专题展览讲好红色故事，让人们在仪式和活动

中感恩奋进，身心受到洗礼，增强了思政教育的效果。

（三）加强师资队伍建设，开发思政教育精品课程

1. 打造一支过硬的讲解员队伍，为思政教育提供有生力量

讲解员是开展思政教育的主力军。随着思政教育工作的不断扩展，革命纪念馆要培养一支思想素质好、业务能力强、具有饱满的工作热情和历史责任感的讲解员队伍。[①]辽沈战役纪念馆通过公开招聘考试录用讲解员，一般要求具有本科以上学历，享受正式事业编制待遇，走正常业务晋升渠道，除系统的业务培训外，还鼓励讲解员参加各级各类大赛，通过以赛代训的方式持续提高讲解员的业务素质。这些政策不仅稳定了讲解员队伍，还有效提升了讲解员的素质。

纪念馆还通过做好志愿者的培训和招募工作，不断扩大兼职讲解员队伍。让"小讲解员"在生动的社会实践中培养爱国主义情怀，增强社会责任感；让志愿服务的老干部、老党员、老同志用自身经历讲述红色故事更具有感染力。2019 年至今，辽沈战役纪念馆利用寒暑假现场培训小讲解员、大学生志愿者讲解员共 350 名，通过网上开展讲解员培训，参与人数近万人。通过志愿者的有效志愿服务，加强了宣讲力量，扩大了思政教育师资队伍。

2. 开发设计沉浸式党课，打磨精品思政教育课程

沉浸式、体验式教育是提高纪念馆思想政治教育效果的有效途径。为此，纪念馆注重加强沉浸式、体验式精品思政课程的打造。例如，访

---

① 苏丽娜.革命类纪念馆开展爱国主义教育的社会实践——以延安革命纪念馆为例《2019年年会暨"革命类纪念馆与中国共产党建国思想"学术研讨会论文集》[M]. 内部资料：395.

谈式党课《致敬·梁士英》成为党史学习教育选单的"必点课";《平凡成就伟大　无名铸就丰碑》的微党课每次在解放锦州烈士陵园无名烈士合葬墓前宣讲,总能直击观众心灵,令人动容。

3. 实施馆校合作计划,为思政教育提供资源和人才储备

纪念馆还注重馆校合作,通过与驻锦高校的合作,共同研究以辽沈战役红色文化为主题的大学生思政类课程,开发校本教材。纪念馆号召馆内业务人员与高校教师组建课题研究小组,开展学术交流研讨,申报课题项目,提升整体业务水平。鼓励业务人员能写的写,能讲的讲,能演的演,建设思政教育的人才储备库。

(四)加强宣传平台建设,构建思政教育媒体矩阵

辽沈战役纪念馆建立了以官方网站、微信公众号、视频号、微博、快手、今日头条、北国号、新华网、锦州通等九大新媒体宣传矩阵,结合报纸、电视等传统媒体宣传方式,巩固壮大主流思想舆论,加强全媒体传播体系建设,讲深讲透伟大建党精神,讲好讲活解放战争转折地的故事。

2022年清明节"我为烈士献枝花"公益直播活动历时100分钟,快手号、视频号两平台现场累计观看人数超过4万人,获赞近20万;《战旗美如画》原创专题展览被中宣部学习强国平台党史栏目专版刊发,阅读量超过100万,点赞近10万;与锦州市委网信办联合主持新浪微博话题"红色锦州　英雄之城",阅读次数超4000万。通过构建思政教育媒体矩阵,有效增强了宣传教育的深度和广度,提高了红色文化的传播实效,辽沈战役纪念馆的影响力和关注度显著提升。

三、结语

革命纪念馆作为新时代开展思政教育的重要阵地，是学校教育、家庭教育无法替代的"社会课堂"。应该看到的是，革命纪念馆发挥思想政治教育功能是一项在路上的持久工程，因此，革命纪念馆要通过不断挖掘自身及所在地域的红色资源，锚定方向主动作为，加强宣传守正创新，用心用情用力把革命历史、革命文化、革命精神转化为全党全社会各类人群不忘初心感恩奋进的思想动力，激励全体人民为实现中华民族伟大复兴的中国梦团结奋斗。

龚　兵　周美元　辽沈战役纪念馆

保护・利用篇

如何让红色故事在讲解中生动呈现

一、宣讲红色故事的重要意义

为人民群众提供生动的、精彩的、满意的讲解服务是红色教育基地和爱国主义教育基地承担的重要任务。当前，纪念馆实现革命历史红色故事教育的重要形式就是讲解，如何把红色故事在讲解中生动呈现，讲解员是纪念馆承担这一使命的重要人员。本文以讲解员身份，结合自身多年来在纪念馆讲解红色故事实践，浅析讲解员如何讲好红色事故，更好地满足人民群众接受红色教育需求，传承红色基因，赓续红色血脉，不忘初心使命，汲取奋进力量，让红色革命精神代代相传。

讲好红色故事要注重和加强红色故事的教育功能，教育人民群众不忘初心、牢记使命。特别是在新时代，对青少年的宣讲教育尤为重要，用红色故事里的革命激情感召人，用红色故事里的浩然正气鼓舞人，用红色故事里的人格魅力影响人，用红色故事的革命精神教化人，教育人民群众、特别是青少年树立和坚定马克思主义信仰，牢记中国共产党宗旨，坚定中国共产党人的初心使命，坚持社会主义信念，厚植爱国主义情怀，树立远大的理想，培养坚强的斗争精神，担负起社会主义伟大事业建设者和接班人的伟大使命，为实现中华民族伟大复兴的中国梦勇于、敢于牺牲奉献。

讲好红色故事，要突出讲解员的主导作用。红色故事是中国共产党百年历史的生动体现和情景再现，蕴含着深厚的政治理论、党史知识和革命精神，需要以科学、严谨、负责任的态度进行准确讲解。讲解员作为红色故事的讲述者，是红色故事、红色文物、红色遗迹的"代言人"，是红色故事的宣讲者，是红色精神的宣传者，必须在讲好红色故事中发挥主导和示范作用。

二、宣讲红色故事任务与目标

习近平总书记指出："革命博物馆、纪念馆、党史馆、烈士陵园等是党和国家红色基因库。要讲好党的故事、革命的故事、根据地的故事、英雄和烈士的故事，加强革命传统教育、爱国主义教育、青少年思想道德教育，把红色基因传承好，确保红色江山永不变色。"①中国共产党自成立以来，一代又一代革命先烈用生命和鲜血谱写了中国共产党的百年奋斗历史，他们的英雄事迹、英雄故事载入中国共产党发展史册，百年来被传颂和继承。一个伟大的民族、一个发展的时代，不能没有英雄，决不能忘记英雄和历史，忘记英雄和历史就是背叛，铭记和宣讲好中国共产党这些丰富的红色故事，传承的是伟大精神，继承的是革命信仰，赓续的是红色血脉，汇聚的是奋斗力量。

红色革命故事贯穿中国共产党百年奋斗历史，一个个红色故事，就像璀璨的珍珠，闪耀着红色革命的光辉。讲好红色故事必须坚持科学的

---

①2019年9月16日至18日习近平总书记在河南考察时的讲话。

指导思想，必须树立科学的世界观和方法论，必须坚定共产主义信仰和把握历史的唯物史观，坚持历史思维和辩证思维相统一，以点带面、窥斑知豹，通过鲜活生动的红色故事案例反映中国共产党发展历史面貌，透过典型红色故事展现历史发展规律，运用科学思维把握历史大势。坚持唯物史观和历史思维，学深悟透红色故事，领悟和探究故事背后的科学遵循，站在中国共产党发展历史进程中掌握其发展规律，深刻理解一个个红色故事背后蕴含的伟大历史意义。

当前，世界面临前所未有之大变局，中国的发展同样也面临前所未有之机遇和挑战，讲好红色故事，就是要教育和引领全国人民坚定"四个自信"、增强"四个意识"、做到"两个维护"，坚守中国共产党政治本色，让中国共产党的革命红色故事在当代鲜活起来、发扬和继承开来。讲好红色故事，能更好地教育和引领广大人民群众、特别是青年一代厚植爱党爱国爱社会主义情怀，牢记中国共产党初心使命，赓续红色血脉，续写习近平新时代中国特色社会主义建设新篇章。

中国共产党百年奋斗历史，一个个红色故事展示了中国共产党发展和建设时期的时代精神，引领和汇聚了每个时期的奋斗力量。讲好红色故事，必须担负起历史使命和责任，广泛收集、深入挖掘、全面整理历史资料，坚持实事求是、严谨科学的思想，讲述红色故事的时代价值，探寻红色故事的时代意义，学习中国共产党百年奋斗伟大贡献，感悟红色故事的时代内涵，升华时代精神，将红色故事注入时代生机，永放时代光芒，让人民群众深刻理解中国共产党从成立之初到现在始终不渝为人民的使命宗旨，深刻理解中国共产党为实现中华民族伟大复兴的中国梦初心使命。

三、宣讲红色故事方法与技巧

作者多年来在辽沈战役纪念馆红色故事宣讲一线工作，对红色故事宣讲有深切的体会，不断在宣讲中进行总结，进行了理性思考与分析，提炼总结出了宣讲红色故事具有实效性、针对性的方式方法。

（一）增强红色故事宣讲的使命感

当前，我国大多数爱国主义教育基地，讲解员仍然是进行爱国主义教育和中国革命红色教育的主要方式，他们直接面对受教育对象，红色教育主要内容从他们的言行中展现，承担和发挥着红色故事宣讲的重要职能，讲解员的自身素质和爱国情怀直接影响到红色故事宣讲的质量和效果。

讲好红色故事，必须培养讲解员红色故事宣讲的职责感、使命感，厚植爱国主义、革命主义情怀，把每一个生动的红色故事熟记于心，把红色故事蕴含的革命精神消化于心，把红色故事体现的时代价值外化于行，在红色故事宣讲中，与受教育对象进行语言的交流，感情的碰撞，心灵的沟通，用红色故事启发人，用真情实感打动人。

讲解员应勇做红色故事和中国共产党历史的研究员和专家，讲解员不单纯是红色教育基地的"导游"，红色故事不是"导游词"，宣讲过程中既要人民群众听进耳里，更要讲到人心里，红色故事宣讲要拥有灵魂和精神，要做到晓之以理、动之以情，做到宣讲的是红色故事，收获的是革命精神。

红色故事宣讲要灵活和生动，在日常的讲解过程中，讲解员要注重打磨出自己的风格，要会"看人说话"，向不同群体输出的内容不能固定，做到"因人施讲"，通过观察听众的表情、动作以及交流，对讲解形式不断进行调整。但前提是，讲述一定要生动、鲜活，通俗易懂，深入浅出，要让听众听得明白，理解得清楚，更好地引起感触和激发共鸣。

（二）深入学习红色故事，为讲解提供丰富素材

中国共产党百年奋斗历史，留下了丰富而精彩的红色故事，广泛的红色革命遗产为讲好红色故事提供了宝藏。当前，纪念馆的讲解员，大多数都是非专业性、非科班出身，无论是文化底蕴还是专业水平，都与一名合格的讲解员存在很大差距。纪念馆要加强对讲解员的教育培训，讲解员要深入学习中国文化和中国历史，培养中国文化和中国历史底蕴；要深入学习近现代以来中国发展史，深入学习中国发展史上无数仁人志士的爱国主义故事、爱国主义精神，特别是要深入学习中国共产党百年奋斗史上涌现出来的精彩红色故事。讲解员只有掌握了深厚的红色故事和红色故事精神，才能把红色故事讲解得真实、生动、形象、有情感。

通过学习，讲解员要不断增强红色故事宣讲的厚度、深度，不断丰富自己知识和文化结构，在知识和文化积累中逐步形成知识体系，不断积累丰富经验，既要宣讲红色故事本身，还要宣讲红色故事蕴含的时代意义和价值，科学揭示历史发展规律，真正达到红色故事宣讲的质量和效果，实现红色故事教育的目的和意义。

（三）强化岗位实践，提升讲解组织能力

一个优秀的讲解员必须具备充实的专业知识、自如的随机应变能力、流畅的语言表达、自然亲和的仪态仪表，只有这样才能够为观众讲解充

分完整的红色故事教育内容。讲解员的组织能力，既是讲解员工作能力的体现，也是讲解员顺利完成宣讲教育的基础，让观众跟着讲解员的思维走、跟着讲解员的故事听、跟着讲解目的完成宣讲，这样才能达到宣讲教育的真正目的。

首先要充分做好讲解前的准备，了解观众的层次、文化、地域、职业等特点，这样就可以初步确定讲解重点、讲解方式方法，避免产生讲解内容与听众"两张皮"。特别是在纪念馆参观过程中，要积极组织、引导听众参观，做到"眼观六路、耳听八方"，随时关注参观者的反应，判断他们对讲解和参观内容的感受，并及时调整讲解节奏、内容和方法。要加强沟通交流，不能把讲解当成"背课文、走程序"，要多用提问、设问，甚至自问自答的方式进行讲解，让听众主动思考讲解内容，这样能达到事半功倍的效果。

（四）强化能力建设，增进教育对象"向师性"

随着国家对红色教育基地建设深入和红色革命故事挖掘，纪念馆已成为红色革命教育的主阵地。游客也对于红色旅游的需求日益高涨，来纪念馆参观、学习、接受革命文化教育的游客也越来越多，年轻人也越来越多了，每天面对不同的游客、观众，每天接收新的知识，讲解员这份工作时常带给我意料之外的新鲜感。除此之外，各级党组织和纪念馆的领导都非常重视宣教工作和宣教人员的培养，给予了很多的政策倾斜和支持，也为讲解员提供了很多的平台和空间。现在政府重视，政策支持，讲解员也从游客口中的"导游、服务员"变为了"老师"，这是一种对于行业的尊重和认可，这是历史赋予讲解员沉甸甸的使命。

纪念馆汇集珍藏着革命先烈的肖像和物品，陈列着故事空间，见证着革命历史与红色文化的发展。讲解员的任务就是通过讲解语言再现陈列品的事迹，再现革命先烈故事场景，再现革命历史发展史诗。因此，对听众而言，讲解员应是红色文化教育引领者的形象。师者，传道、授业、解惑，增强听众对讲解员的"向师性"，纪念馆的宣讲教育才能更生动、更深刻、更有意义，才能更好实现红色教育基地建设的目标。如果失去了听众对讲解员的"向师性"，宣讲教育效果就会"打折"，把红色革命纪念馆教育当成了一般性旅游。

（五）强化新媒体应用，增强故事渲染力

当前，大多数纪念馆的红色故事宣讲形式还较为单一，以讲解员的宣讲为主，各类红色资源的展现形式还较为传统，主要依赖于实物（遗物）、文字、图片、陈展。随着现代信息技术的发展与应用，新媒体技术对纪念馆红色故事宣讲能发挥重要辅助作用，通过影像、声音、动画、VCR 等技术演示，能使红色故事宣讲更生动、形象、震撼。

为提升红色故事宣讲效果，讲解员要加强新媒体技术学习和应用，熟练掌握新媒体演示、展示技能，科学结合语言、影像、动画辅助效果，不断增强宣讲的生动性、多样性和感染力。

近年来，在全国红色旅游五好讲解员培养项目的有力带动下，涌现了一大批"政治思想好、知识储备好、讲解服务好、示范带头好、社会影响好"的五好讲解员，成为红色故事、红色精神宣传和弘扬的骨干力量。讲解的过程是一个再创作的过程，如何让静止的展品生动起来，让革命故事鲜活起来，讲解员的责任非常重大。对红色革命历史和党史的深入学习、深刻领会，对中华优秀传统文化、文明的不断学习，不断提高自身文化修养、艺术修养至关重要。讲解员文化底蕴的培育，讲解方式的转变，讲解员自身素质的增强，多种技术的合理使用，才能使红色故事有血有肉、鲜活生动。

李　丁　辽沈战役纪念馆

对纪念馆项目资金筹措机制的思考

国内纪念馆大多数不以营利为宗旨，属于公益一类事业单位。由国家财政拨付各项事业经费。长期以来，财政预算资金主要是保证纪念馆人员类支出以及维持展馆日常运转的公用经费支出，这些资金能保证纪念馆基本运行需要，但难以满足纪念馆基础设施修缮改造，更新展陈布展陈列形式，组织各项公益活动等项目需求。探讨纪念馆项目资金的筹措机制，拓展多渠道资金来源，缓解财政预算资金紧张的压力，是健康发展纪念馆事业的保障。

一、纪念馆资金来源的现状

2008年，财政部、中宣部等联合下发（中宣〔2008〕2号）《关于全国博物馆、纪念馆免费开放的通知》。通知要求全国各级公共类博物馆等场馆将全部实行免费开放政策，并且其所需经费纳入各级财政预算管理体系。专项资金纳入中央财政预算管理系统，对免费开放单位重点补助，支持举办临时展览改善陈列布展等活动。中央财政全部承担其门票收入减少部分的损失。对运转经费增量部分也制定了各地区相应的承担比例。通知要求地方财政部门要尽职尽责，切实保障免费开放资金落实到位。同时在基础设施建设、提高优质化服务等方面要求各级财政部门要统筹使用资金，对博物馆纪念馆进行财政补助，平衡因免费开放收入减少带来的影响，保证其运行平稳。根据（中宣〔2008〕2号）通知精神，免费开放纪念馆博物馆事业经费的主要来源是国家财政预算拨款资金，它是保证纪念馆事业持续发展不可或缺的重要财力。

财政预算资金主要用于纪念馆人员经费、公用经费等日常业务活动支出，虽然在保证免费开放纪念馆正常运转上发挥着重要作用，但是各级财政部门对纪念馆拨付的财政补助资金有限，很难满足纪念馆大型修缮，展陈升级，开展各项业务活动的资金需求，严重制约着纪念馆事业未来发展方向。因此，探索建立项目资金筹措机制，拓展多渠道资金来源方式，补充财政预算拨款资金不足，对全面提升纪念馆的质量，充分发挥纪念馆职责，都有着积极的促进作用。

二、纪念馆项目资金筹措有关政策支持

（一）2008年，财政部、中宣部等联合下发（中宣〔2008〕2号）《关于全国博物馆、纪念馆免费开放的通知》，简明扼要指出要鼓励文化产品研发，要制定相应的税收优惠政策，要多渠道筹措事业经费，鼓励社会各界捐赠。通知对博物馆纪念馆的筹资工作指明了方向，具有十分重要的指导作用。

（二）纪念馆是博物馆的一种类型。2015年，《博物馆条例》（国务院令第659号）颁布。它进一步规范了事业经费管理，要求其纳入政府财政预算。同时可以多形式筹集资金，设立公益性基金会。其他收入享受税收优惠政策。鼓励文化创意产品开发等项内容。《博物馆条例》

的实施，从政策上保障了多种方式项目资金筹措机制的建立。

三、纪念馆项目资金筹措机制的方式

（一）向上争取政策性专项资金项目。研究吃透上级政策，系统梳理并深入研究国家、省、市各类项目申报要求、条件、方式等信息，积极向上争取专项项目资金。2021 年，财政部（财教〔2021〕88 号）《中央对地方博物馆纪念馆免费开放补助资金管理办法》从运转经费补助、陈列布展补助、国家级重点博物馆补助支出范围、内容、资金分配、专项资金申报等做了具体的规定和解释，加强并规范了免费开放补助资金的管理。

纪念馆要熟悉国家财经政策，随时了解国家、省、市各项专项补助资金信息，把握时机，主动争取政策性资金是筹资的主要方式。根据《国家文物保护专项资金管理办法》（财文〔2018〕178 号）、《中央对地方博物馆纪念馆免费开放补助资金管理办法》（财教〔2021〕88 号）规定，纪念馆要结合本身的实际建设项目需求，借势而为，顺势而上积极主动进行所需项目资金年度申报工作，争取国家、省级、市级专项补助拨款。兼顾好财政补助性资金与事业单位发展要求的关系，保证纪念馆事业长足稳步发展。

向上争取政策性资金是最行之有效的筹资方式。也是大多数纪念馆普遍认同并采用的筹资方式。

（二）吸收社会及公众捐赠，募集项目资金。随着互联网的普及，纪念馆的基础设施改、扩建，以及信息化、数字化技术也在推动着纪念馆展陈方式的提升，只有充足的资金作保障，才能得以实现。除了申请政策性资金外，吸收社会各方公益捐款也是一个好办法。捐赠是利国利民的善举，养成捐赠习惯，有利于培养公民同情心和社会责任感，有利于促进社会和谐发展。国外的公益性博物馆接受的社会捐助占有较大比重，相对而言，我国公众参与公益事业的观念比较薄弱，博物馆、纪念馆接到的社会捐助微乎其微。国家通过立法积极引导公益性捐助。2018年新修订的《中华人民共和国企业所得税法》对企业的公益性捐款规定，准予在年度利润总额中相应扣除。同时，《中华人民共和国慈善法》同步执行我国企业所得税法规定捐赠的相应条款。依据国家层面鼓励捐赠的税收优惠政策，纪念馆可以充分发挥自身的宣传优势，依法合规倡导号召企业及社会个人公益捐赠。纪念馆应制定公益捐赠管理办法和公益捐赠工作流程，规范捐赠人和受赠人行为，公开透明使用善款、物资。纪念馆要重视捐赠项目经济效益和社会效益关系，处理好捐赠群体与纪念馆的利益关系，用更优质服务回报社会，形成良性循环。

吸收社会及公众捐赠，募集项目资金，有助于社会和谐，风清气正，是一项双赢的活动。

（三）设立纪念馆事业发展公益性基金会。捐赠募集项目资金不具有可持续性，为了保持纪念馆事业的长足发展，保障筹集资金链的可持续性，建立纪念馆事业发展公益性基金会是未来纪念馆筹措资金的主要方向。公益性基金会除了资金资助、还包括人才培养、功能业务拓展等工作。公益性基金会更多的是吸收的社会各界力量捐款捐物，接受企事业单位及公众捐献，并通过经营管理公益资产，使公益资产保值增效，为纪念馆博物馆事业注入非财政资金，增强纪念馆事业发展动力。

当前，我国公益性基金会与国外同行相比，还处于成长时期，发展相对比较滞后。无论从基金会数量，基金会发展规模，还是基金会管理等方面都处于探索阶段，发展空间巨大。

纪念馆公益性基金会属于非营利性社会组织机构，对接受捐赠的资产管理更加系统规范，通过对投入资金的运行使用状况实时监控，对相关信息公开公示，随时接受捐赠人监督等手段实现项目资金精细化管理。纪念馆公益性基金会能够保证资金的使用效率，使资产配置更加安全，使用更加有效。

纪念馆公益性基金会接受捐赠的资金物资，同样适用于《中华人民共和国企业所得税法》《中华人民共和国慈善法》的有关规定，有法律保驾护航，这将大大提高企业的捐助热情。2018 年，《中华人民共和国个人所得税法》对个人公益性慈善捐款规定，允许按税法的相关条款，在其个人应缴所得税中抵扣。国家税收优惠政策引导更多的企业、有识之士进行公益捐助。其一，可以享有相应的税收减免政策；其二，可以提高企业和个人的知名度，打造良好的社会形象。

纪念馆公益性基金会的建立发展将有助于纪念馆未来拓展公益服务、整合社会资源、优化运营机制，成为募集资金的重要力量。纪念馆公益性基金会要构建规范、稳定、配套的捐赠资产管理制度体系，保证接受捐赠的资金、物资运行正常。纪念馆公益性基金会将成为长效的资金筹措机制。

（四）争取非同级财政补助资金项目。它是指除了本级财政部门以外的，其他的同级或上下级部门拨付的款项，大都是限定用途的各类专项资金。一般是主动的资金支持，获得补助的渠道比较狭窄，获取资金项目比较被动，但把握好时机，创造条件可以尝试。

（五）文创产品收入补充项目资金缺口。文创产品被当成旅游纪念品，一直以来并不被重视。大多数纪念馆作为公益一类事业单位，由财政全额补助拨款，保证日常的运转支出。而文创产品研发属于专项支出，需要另外向财政申请专项资金。（中宣〔2008〕2号）《关于全国博物馆、纪念馆免费开放的通知》以及《博物馆条例》先后出台了支持文化创意产品开发的政策，但对于大多数纪念馆来说，一方面申请批复此类专项资金程序烦琐或是批复的资金对文创产品开发杯水车薪，导致纪念馆对开发文创产品缺乏主动性。另一方面全额拨款事业单位，实行"收入支出两条线"管理模式，所有预算外收入须全额上缴本级财政，不允许直接用于单位的费用支出，这势必会影响文创产品研发的积极性。

2016年，国发办〔2016〕36号《关于推动文化文物单位文化创意产品开发的若干意见》提出，文创产品收入纳入部门预算，统一管理。其收入可以投资到公益文化服务、藏品征集等事项，也可以用于文化创意产品开发。2017年，为深化公益性事业单位改革，文公共发〔2017〕28号《关于深入推进公共文化机构法人治理结构改革的实施方案》，进一步阐明扩大收入分配自主权。文创产品收入纳入本单位部门预算，统一核算。并根据有关财务规章管理制度，赋予其一定资金统筹运用配置权利。

2020年10月，国家13个部委，包括发改委、财政部、文旅部等国家机关联合颁布了《近期扩内需促消费的工作方案》，再一次强调，允许文创产品开发获得的收入，可按规定用于博物馆纪念馆等单位日常活动、藏品征集、公共服务等方面的支出。这些政策给纪念馆吃了"定心丸"，也迎来文创产品的"春天"。特别是故宫博物院文创产品经营销售的成功案例，点燃了大多数博物馆纪念馆对文创产品开发的热情。纪念馆可以结合自身的宣传内容，文物特征等借鉴故宫博物院文创产品营销模式，也是开发文创产品不错的捷径。

纪念馆要建设完整的文创产品运营体系，达到文创产品社会价值和文创收入经济价值最大化。既能拓展纪念馆文化影响力，也能紧紧把握住资金筹措与运用的主动权，助力纪念馆的事业发展。例如故宫博物院2017年度文创产品销售额15亿元，2018年财政预算拨款11.2亿元，文创产品销售收入超过国家拨款3.8亿元，故宫博物院事业收入一飞冲天，事业发展底气十足。

国家推行文创产业多年，纪念馆由于缺乏充足的资金支持和善于营销的管理机构，构建一条完整的文创产品产业链实属不易。故宫博物院文创产品营销方式的成功值得其他纪念馆学习借鉴。用文创产品收入来弥补财政拨款不足部分，充实事业经费，将成为今后纪念馆筹集资金的一种比较重要的机制。

我国大多数纪念馆属于非营利性质事业单位，由财政部门根据编委核定的岗位编制数量核定拨付各项事业经费，能够保障纪念馆日常基本运转需求。纪念馆要发展事业，就要打开思路，拓展眼界，多措并举筹措资金，逐步建立自己的资金筹措机制，形成多方参与，多方投资，以财政补助拨款为主，其他筹款方式为辅，积极促进纪念馆各项事业建设。同时，也要践行新《预算法》提出的"勤俭节约、量力而行"的宗旨，保证纪念馆事业稳健发展。

沈　平　辽沈战役纪念馆

传承辽沈战役精神　汲取砥砺奋进力量

　　辽沈战役是一场决定中国前途和命运的大决战，在中国共产党的历史中占有特殊的地位。辽沈战役的胜利是先辈们是用忠诚和担当、勇气和智慧、鲜血和生命写就的历史，是先辈们在敢于斗争、敢于胜利的接续奋斗中赢得的胜利。中国共产党领导东北军民创造了伟大历史，铸就了伟大精神，形成了宝贵经验，获得了重要启示。

　　解放战争时期，东北人民野战军在辽宁省西部，沈阳、长春地区与国民党军展开了战略性的大决战——辽沈战役。辽沈战役作为解放战争三大战役中的第一个战役，为夺取解放战争全面胜利，奠定了重要基础。

　　辽沈战役是中国共产党历史上气势恢宏的篇章之一，也是最为生动、最有说服力的鲜活教材。习近平总书记在党史学习教育动员大会上指出："注重用党的奋斗历程和伟大成就鼓舞斗志、明确方向，用党的光荣传统和优良作风坚定信念、凝聚力量，用党的历史经验启迪智慧、砥砺品格。"①

---

① 习近平.在党史学习教育动员大会上的讲话［OL］.新华网 https://baijiahao.baidu.com/s?id=1695732799395567210&wfr=spider&for=pc.

一、辽沈战役概述

1948 年秋，解放战争进入到第三年，全国的政治、经济、军事等各方面形势都向着有利于人民解放军的方向发展，坚定了展开大决战的信心。1948 年 9 月，中共中央在西柏坡召开政治局会议，毛泽东同志提出"用五年左右的时间从根本上打倒国民党反动统治"。

东北地区幅员辽阔、资源丰富、工业发达、交通便利，南与冀热辽、晋察冀和山东各根据地相邻，东、西、北面分别与朝鲜、蒙古和苏联相接壤。因此，东北的战略地位极为重要。早在党的七大时，毛主席就指出："东北是很重要的，从我们党，从中国革命的最近将来的前途看，东北是特别重要的。如果我们把现有的一切根据地都丢了，只要我们有了东北，那么中国革命就有了巩固的基础……"①

2022 年 1 月 11 日，习近平总书记在省部级主要领导干部学习贯彻党的十九届六中全会精神专题研讨班开班式上发表重要讲话时，就以此为例，强调"重视战略决策问题"的重要性……

2022 年 8 月 16 日，习近平总书记在辽沈战役纪念馆考察时指出："这是多么富有远见的战略决断！后来的发展也证明这个战略决断对解放战争胜利发挥了多么重要的作用。"因此，我军与国民党军进行战略决战首先在东北战场展开。

1948 年 9 月 7 日，毛主席代中央军委起草了《关于辽沈战役的作

---

① 毛泽东文集：第三卷 [M]. 北京：人民出版社，1996：426.

战方针》，指出："必须集中主力于北宁线作战，而置长春、沈阳两敌于不顾，并准备在打锦州时歼灭可能由长、沈援锦之敌"，并强调"要确立打你们前所未有的大歼灭战的决心，即在卫立煌全军来援时敢于同他作战"。①

1948年9月12日，东北野战军主力千里奔袭北宁线，发起辽沈战役。

东北野战军先后攻占昌黎、北戴河、绥中、兴城等地，切断国民党军增援锦州的陆路通道。主力向北宁线奔袭，以"渗透战法"割裂锦北防御体系。10月1日，攻克义县，扫清国民党军锦北屏障。蒋介石组成东进兵团和西进兵团，分别从葫芦岛和沈阳地区东西对进，增援锦州，以解锦州之围。

如果说锦州是东北的大门，那么塔山就是门栓。塔山，既无塔也无山，是一个有着百余户人家的小村子，位于葫芦岛与锦州之间，它东临渤海，西靠虹螺山，山海之间是一条宽约10公里的狭长丘陵起伏地带，是国民党军东进兵团自海上增援锦州的必经之地。从10月10日开始，国民党东进兵团以11个师的兵力，辅以海陆空交叉火力，向塔山地区实施连续猛攻。第四纵队在第十一纵队的密切配合下，经过六昼夜鏖战，阻住了国民党"东进兵团"的进攻，创造了我军阵地防御战的光辉范例。

整个战役关节点即是锦州。锦州是辽西走廊的咽喉，是关内外的必经之地。毛泽东主席指出，攻克锦州即可造成"关门打狗"之势，切断东北国民党军撤向关内的通路，可为下一步调动国民党军打大歼灭战创

---

① 毛泽东军事文集：第五卷 [M]. 北京：军事科学出版社、中央文献出版社，1993：1-5.

造有利条件。毛主席的英明决策对于整个战役胜利进程起到了至关重要的作用。1948 年 10 月 10 日，中央军委发电至东北野战军前线指挥所，指出："你们中心注意力必须放在锦州作战方面，求得尽可能迅速地攻克该城。即使一切其他目的都未达到，只要攻克了锦州，你们就有了主动权，就是一个伟大的胜利。"①

1948 年 10 月 14 日，东北人民野战军集中 25 万余人的优势兵力，向锦州发起总攻。经 31 小时激战，全歼国民党守军 9 万余人，攻克锦州，取得辽沈战役关键性一仗的胜利。

锦州解放后，被围困在长春的 10 万国民党军，一部起义，一部投降，长春和平解放。

锦州攻克，长春解放。东北野战军因势利导，抓住战机，采取诱敌深入，打大歼灭战的方针，主力迅速回师辽西，歼灭援锦廖耀湘西进兵团。

10 月 23 日，黑山阻击战打响。第十纵队全体官兵与国民党军激战 3 天，守住了黑山一线阵地，阻住了西进兵团的进攻，为下一步全歼该兵团创造了有利条件。

黑山阻击战后，东北野战军主力迅速回师辽西，10 月 26 日，在辽西 120 平方公里地域内展开大规模的围歼战，激战至 28 日拂晓，全歼廖耀湘兵团 10 万人，取得了辽沈战役的决定性一仗的胜利。

随后，东北人民野战军为了全歼东北国民党军，不顾连续作战的疲劳，乘胜向沈阳、营口进军。1948 年 11 月 2 日，沈阳被我军攻克。同日，营口也获得了解放。至此，辽沈战役胜利结束，东北全境解放。

---

① 毛泽东军事文集：第五卷 [M]. 北京：军事科学出版社、中央文献出版社，1993：52-53.

辽沈战役自1948年9月12日开始，至11月2日结束，共历时52天，我军以6.9万人伤亡的代价，取得了歼敌47万余人，解放东北全境的伟大胜利。1948年11月14日，毛泽东在《中国军事形势的重大变化》一文中指出："这样，就使我们原来预计的战争进程，大为缩短。原来预计，从一九四六年七月起，大约需要五年左右时间，便可能从根本上打倒国民党反动政府。现在看来，只需从现时起，再有一年左右的时间，就可能将国民党反动政府从根本上打倒了。"①

辽沈战役是决定中国的前途命运之战，是中国革命的成功和中国和平的实现已经迫近的标志。辽沈战役连同淮海战役、平津战役的胜利，迎来了中国乃至世界历史上具有划时代意义的伟大事件——中华人民共和国的诞生。辽沈战役的胜利使中国革命形势发展到一个新的转折点，加速了全国解放战争的胜利进程，使东北野战军成为一支强大的战略机动兵团、使东北解放区成为支援全国解放战争的巩固的战略后方。辽沈战役的胜利是人民的胜利，开创了人民至上的千秋伟业，铸就了"敢于胜利，决战决胜"的伟大精神。

2022年8月16日，习近平总书记考察辽沈战役纪念馆时指出："红色江山来之不易，守好江山责任重大。要讲好党的故事、革命的故事、英雄的故事，把红色基因传承下去，确保红色江山后继有人、代代相传。"②

---

① 毛泽东军事文集：第五卷 [M]. 北京：军事科学出版社、中央文献出版社，1993：218-220.
② "我们一定把党的故事、革命的故事、英雄的故事讲好"——习近平总书记在辽沈战役纪念馆考察回访记 [OL]. 东北新闻网 https://baijiahao.baidu.com/s?id=1741541827535249428&wfr=spider&for=pc.

二、辽沈战役精神的启示

（一）坚决拥护党的集中统一领导的优良传统，始终维护党中央权威

"战略问题是一个政党、一个国家的根本性问题"。辽沈战役的胜利首先是战略的胜利。辽沈战役之所以能取得如此巨大的胜利，一个重要原因就是以毛泽东等同志为核心的党中央审时度势、着眼全局，制定了具有远见卓识的正确的战略方针。1948年10月1日，东北野战军总部发出了《关于攻取锦州打击援敌的政治动员令》，当夜，指挥所的列车行至郑家屯车站时，林彪得知国民党军在葫芦岛向锦州增援的消息后，对打锦州产生了动摇，电报中央，提出要回头继续攻打长春的建议。第二天，罗荣桓、刘亚楼说服了林彪，发电至中央军委，纠正了打长春的想法，明确表示"我们仍拟攻锦州"。中央军委回电："你们决心攻锦州，甚好，甚慰。"10月5日，指挥所进驻位于锦州西北的牤牛屯村。东北野战军首长坚决拥护党中央的集中统一领导，贯彻执行党中央决策部署，服从党中央正确作战方针，亲临前线指挥作战，最终赢得了辽沈战役的胜利。

（二）传承攻坚克难、勇于牺牲的英雄气概，始终坚定理想信念

习近平总书记指出："人民军队从胜利走向胜利，彰显了战斗精神的伟大力量。"辽沈战役中涌现出了大批英雄模范人物，有1.4万余人长眠在这片热土，他们用鲜血和生命告诉我们，信仰就是为了追求一个共同的目标，坚信自己的事业是正义的，并可为之付出一切。他们伟大、

壮丽的一生，体现了共产党人高度的革命热忱和大无畏的英雄情怀。

在锦州这座英雄的城市，有两条街道是以烈士的名字命名的。

锦州攻坚战中，26岁的共产党员梁士英舍身炸地堡，用自己的身体为部队开辟了前进的道路。战后，梁士英被追认为"特等功臣"。锦州人民为了纪念这位英雄，将他牺牲的街道改名为士英街。

对于锦州的人们来说，云飞街是再熟悉不过了，它是以中共锦州地下党支部书记马云飞烈士的名字命名的。攻锦前，马云飞积极组织党员收集国民党守军的各种军事情报，为我军顺利攻城创造了有利条件。锦州攻坚战打响后，马云飞考虑到我攻城部队不熟悉市区街道的情况，很容易造成伤亡，主动提出为第三纵队突击营带路，在途中不幸头部中弹光荣牺牲。为了纪念他，锦州人民将辽沈战役烈士陵园前的教仁路改名为云飞街。

士英街、云飞街已经成为锦州这座英雄城市的象征和骄傲。

（三）坚定革命理想高于天的忠诚担当

时任东北军区炮兵司令部司令员的朱瑞，早年毕业于苏联克拉辛炮兵学校。他一生功勋卓著，特别是在炮兵建设和发展中做出了巨大贡献，被毛主席称为中国的"炮兵元帅"。决战前夕，朱瑞给江苏宿迁老家的母亲和哥哥写了一封信。信中写道：

母亲、哥哥：

我在延安就做炮兵工作了，因我在苏联学习的炮兵，我很喜欢这工作。到东北后，人民炮兵大大发展，我很高兴地做着，身体比过去更好了，工作精力更大，工作也还顺利。

东北发展很快，我想不久我们就要打进关，与华北会合，胜利（这次是真正的胜利了）与家乡见面，希望母亲、哥哥、嫂子及小侄等健康，均团圆见面才好！

……

各子侄辈，仍希统统推动他们出来参加革命工作或学习，才不致落到时代后边，甚至做对人民不利的事情。此事情请哥哥多负责领导他们。

祝阖家平安！

敦仲敬上

九月八日①

家信中倾注了朱瑞对亲人的思念和嘱托、对革命即将胜利的喜悦和对炮兵事业的忠诚。然而，这却成为一封没有发出的家书。1948年10月1日，在攻打锦州城北义县战斗中，朱瑞不幸触雷，壮烈牺牲，时年43岁。中共中央在唁电中指出："朱瑞同志在中国人民解放军的炮兵建设中功勋卓著，今日牺牲实为中国人民解放事业之巨大损失。"②2019年，朱瑞被评为"为新中国成立做出突出贡献的100位英雄模范人物"。辽沈战役中，以朱瑞为代表的共产党人为了人民即使牺牲生命也在所不惜，他们的功名将与山河同在，与日月同辉。

为了人民利益做出巨大奉献和牺牲，是共产党人无悔的选择，这在中国乃至世界历史上都是从来没有过的。从党的一大到二十大，中国共

---

① 郝铭鉴、胡惠强.革命烈士遗文大典[M]上海：上海文化出版社，2002.
② 郑建英.朱瑞传[M]北京：中央文献出版社，2008：410.

产党这个成立时只有几十人的政党，在百年征程中接续奋斗，发展成为一个拥有 9600 多万党员的大党，给中华民族带来了翻天覆地的巨大变化。我们要继续传承辽沈战役先辈们攻坚克难、勇于牺牲的英雄气概，始终坚定追求真理、矢志不渝的共产主义信念，不忘初心、牢记使命，接续奋斗，创造一个又一个奇迹。

（四）保持密切联系群众、坚持群众路线的优良作风，始终坚持宗旨意识

毛泽东同志指出："革命战争是群众的战争，只有动员群众才能进行战争，只有依靠群众才能进行战争"[①]；"真正的铜墙铁壁是什么？是群众，是千百万真心实意地拥护革命的群众。这是真正的铜墙铁壁，是什么力量也打不破的，完全打不破的。"[②]

习近平同志指出："党与人民风雨同舟、生死与共，始终保持血肉联系，是党战胜一切困难和风险的根本保证。"

"一个政党，一个政权，其前途和命运最终取决于人心向背。"辽沈战役是一场艰苦卓绝的人民战争，没有人民群众的无私支援，就没有辽沈战役的胜利。在辽沈战役人民支前统计中显示，动用民工 183 万人、担架 13.7 万副、粮食 5.5 万吨、修路 2185 公里等等。在中国共产党和解放区政府的领导下，东北人民以巨大的人力、物力支援前方，支援战争。在广阔的东北战场上军民并肩战斗，书写了军爱民、民拥军，同心协力、众志成城的赞歌。东北各族人民为东北的解放所付出的代价是我们永远

---

① 毛泽东选集：第一卷 [M]. 北京：人民出版社，1991：136.
② 毛泽东选集：第一卷 [M]. 北京：人民出版社，1991：139.

不能忘怀的。

"人民就是江山，共产党打江山、守江山，守的是人民的心，为的是让人民过上好日子"。在参军参战热潮中，延边朝鲜族"特等烈属模范"李玉今，连续送走了自己四位亲人参军。她对丈夫说："干革命就得豁出去，你放心去吧！家里的一切由我来承担。"她送走了丈夫，又动员小叔子参军。丈夫林池龙在四平战斗中牺牲时，她只有25岁。她忍着悲痛，白天带领互助组生产劳动，晚上劝说公婆战争难免会牺牲和流血的道理，又把两个弟弟送去参军。李玉今舍小家为大家，平凡而伟大的事迹感动了无数人，被评为支前模范，出席了全国妇女第一次代表大会。

黑龙江省特等劳动模范金基铉，在生产支前热潮中，满怀对党和人民政府的感激，先后送走两个儿子参军，为前线缴纳公粮7000多公斤，500多元。

辽宁省北镇县李屯村妇女主任佟玉兰，在絮绒运动中，带动全村妇女仅用10天时间做军鞋500双，纺棉线400多斤，超额完成了任务，同时还把群众节省的30000斤粮食，打的50000斤军马草都交到前线，被辽西省政府命名为"支前模范"。

"一个政党，一个政权，其前途和命运最终取决于人心向背。"黑山阻击战中101高地的战斗最为激烈。为了迟滞国民党增援锦州，战士们坚守在阵地上，一连几顿都吃不上饭。王桂珍一家住在阵地附近，她看在眼里，心里万分着急，由于敌机狂轰滥炸，碾坊、磨坊全都被炸塌了，她就在防空洞里用铁叉捣出36斤玉米面，做成饼子送到阵地上。

黑山下湾子村农会妇女组长罗天瑞，百姓们亲切地称她为"子弟兵的好妈妈"。在战斗打响前后，她一直坚守在第一线，动员全村妇女做军鞋 1000 双。在她家成立了临时包扎所，绷带用完了，她就把自己家的白布裁好给伤员们包扎伤口。她多次给坚守在 101 高地上的战士们送水送饭。一次，她在去阵地的途中，被炮弹震昏了，当接应她的战士跑到跟前时，看到她脚冒着血，脸划破了，不省人事，可她还死死地一手抓住干粮袋，一手握着水壶……

"人民是历史的创造者，人民是真正的英雄。""无论遇到任何困难和挑战，只要有人民支持和参与，就没有克服不了的困难，就没有越不过的坎"。整个战役中，哪里有子弟兵战斗，哪里就有人民群众支援。辽沈战役胜利的历史，就是中国共产党人密切联系群众、坚持群众路线的光辉史。

人心向背，是决定一个政党、一个政权兴衰的根本因素。共产党人正是始终坚持全心全意为人民服务的根本宗旨，始终站在大多数人民利益一边，我们党才能无往不胜，才能为辽沈战役胜利打下坚实基础。对今天的中国共产党来说，只要我们深深扎根人民、紧紧依靠人民，人民拥护和支持是党执政的最牢固根基，就可以获得无穷的力量。

（五）发扬艰苦奋斗、严守纪律的优秀品格，始终加强作风建设

"锦州那个地方出苹果，辽西战役的时候，正是秋天，老百姓家里有很多苹果，我们的战士一个都不去拿，我看了这个消息很感动。在这个问题上，战士们自觉地认为：不吃是很高尚的，而吃了是很卑鄙的，因为这是人民的苹果"。毛泽东同志所提到的"不吃老百姓苹果"的故事，就发生在辽沈战役中的。1948 年 9 月 29 日，东北野战军四纵解放兴城，直属队担任看管城西果园的任务，苹果满园，但战士们再渴也不吃老百姓一个苹果，还将落果装到筐里，放在老百姓家的窗户下，因为他们知

道吃一个苹果也是违反部队纪律的。后来，解放军战士"不吃老百姓苹果"的消息轰动了全军，十师被授予"秋毫无犯""仁义之师"的奖旗。

1956 年 11 月，毛泽东同志在党的八届二中全会上，以当年解放军战士不吃老百姓苹果的故事，强调了新的历史时期必须保持和发扬艰苦奋斗精神的重要性。"不吃老百姓一个苹果"的故事教育了几代人。

2017 年 8 月，习近平同志在庆祝中国人民解放军建军 90 周年大会的讲话中指出，人民军队从胜利走向胜利，彰显了理想信念的伟大力量。人民军队从胜利走向胜利，彰显了革命纪律的伟大力量。正是我党我军始终加强作风建设，严明纪律，才取得了辽沈战役最后的胜利。

党的十八大以来，以习近平同志为核心的党中央以严格自律的作风建设，向人民群众作出郑重承诺。传承辽沈战役艰苦奋斗、严守纪律的优秀品格，在新的"赶考"路上，我们党面临着许多严峻挑战。作风建设永远在路上，要努力向历史、向人民交一份合格的答卷。

辽沈战役作为中国共产党历史中的恢弘篇章已载入史册。75 年来，它所承载的老一辈无产阶级革命家的丰功伟绩，它所展现的中华儿女矢志不渝的共产主义信念、不畏牺牲的英雄气概和严守纪律的优秀品格，将为我们实现中华民族伟大复兴的中国梦，注入砥砺奋进的不竭力量。

王　竹　辽沈战役纪念馆

如何做好红色文化的"传播者"

——浅谈革命纪念馆讲解员基本素质

习近平总书记在辽宁锦州考察时强调："红色江山来之不易，守好江山责任重大。要讲好党的故事、革命的故事、英雄的故事，把红色基因传承下去，确保红色江山后继有人，代代相传。"① 革命纪念馆是中国红色革命历史文化的殿堂，是红色文化教育宣传的主要场所，具有承前启后，让人省思、净化、学习的重大历史教育意义。革命纪念馆对外履行社会教育功能，发挥好爱国主义教育基地作用，对内要深挖红色资源，提高服务水平和服务质量，在这两者中就需要讲解员能够起到红色文化"传播者"的桥梁作用。革命纪念馆的讲解员要如何自我提升基本素质，树立起良好的形象，以助力革命纪念馆发展，是作为一名讲解工作者值得思考的话题。本文结合工作实际浅谈革命纪念馆讲解员基本素质。

党的十八大以来，革命纪念馆的重要社会作用越来越引起社会大众的关注，从爱国主义教育基地建立到红色旅游在全国各省、市范围内的蓬勃发展，从开展革命传统教育，广大党员群众纷纷走进博物馆、纪念

---

① 习近平在辽宁考察时强调　在新时代东北振兴上展现更大担当和作为　奋力开创辽宁振兴发展新局面［OL］. 新华网 http://www.news.cn/politics/leaders/2022-08/18/c_1128925891.htm.

馆开展活动，从青少年心中遥远而又陌生的革命纪念馆，到广大学生最热衷的假期"红色打卡地"，都表明了参观革命纪念馆已然成为广大市民精神文化生活的主要内容，成为爱国主义教育活动和社会主义精神文明建设活动的重要途径。而作为革命纪念馆工作中的主要部分——讲解，则起到了革命纪念馆与参观者之间的桥梁与纽带作用。新时期，红色纪念馆的讲解员们要承担起自身的使命与责任，创新讲解艺术，提升自身讲解素质，用新时代的标准讲述红色历史，做好红色文化的"传播者"，因此，如何提升讲解员的基本素质在纪念馆工作中起着至关重要的作用。

一、加强思想政治素养，提高讲解的政治高度

思想政治素养是指人们在学习和实践过程中形成的一种基本素质。[①]革命纪念馆讲解员的思想政治素质，应体现政治意识、责任意识、参与意识等。要充分发挥红色纪念馆的资源优势，转变观念，积极承担宣传工作，进一步发挥纪念馆为社会服务的功能。这就要求讲解人员一是要有浓厚的爱国主义情怀，在工作中时刻捍卫国家权益，要有责任感和使命感，要正确引导观众了解红色历史，正确掌握政治方向，做好宣传引导工作；二是要学习与博物馆、纪念馆传播红色文化相关的精神内涵，把握历史准确性，传播、解惑，秉持正确的政治方向，发挥正确的宣传效果；三是要养成关心时事的能力，才可以在工作实践中有效培养思想

---

① 韦江丽.纪念馆讲解员的素质构成及成长路径[J].文化创新比较研究，2019，3（08）：155-156.

理论和思想政治素质，因为红色纪念馆具有很强的政治性，所以讲解工作者就必须时时坚持自己的思想政治立场，做好思想政治素质的训练；四是要培养政治的敏感性，有利于保持清醒的政治头脑，作为一名讲解员，必须随时保持清醒的头脑，不断加强学习，增强讲解能力，适应发展需要。

二、加强职业道德素质修养，提高讲解的责任心

职业道德素质修养的过程主要是自我约束、自我监督的过程。任何一个讲解工作者都需要提高自身的道德素质，自律和他律两者缺一不可，特别是自律方面占有更多的比重，一个有自我约束能力的人一定是个道德素质高，责任心强的讲解员。

作为红色纪念馆的讲解员，在宣讲工作中要有着强烈的事业心和高度的社会责任感。讲解的本质是向观众传递历史，讲述革命精神，以激励观众爱党爱国，激发观众崇尚英雄，缅怀先烈。讲解员同时也肩负着为观众服务与传播教育的双重任务，是红色文化、红色精神的重要"传播者"。作为红色文化、红色精神的"传播者"首先要对历史有敬畏之心，要有坚定的政治思想，要有一颗赤子之心，充分发挥"以人为本服务于人"的理念，让受众群体真正体会到红色文化教育的重要性。同时，在传达革命传统教育，传承和弘扬民族精神时，也是提升自身职业道德素质修养的最佳途径。

三、加强文化素质修养，提高讲解文化知识的储备

讲解工作是创造性的输出和给予。随着社会不断进步，人们知识水平不断提高，随之而来对红色文化的需求也在日益增加。纪念馆的工作人员尤其是讲解人员要具有专业知识水准，要有扎实的讲解基本功，才能满足观众对红色文化和革命历史的需求。一是语言知识的储备。语言是传递信息的第一载体，是讲解服务的重要工具，要有扎实的语言基本功，才能做到讲解内容生动感人。讲解过程中应当表现出合理的逻辑思维，话语要清晰简洁。二是专业知识的储备。我们经常说，思维的空洞与知识的贫乏如影随形，而智慧的觉悟则因学问的丰富而难舍难分。革命纪念馆的历史意义重大，历史知识广泛深远，所以讲解员必须具备丰富的历史知识，从历史中了解陈列背景、人物背景、历史事件的发展进程等，全面、系统、完整的熟悉和掌握相关历史形成、演变的历程。三是综合知识的储备。革命纪念馆讲解工作的特殊性要求讲解员的知识架构广泛，涉猎不同专业，以历史为主向外延伸。这不仅仅要求讲解员要熟练掌握本馆历史知识，更要学习与其相关的知识，在面对观众提出问题时能够对答如流，在与观众交流时，让观众感觉到展览和历史的"零距离"。

四、加强专业技能学习，提高讲解水平

（一）提高语言表达能力，学好扎实的基本功

作为革命纪念馆讲解工作者，应进一步增强语言表达能力，通过正

确的语言表达，树立一种知性、得体、大方的讲解员形象。一是多听。多听是说的基础，讲解员不仅局限于听本馆的历史内容，更要多听其他与之相关联的历史内容，通过获取丰富的信息，保持与观众的亲和力。二是多背。讲解词是讲解员背诵的必修之课，更是上岗流利讲解的前提。以背为前提，在讲解的初级阶段，要非常了解纪念馆的基本知识，了解整个展览的具体内容和有关展览幕后的故事。三是多写。讲解员需要有深邃的思考、深刻的情感，更需要用文字记录周围所发生的事情、对心灵的触动和对现实的感受，这样在讲解过程中能够更好地宣传革命精神和历史文化。四是多说。多听、多背、多写等能力的提高都是为多说而做准备的，在说的时候要注意从历史事件的真实性、准确性和通俗性入手，更要简明扼要。[①]说话要养成以真实情况为基准，不浮夸、不卖弄，用通俗易懂的讲解方式来讲述革命历史人物和事件，让观众能够更好地了解历史。

（二）提高语言讲解方式，建立良好讲解形象

语言讲解方式多种多样，其本质特征是与内容相结合，更是讲解的核心部分。对讲解工作者来说，语言是我们来进行讲解服务工作最主要方法和工具，而讲解服务水平的高低在较大程度上决定讲解员运用语言讲述艺术的能力。语言讲解艺术可分为以下几种：

首语：是指我们在讲解过程中，运用头部来表达语义和传递信息时的一种表达方法，比如点头和摇头的动作。这种表达方式在世界各国大部分都是以点头为同意、肯定、支持和认可，而摇头则表示否定或不同

---

① 房阳. 浅析革命纪念馆讲解员如何提升讲解能力 [J]. 传播力研究，2018，2（31）：187-188.

意等，也有部分国家和少数民族因风俗习惯的不同存在着各种差异，还有着不同的具体含义，如在斯里兰卡、印度、尼泊尔等国家，大家相互交往时，都是彬彬有礼地摇头，向左摇头则表示赞同、尊重或认可，点头则表示不同意，这恰恰与我们中国的"摇头不算点头算"相反。

表情语：讲解员的面部动作要给人一个流畅、轻松、自然的印象，并尽力让自己的眼神更加真实、亲切。如此，可以使参观者与讲解员更有亲切感。笑容是一个具有独特魅力的表情动作，讲解员的笑容要给参观者一个明朗、甜美的印象，如此可以让参观者觉得和蔼亲切。

目光语：讲解员一般连续注视参观者的时间应在5秒以内，如注视的时间过于长久，会造成参观者的厌烦或误会，要注意目光的联结、转移、分配与讲解的统一。

服饰语：讲解员的服装要求穿着得体、简单整齐，要与本人的体型、气质、身份和职位相吻合，特别是革命类纪念馆讲解人员，工作期间要穿单位定制的馆服、讲解服，少戴或不戴首饰等装饰物品。

（三）学习社会教育学，提高心理素质修养

良好的心理素质培养，是指人在认识、想象、思维、观念、毅力等方面的培养，它并不是人与生俱来的，而是要从日常生活和工作环境中逐渐培养建立起正确的人生观、价值观。革命纪念馆讲解员要提高心理素质修养既要靠自身的努力，也要学习社会学、教育学等学科的相关知识。一是要有接受知识和理解知识内容的能力，对所接触到的人物、事物要迅速做出反应，[①]特别是在与观众见面时，我们首先要微笑，能让

① 徐媛．纪念馆讲解员的语言艺术与讲解技能研究 [J]. 文物鉴定与鉴赏，2019（14）：120-121.

观众感受到我们的"亲和力"，在微笑见面后，问好是不可少的，可以进一步增进与观众的沟通，打招呼的方式很多，如"您好""让您久等了""欢迎您参观……"等礼貌用语。二是要学会尊重观众，对待观众要谦虚、宽容，要有耐心，在讲解过程中，我们往往会遇到参观者提出的各种问题，在这种情况下，我们要耐心倾听，并做出解答，即便答不出提出的问题，我们也要对观众有个合理的解释，不能让参观者感觉到"无视感"。三是要有组织应变的能力，把不同身份、地位、年龄的观众，以"我"为中心，带动起来，要根据观众的需要为观众解说。四是不论心理怎样都要具有调控能力，稳定情绪，确保讲解质量，要有不卑不亢的心态。

五、如何提升革命纪念馆讲解员基本素质

随着大众对红色历史文化需求的日益增长，以及随着现代信息技术的迅猛发展，大众的认知背景、思考方法以及接收资讯的途径都出现了巨大的改变，对红色纪念馆的讲解工作人员也有了更多的要求。怎样提高纪念馆讲解员的素质与能力，我觉得应该做到以下两个方面。

（一）选拔培养的对象要合适

针对讲解员所具有的基本素质，在招聘考核时，要着重考核讲解员的基本素质。政治思想觉悟要高，喜欢讲解员这份工作；要有服务意识，责任意识；在讲解中能熟练运用标准的普通话，声音要洪亮，条理清晰；在语言表达中要充满自信和较强的感染力；要具有良好的形象，优雅的气质和平易近人的性格，富有亲和力，以及很好的沟通、协作与交

流能力。

（二）做好上岗前的培训工作

专业培训一般可分为岗前培训、岗位培训和专业培训三种类型。一是岗前培训。岗前培训是必修课，对讲解员今后的事业发展至关重要，在岗前培训中，所在单位不仅要培养新讲解员熟悉岗位环境和岗位流程，更重要的要向他（她）们全面介绍在新岗位工作中所具备的基本素质，其中也涵盖各项管理制度规定、工作标准以及人员行为规范等。所以，单位一定要重视对新任讲解员的岗前培训，在岗前培训过程中可选择由单位聘请专家、学者，或由本单位经验丰富的讲解员采取传、帮、带的方式进行培训，也可以通过"送出去"的方式进行岗前培训。通过严格规范的岗前培训，让新任讲解员迅速掌握纪念馆的基本知识，熟悉基本的工作方法，从而尽快适应讲解员工作。二是岗位培训。岗位培训是提高新任讲解员水平与能力的重要手段，新任讲解员只有通过对岗位的持续磨炼，经过不断地反思和总结，才能提高讲解员的业务素质和讲解能力。三是专业培训。专业培训是提高讲解员的专业技能、讲解技能的重要途径，单位要经常安排讲解员参加各种不同类型的专业培训、进修班和专业技能大赛等，通过参加各类培训班和比赛等活动，使讲解员开阔眼界、增进交流、增长知识、提高技能，更好地做好讲解工作。

革命纪念馆作为历史文化的传播地，承担着文化传承与教育的重要使命，依托丰富的馆藏资源，可以满足不同年龄段受众的需求，是博物馆、纪念馆社会教育工作的重要职责。而讲解是一份工作、一份任务，更是红色文化的传播者。百年征程，浩瀚无垠，百年初心，历久弥坚。新时期，新征程，革命纪念馆将承载着红色文化继续前行，为实现第二个百年奋斗目标、实现中华民族伟大复兴的中国梦而努力奋斗。

梁丹丹　辽沈战役纪念馆

博物馆观众调查与方法分析

观众是博物馆的服务对象，了解观众并满足观众需求是博物馆的根本宗旨。由于博物馆观众具有广泛性和多样性的特点，因此需要博物馆对不同受众的需求有更细致的掌握。博物馆观众调查是了解观众最直接、有效的方式，通过进行多样化的调查研究，了解到公众的兴趣所在、关注热点、好恶和需求趋势等，才能有效地回应公众的需求、提供令公众满意的服务。因此，开展博物馆观众调查对于博物馆服务水平的提升及未来发展都具有非常重要的意义。

一、博物馆观众调查的含义与目的

什么是观众调查？为什么要进行观众调查？这些是在开展观众调查之前一定要弄清楚的问题。观众调查是指在大众传播的证实性研究中所采取的一种主要方法，包括对剧场、展馆等场所的观众、听众进行调查。[①]在我国，用科学的方法对受众进行系统的调查兴起于 20 世纪 80 年代，之后日渐繁盛，目前在传媒界、博物馆、展览馆、美术馆已普遍采用，

[①]［英］蒂莫西·阿姆布罗斯、克里斯平·佩恩.《博物馆基础》[M].郭卉，译.南京：译林出版社，2016：121.

观众调查对象通常以家庭和个人为基本单位。

对于博物馆来说，观众调查有两层含义：一是对观众基本情况的调查，调查他们的构成、特点及需求；二是通过观众调查了解观众对博物馆展览及其服务质量的意见和建议。博物馆观众调查通常将两者结合起来，既有对观众本身的信息调查，也有对观众需求、反响的调查。不论进行哪种调查，实际上都是为了掌握观众的反馈信息，以便作出策略调整，改进、提高工作和服务质量，从而达到获得更好的社会形象和社会效益等目的。

二、观众调查的类别

开展观众调查之前还要了解观众调查的种类，一般情况下，观众调查分为抽样调查、实验调查和专题调查三种。

（一）抽样调查

抽样调查是指从全部调查研究对象中抽选一部分个体进行调查，并据此对全部调查研究对象做出估计和推断的一种调查方法。抽样调查虽然是非全面调查，但它的目的却在于取得反映总体情况的信息资料，因而，也可起到全面调查的作用。抽样调查具有经济性好、时效性强、准确性高、适用面广等优点。

抽样调查又分为随机调查、非随机调查、分类调查、分段调查等类别。随机调查，是指从观众总体对象中任意抽取预定数量作为样本进行调查，例如从现场观众中随机选定一定数量的对象进行调查。非随机调查，是由调查人员根据自己的判断选定调查对象进行调查，包括从特定人群范围中选取，从特定时间、特定区域选取调查对象进行调查等。分类调查，是将调查对象按一定标准划分为若干群体进行调查，例如分为青少年观众调查、离退休观众调查等。分段调查，是在某种序列排列的观众群体中，按一定时段、距离抽取样本进行调查，例如从观众登记名单排列中间隔抽取样本调查。

（二）实验调查

实验调查是通过某种社会学、行为学的操作，在一定环境下，对调查对象进行小规模的观察与试验。例如在与观众的互动中，让观众作出自然的反应，从中观察其举动，并得出相关结论。实验者、实验对象、实验环境与实验活动构成实验调查的主要构成因素，实验调查具有实践性、动态性、可重复性等特点。

（三）专题调查

专题调查是指为了了解和研究某一特定情况或问题，派专人向特定对象进行调查。专题调查是针对调查内容而言的，通常所谈问题比较深入，时间较长。例如，了解观众对本馆新展览的总体意见、对社教活动形式与内容的建议等。定向性和针对性是专题调查的突出特点。

三、观众调查的具体方法

了解调查类别之后，便需要针对不同的类别采取不同的调查方法实施观众调查。每一种观众调查都有与之相对应的调查方法：抽样调查的主要方法是问卷调查法，实验调查的主要方法是观察调查法，专题调查的主要方法是访谈调查法。只有以正确的方法实施调查，并对调查结果作出科学的分析与研究，才能得出正确的、有价值的结论。

（一）问卷调查法

问卷调查法就是根据调查课题和调查方案设计一份书面问卷，向观众散发或者请观众当时填写，回收后加以分析，然后再对分析结果加以利用，以改进工作，并对问卷加以修改，使它更加科学实用。目前这种调查方法使用非常普遍，很多博物馆都有类似问卷，并且已经发展到在网上进行实时调查。

1. 调查课题的设定

调查课题，实际上就是调查目标，即通过调查什么达到什么目的。有了这样一个出发点，设定调查目标就有了方向。在设计观众调查问卷前，必须先设定一个调查目标，由此确定调查课题。比如，通常一个展览馆、博物馆开展观众调查，其目的是为了解观众对本馆的看法、想法和要求，以便改进和提高本馆的工作。这样，调查课题就要围绕这个主要目标展开设计。

2. 调查问卷的设计

调查课题设定后，就可以进入调查问卷的具体设计阶段。调查问卷的设计通常包括的主要方面有：被调查者信息、对展览的满意度、对参观环境的满意度、对展馆服务的满意度、对展馆工作和展览质量和内容的建议等。答题设计除被调查者信息可采用填充题，最后的意见和建议类题可以由被调查者自由发挥外，一般采用选择题，就是由设计者设计问题后,列出若干个参考答案(一般以2—5个选项为宜)供被调查者选择，例如"非常满意""基本满意""不太满意"和"很不满意"。而且不宜设计过多的题目。因为如果题目太多，会使观众不耐烦，而且问题太多也易使观众产生头绪不清的感觉。

3. 观众调查问卷的分析与研究

观众调查问卷回收后，应对问卷进行分析研究，否则调查就没有意义。调查问卷的分析方法大体分为三个步骤，即分类统计、分类指标分析、质化资料分析。

分类统计，即从各个维度计算百分比。通常对以选择题为主的调查结果都要从各种角度、各种维度计算其所占比例。例如，计算被调查者的来源分布、年龄分布、职业分布、文化程度分布以及各类问题所得答案所占比重。这既可以量化地看到展馆各方面工作的情况，也可以为后面的进一步比较分析打好基础。这项工作做得越仔细，对后面的分析越有好处，在设计问卷时就应对此有所考虑。

分类指标分析，实际上就是对调查所得信息进行比较分析。例如历年观众人数，观众对展览总体印象，展览、设施、服务满意度，增加服务项目需求，各类人群的反馈信息比较等。通过比较，可以将原本简单的观众反馈信息转变为具有比较意义的权重指标组成部分。进行这类分析时，要善于从现象中发现规律，善于总结经验教训，也要冷静客观，做更理性的"解剖麻雀"工作，才能真正发挥调查反馈信息的作用。

质化资料分析，是指在观众反馈信息中提取具有实质性意义的信息，包括要求展馆改进服务、设施、展览效果的意见和建议。这包括两个方面：一是观众反馈信息所直接表达的意见，例如对哪项服务不满意，希望改进哪项设施等；二是从上述分类指标分析项的比较分析中，通过信息比较得出间接结论，提炼有意义的信息，这本身对展馆工作有促进意义。实际上就是进行规律性研究，从中得出有启发、有价值的结论。不但对于改进展馆的服务有价值，而且对整体展览艺术、展馆服务规律有价值。

（二）观察调查法

观察调查法是设计一种以操作或互动方式展开的调查，从观众的行动或与工作人员的互动中观察其反应，从而得出所需结论，实际上是一种带有实验性质的调查方法。

1. 观察调查的目的

观察调查实际上是一种实验调查，具体方法是通过对被调查者行为的细致观察，了解对方的反应。其中又分为实验观察法、跟踪观察法和影视记录法等。不管用什么方法，最终是要达到观察被调查对象行为的目的，从中可以发现被调查对象对特定事物的反应。他们的这种反应就是调查者需要掌握的信息，调查者了解到人们的反应后，就可以对有关事物作出相应的调整，这也就是调查者调查的目的。

2. 观察调查的方案设计

实验观察法，通过设计一种行为实验，让观众在应对中作出反应，从而来观察其不同反应。例如，可以在展馆出口设计一个小装置，让观众回答展览中哪件展品在哪个部位，这样可以检验观众对于展览的观看效果，判断一份问卷调查表是否实用？可以通过实验来检验：把所设计的调查表发给实验人群（可以是员工，也可以是观众）进行试填，通过试填这种实验，就可以了解这份调查表是否切合实际，然后可以针对其中不足之处加以修改，以提高问卷的调查效果。

跟踪观察法，是通过观察人员直接跟踪观众参观，观察观众在参观过程中对展览、展品的反应。这种跟踪可以是隐性的，也可以是明确的陪同，但不把陪同同时观察的任务告诉对方，在这一过程中可以做好笔记。这样，通过全程跟踪，可以近距离观察观众对展览的反应，并有更真切、详尽的记录。

影视记录法，就是通过拍摄照片、录像等影视手段，记录下观众的举动，然后分析其意义。

3. 观察调查信息分析

首先需要对调查所得数据加以解读，例如实验观察法要对现场记录加以整理、归纳，影视记录法要对记录资料加以解读，照片要印制，录像要反复播放，按照事先制作的统计表、记录表加以记录，如果是对整个参观过程进行跟踪观察，要对全过程进行分解记录。其次是样本分析，在对调查结果进行初步解读整理后，要对样本进行分析，对不同样本进行比较。分析的重点是被观察人对于展览、展品、展示手段及效果的反应。一般来说，当观众对展览、展品感兴趣时，他们会出现兴奋的神态、认真观看、好奇询问等反应；从肢体方面看，他们会表现出身体靠近展品、眼睛凑近展品、脚步停留，甚至有用手摸的倾向。如果不感兴趣，他们则会加快脚步，眼睛一扫而过，甚至把脸转向别处，寻找另一个吸引眼球的展品。因此，观众对于讲解的态度，对于动线、通道、灯光的感觉，都会从他们的一举一动上表现出来，在样本分析中，这些都是值得关注的重要信息。最后是调查数据和信息的利用，很好地利用调查信息和数据，对于改进展览设计、展馆管理、讲解、服务以及研究观众心理会有丰富的启示。

（三）访谈调查法

访谈调查就是就某一问题做专门调查，有时问题中还包含多个相关问题，观众需要回答所有相关联的问题。访谈调查是一种很有效的调查方法。展馆与观众的很多沟通问题都是可以通过访谈来完成的，并且很多其他调查方法本身也需要结合访谈才能更好地完成调查。

1. 访谈课题的设定与调查问题设计

访谈课题可以是很宏观的，也可以是很具体的。如可以是像"××展览馆观众调查问卷"这类大而全的调查，也可以是更加具体的专项调查，类似"展览馆社教活动方式调查""展览馆观众讲解导览系统问题调查"。访谈课题设定后，不等于调查课题已经设计成功。相反，设计才刚刚开始。访谈调查不仅要有题目，而且要有更具体的提问，有些还需要有几个层级的提问。也就是说，在向被访谈者提出一个问题后，无论对方怎样回答提问，访谈者都要就前面的问题进一步提问，这样就可以步步深入地探讨一些深层次的问题。

2. 访谈调查对象的确定

访谈调查对象的确定要从课题倾向进行分析，课题倾向就是课题是关于什么方面的内容，关于哪种类型的展示，适合哪类观众群等，这样才能恰当地定位观众群，也才能准确地找到适合的访谈对象。课题倾向分析为找到合适的访谈对象确定了大致的类型和方位，再具体选择访谈对象就容易多了。例如，对于青少年类展览内容，适合找青少年对象访谈；对于革命历史类展览，可以通过成年人、青少年等不同群体各自访谈；对于艺术类展览，可以与文化界人士、大学生等访谈。

3. 访谈调查的方法

访谈调查可以分为对焦式访谈、开放式访谈和半结构式访谈三种方式。对焦式访谈，又称封闭式访谈，就是问特定的问题，非常具体，答题范围小，可以自由发挥的余地不大。开放式访谈，是指访谈者把主题记在心中，不直接要求受访者给出简单明确的结论，避免让受访者用"对"或"错"、"是"或"非"作答，而是让受访者有更大的自由发挥余地，不用"你喜欢这个展览吗？"这样的问题，而用"这个展览给你印象最深的是什么？"这样的提问，以便让受访者自由发挥。采用开放式访谈，需要访读者有较丰富的访谈经验和较高的访谈技巧。半结构式访谈，又称半封闭式访淡，就是把对焦式访淡和开放式访谈两种方式结合起来。设计一部分对焦式问题，这样可以确保得到一部分准确的基本信息，而在延伸部分、深入交流部分，则采用开放式访谈，即在对焦式访谈中夹入若干个开放式问题。例如："你还有其他想法吗？请简单谈谈。"这样既保证获得一些必要的基本信息，又让受访者有足够的自由发挥余地。

4. 访谈结果的分析

对焦式访谈结果分析，通常可以进行定量和定性分析，因为问题比较简单，答案基本上是预设的，结果是具体和明确的，其分析方法基本与问卷调查方法相同。开放式访谈和半结构式访谈结果分析，则应采用归纳法对话题由浅入深地进行整理、归纳和分析，得出对于展馆、展览、服务等各方面反馈意见的价值判断和更有意义的结论。

调查研究是做好各项工作的基本功，习近平总书记曾指出："调查研究是谋事之基、成事之道。"博物馆应充分认识观众调查研究的重要意义，全面掌握和科学运用观众调查方法，达到真正满足观众需求的目的，也为博物馆自身的提升与发展提供持久源动力。

郑　芳　辽沈战役纪念馆

数字化影像博物馆的发展和未来

　　博物馆是大众了解历史，学习文化以及精神寄托的重要载体，是以史为镜，思考现在启迪未来的重要文化场所。随着时代的进步与发展，博物馆的事业也在与时俱进迅猛发展，影像的数字化，文物藏品的数字化，随着整个博物馆的数字化发展，只有更深更高层次的研究，才能发挥好这个时代赋予博物馆、纪念馆新的社会职能和精神引领作用。博物馆的影像数字化需要专业的工作者来实现完成，同时也对摄影工作提出的具体要求越来越细化和专业化，具有很高的科技要求和概括性的艺术表达。当下数码相机实现了影像的数字化，人类迎来了"读图"时代的到来。现代博物馆、纪念馆的文物藏品摄影、陈列摄影、宣传展示摄影等多个方面数字化，数字化博物馆、纪念馆的构建更应该使用专业摄影影像的艺术化的呈现。

一、文物藏品的数字化影像

　　文物摄影从胶片时代就有了规范化、标准化的独立教程。数码相机的到来，给文物摄影以及博物馆藏品进行数字化带来了新的技术变革，把藏品的艺术美进行更多方位、多个层面的展示，在展示的同时，也在文物藏品艺术美的基础上，给相关文物研究提供支持和保障。所以，在后续对文物藏品的管理与展示宣传过程中，更应该关注和提高文物摄影的技术运用和它的价值体现，让数码摄影图片充分展示出文物藏品所具备的艺术性、完整性与真实性，充分满足博物馆、纪念馆所起到思想教育和科学研究等工作的需求。

（一）文物藏品的数字影像化摄影可以让其得到更全面的展现

让文物藏品"活"起来，是每个博物馆、纪念馆的工作者共同努力工作的方向。博物馆、纪念馆从新中国成立初期的十几座到现在的6000多座，从占地几千平方米到几万平方米，而其馆藏文物从几千件到几万件甚至几十万件不等，而这些博物馆能够展出的文物藏品不过上千件而已，如何让万余件的文物藏品全部逼真地展示在观众面前，这就要把文物藏品通过摄影技术的影像数字化通过虚拟网络，把博物馆馆藏瑰宝向世界全面展示。以故宫博物院为例，近期在互联网上，最新开放展示了186万件珍贵的馆藏文物的信息数据，在大数据技术的支持下，进行了多方面的整合，总目录下设有多种检索查询功能，可以更加方便和高效率查询文物的各种数据信息。我们可以设想一下，如果每张图片我们观看1分钟，186万件文物图片就需要186万分钟，31000小时，合计三年半的时间才能看完这么多件文物照片，那么如果让我们真的走入线下的故宫博物院又要花费多少时间才能看完这186万件珍贵文物呢？所以数字化让这一切变得皆有可能，我们只需要坐在家里，打开电脑进入故宫博物院网站就可以慢慢欣赏了，通过目录检索，找到自己需要的文物数据进行观赏和研究，完全彻底改变了我们传统观看方式以及对参观博物馆时间和空间的概念。

（二）文物藏品的数字影像化摄影可以让其得到更细致、更真实的展现

对于文物，大众既好奇又陌生。在当前快节奏的生活中，参观博物馆、纪念馆往往是走马观花，多数人无法静下心去研读文物藏品的价值和它的艺术魅力。而在博物馆、纪念馆的展陈中，往往为了让文物藏品得到更好的安全保护，文物藏品更是加装了更多安全措施，例如玻璃罩、报警装置、有效观看距离的警戒线等等，这样观众在欣赏文物时就会有了许多障碍，如玻璃反光或是距离太远看不清等问题，使观展体验大大地降低。现在的数字化技术可以成功地消除了这一切的烦恼，观众可以在任何有空余的时间里，只要通过手机或电脑就可以随意将文物藏品的图片放大或缩小，文物的各处细节如纹样、花饰、材质等都可以尽收眼底。数码相机可以高质量创造文物艺术化图片，再配合高端设备可以让传统博物馆、纪念馆的文物展示手段产生了更加惊艳的改变，博物馆、纪念馆利用数字化把文物从实地场馆展示到互联网线上展示，实现了传统展示手段所达不到的效果。在视觉上更容易让受众接受，这样一来，同样可以达到对文物的宣传历史文化的目的，让更多普通大众了解历史，感受历史，同样也让喜爱文物的研究者有了反复的、仔细研究的机会，为科学研究提供支持。

（三）文物藏品的数字影像化摄影可以让其得到更有效的传播，发挥其价值的最大化

文物数码图片可以借助网络、手机等媒介瞬间传遍世界各地，而没有成本的计算，实现其价值的最大化，回馈其最大的影响和反馈。

二、构建数字化影像博物馆、纪念馆

文物的数字化影像只是博物馆、纪念馆走向数字化影像的开端，所带来的好处毋庸置疑，但要想构建全面的数字化博物馆、纪念馆就需要投入大量的人力和物力了，但走向数字化也将是博物馆、纪念馆未来的发展研究方向。

（一）元宇宙博物馆、纪念馆

近两年，元宇宙概念愈炒愈热，让更多的人工智能、虚拟现实等技术在博物馆、纪念馆等场馆得到更广泛的应用，博物馆界也开始摸索馆藏文物需要适应数字时代的到来和其随之产生的价值传递，尤其是随着元宇宙概念的到来，众多博物馆、纪念馆都开始了对元宇宙的建构与尝试。如何把博物馆、纪念馆完整地、更好地"搬"进元宇宙数字化世界，从全球文博界的发展趋势来看，各个博物馆都在争抢元宇宙场景搭建。在2022年的"博博会"上，上海中共一大纪念馆首次发布"数字一大，大力弘扬伟大建党精神"重要的数字场景构建应用。以中共一大会址和上海各个红色遗址作为基础的个体，成功构建了一个数字世界中的"中国共产党人伟大的精神家园"，有效拓展了中共一大红色纪念馆服务的延伸的宽度，搭建了"人与物跨越千山万水、实与虚穿越时间与空间，实现了线上线下和谐、融合、共生"的红色文化展示体验平台，把讲好党的故事、讲好革命的故事、不忘初心、牢记使命、传承红色基因，赓续红色血脉面向未来的红色家园。在不久前，全国60多位博物馆、纪念馆界的领导、前辈和专家就联名发起《关于博物馆积极参与建构元宇宙的倡议》。对如何利用数字技术给予观众更好的使用体验，如何更有效地保护文物提起倡议，可见文博业界早已开始了深入的研究和探索。

（二）元宇宙博物馆：沉浸式再现文物时空场景，虚实间重塑文博新体验

文物时空场景接近人性和真实的全感官再现。元宇宙让博物馆沉浸式互动体验呈现出新的状态。元宇宙虚实融生营造的沉浸式互动体验，通过全景视频、图像和全程直播等动态方式，结合文物产生的时空环境、文化生态、生活习俗等背景资料，实现文物时空场景接近人性和真实的全感官的再现，营造出全新的沉浸式体验，让文物真正"活起来"。例如：在湖南省博物馆，把三维影像制作技术应用到体验宋朝人的生活、劳动的场景中去，再结合 AR、VR 等技术完美再现了宋朝人的"悠闲自得的慢生活"状态。巴黎博物馆利用 HoloLens 2 "复活"已灭绝物种，推出沉浸式展览，在增强现实中展现已灭绝的动物，为残缺或是消逝的过去进行"虚拟的修复"，将人们带回到历史长河中感受时代的辉煌与沉寂，传递文化的力量。运用"非线性"的叙事特征，实现主体在元宇宙中的自由切换与跳转，形成沉浸式的互动体验。美国纽约大都会艺术博物馆推出约 40 万件虚拟展品，与热门游戏梦幻联动，通过虚拟展品二维码将藏品导入到游戏中，在不同平台和场景中转换，突破了博物馆本身的空间限制，吸引跨领域受众的注意力，推动文化的广泛传播。元宇宙是真实世界的数字孪生加无限创意的数字世界，从博物馆信息化到文物数字化，再到文物的沉浸式体验，正在发生数字博物馆到元宇宙博物馆的升级和转型，这一方面是数字技术和文物的互动，另一方面是对文物更深更多维的研究之后的全面数字化场景，以及让博物馆观众主动参与创

造的数字文博创意空间，让真实世界的每一个人都能"进入"文物"活"起来的无限活力的元宇宙世界。

（三）元宇宙博物馆：以"虚拟"重塑人、藏品、空间的关系

在区块链、人工智能、虚拟现实等数字技术的加持下，由商汤科技智能产业研究院等单位共同发布的《打造"跨次元"的博物馆数字世界——基于 AI+XR 的数字化创新探索》白皮书指出，以 5G、AI、XR 为代表的数字技术应用，正在创造全新的沉浸式交互媒介时代，并在全球掀起新一轮博物馆数字化变革，为人们带来"感知即交互"的沉浸式文化体验，重塑"人—藏品—空间"的要素关系。3D 可视化能实现文物的展示；通过 XR 技术还能够还原历史场景，带领观众体会到与历史文物互动的乐趣；通过 AI+XR 技术，可以将文物藏品 1∶1 数字复刻，"搬"出库房，由此开创 XR 数字巡展等创新形式，降低"搬运"成本和遗损风险；XR 眼镜有望成为进入博物馆数字世界的主要入口，提升实体博物馆的体验深度。例如：2019 年湖北省博物馆就推出了"虚拟曾侯乙编钟"的体验，通过 AR 技术让观众以手代槌，敲响两千年前的古代乐器，在互动区模拟敲击，观众可听到真正来自曾侯乙编钟的声音。

综上所述，构建数字化影像博物馆、纪念馆是数字时代到来必然趋势，或者说把博物馆、纪念馆的馆藏文物数字化、网络化只是开始的第一步，但数字化博物馆、纪念馆的建设是一项花费巨大而且复杂得多且涉及领域广泛的系统工程，数字化影像也必将在未来的博物馆、纪念馆数字化构建的发展起到更为广泛的主导作用，高清晰度数码影像的采集也只是数字博物馆最基础、最原始的资源创建工作之一，但也是必须要走的第一步，也是数字化博物馆业务建设的重要组成部分，具有非常重要的战略意义。博物馆数字化工作的开始到展开以及最终成果的展示，对博物馆的馆藏文物的研究、保护、展览、宣传展示及博物馆功能的全面建设，都将启到极大的促进和发展作用。博物馆向数字化的转变过程中，一定是一个不断发现问题并不断解决问题的过程，它是随着科学技术的不断创新变革由此不断加速的数码影像技术创新发展所驱动，也是随着公众不断出现的新需求而不断调整更新。就目前而言，即使是已经先走一步的最先进的博物馆、纪念馆，在数字化影像博物馆构建和发展方面也仅仅是开始，仅仅是探索研究发展的初级阶段。因此，构建数字化博物馆和纪念馆虽然是大势所趋，但其发展和完善还需要不断研究探索，不断地用时间来检验，才能有效地发挥好博物馆和纪念馆的社会效能，更好地完成好它的传播历史文明，传承人类文化，引领人们的精神文化方向使命。

董士阳　辽沈战役纪念馆

北方花卉在博物馆园区应用

一、北方花卉与博物馆

在现代博物馆设计的过程中，如何让现代博物馆的设计结果充分体现其多样性、丰富性、多层次化的审美特征，花卉类园林植物的运用就必不可少。北方地区花卉在品种数量上具有明显区域优势，在种质资源数量上更是异常丰富，而北方地区花卉又具有自身颜色、形状等诸多艺术审美特性，如果将其运用到现代博物馆园区设计中，不但可以增加现代博物馆的整体设计观感，而且还可以加强博物馆的整体艺术审美效果，使其达到数量上的丰富性，从而符合现代人对博物馆设计的艺术审美要求。我们现在正处于经济飞速发展的时代，人们对提供文化启迪、知识传播、教育实践的博物馆是越来越重视，北方花卉在博物馆应用中是不可或缺的一笔，在博物馆园区中如何展现及应用北方花卉，使人们更好地认识北方花卉，同时彰显北方花卉在全世界博物馆应用的特殊地位。本文将从北方地区花卉中最常用的夏季花卉入手，对北方地区夏季花卉在现代博物馆建筑设计中的实际应用方法来进行探讨，简单阐述一些发展趋势，并以此为契机，通过发掘中国北方的夏季花卉资源，以推动该区域花卉技术在博物馆中的应用与开发[①]。

（一）北方花卉

北方花卉在中国花卉中占据很重要的地位，在北方有很多知名的花卉，代表的寓意也不一样，每一种都非常受人爱戴。

牡丹开花雍容华贵，是中国的国花，花大色艳，实至名归。北方地区是最适合种植牡丹的，牡丹要经过冬天冷凉的季节，第二年开花才会更多、更大。在北方地区地栽的牡丹花可以长到几十年，甚至长到上百年，能长成牡丹花树。如果有院子，养一棵牡丹，既漂亮，风水又好，同时还寓意着祖国繁荣昌盛。它的花语是浓情，圆满，雍华富贵，不同的花色所对应的花语也不同。

月季在北方院子里简直是标配，在北方农村的院子里，很多都种着灌木月季。如果你的种植条件比较好，也可以养一些爬藤的月季，爬藤的月季攀爬起来，开花更加抢眼，花量一年比一年多，植株一年比一年大，开起花来错综复杂，能开上百朵花，尤其到了春天，开起花来特别的震撼，月季花在北方地区经过冬天冷凉的季节，第二年才会开花，无论什么样的月季都适合在北方的庭院里种植。寓意：美艳，月季花开放在枝梢，如同身着华服的美丽女子，适合送给女性朋友表达赞美。幸福，月季花多簇生分布，仿佛是热恋中的情侣形影不离，散发出幸福的气息。纯洁的爱，月季花的花色纯正，形似玫瑰，就像纯洁的爱情，不含利益。

绣球花我们知道的几种大多是普通的，比如无尽夏、大花绣球等。

---

① ［荷］贝尼克·珀斯姆斯. 发展机遇与挑战——世界花卉消费市场发展趋势分析 [J]. 中国花卉园艺，2009（09）：25-26.

其实，这类绣球还是很抗冻的，即使冬天在零下十几摄氏度也是冻不死的，即使叶子都已经落光了，第二年春天还会发出很多的新芽，照样会开花，而且经过了冬天这种冷凉环境，第二年开花会更多、更大。寓意：希望，接受了这花祝福的人，更具有忍耐力与包容能力。不但会给予很多人希望，而且彰显自己的生命也格外的宝贵。忠诚，指对爱情的绝对忠诚和两情相悦的忠贞感情。团聚，绣球花圆形的花蕾、优美的身姿，代表着亲人间斩不断的情感联系，不管相隔了多长时间，人们都会再次团聚在一起①。

（二）博物馆

"博物馆"一词从希腊文"Mouseion"派生而来，1905年，中国博物馆建设的先驱者张謇自费创建中国第一座现代博物馆——南通博物苑，开始了中国现代博物馆事业的先河，直到今日，博物馆建设已然呈现出一片繁荣景象②。

千百年来，众多古圣先贤一直告诉世界的人们勿忘历史、以史为鉴，与此同时，人们对探寻、记载和保存人类历史印迹的努力就不曾停止过。从人类最初的石器时代开始，经过几千年的沧桑岁月，由人们所书写和修编的人类历史已经浩如烟海了。修史以外，建立博物馆也是人们记载过去、启迪未来的另一个有效方法。如果书籍是借助于图像和符号，那博物馆展示和还原历史的方法就更加直接，也更为丰富。虽然和前者比较，后者出现的时机要晚得多，但从私家珍藏到公开共享的发展与形成

---

① 蔡军.出口稳步增加瓶颈仍然堪忧——我国花卉出口现状及问题分析[J].中国花卉园艺，2011（5）：8-10.
② 曹晓梅.论花卉的消费需求[J].农村经济与科技，2007，18（7）：15-16.

过程中，却顺应并印证人类文明前进的脚步，从而产生了巨大的文化活力，并快速地由发展迈向了繁盛。时至今日，博物馆的社会影响仍在不断增加，花卉在博物馆的应用意义也在于此，让我们从历史的长河中认识花卉名字、来源、发展、用途、寓意等等。

二、北方花卉与博物馆园区相结合

（一）花卉在博物馆园区设计中的作用

由于过去的园林景观设计过于注重绿化，着重与绿叶植物的应用和搭配，往往忽略了花卉一类植物的园林使用。随着生活水平的提高，过去单一枯燥的园林景观模式已经无法满足现代生活的需要，因此提高博物馆园区搭配技巧，采用更多色彩艳丽的花卉来融入博物馆园区的设计，多元化地提高博物馆园区的观赏价值，已经成为现代博物馆园区的发展需要。北方夏季花卉喜于生长在独特的地理位置，造成了生命力强、耐旱抗热的优势，在博物馆园区设计中占有独一无二的地位①。

（二）北方常见夏季景观花卉

目前，中国鲜花产业相当兴旺，在北方地区也是品类繁多，特别是夏季，更是鲜花的绽放时节。宿根花卉是指能够生存二年或二年以上，成熟后每年开花的多年生草本植物。植株地下部分宿存越冬而不形成肥大的球状或块状根，次春仍能萌蘗开花并延续多年的花卉。大多属寒冷

---

① 陈迪，王一茹.中国花生产业国际竞争力影响因素分析——基于生产环节指标的实证分析 [J].农业技术经济，2013（11）：112-119.

地区生态型，与其他花木一样，宿根花种类多样、花色艳丽、花期长、欣赏价值高。最近几年来，宿根花卉在中国北方地区的风景园林与绿化工程中日益得到了频繁应用，而草本花卉是指根茎、木质部均不发育，且支持性较弱的植物花。草本花卉通常生长发育迅速，但对土壤环境的需求并不高，且一般植株较低矮，适于短时间栽培①。根据其生育期长度的差异，又区分为一年生、二年生和多年生等几类。在花卉选择上，适季的选择花草种类必不可少，尽管北方地区草本花木较多，但选择也需谨慎。诸如有一年生的草花耐热或抗寒，而二年生的草花却显示的不耐热，在北部夏季时长势也较弱。观花乔木是指以观花植物为主，并且带有明显主干的景观树木。其平均生长高度通常能够到达六米以上，而其中三米以下的观花乔木接近住宅的高度，所以能够达到非常好的视觉观赏效果。观花乔木通常以落叶树木为主，其中带有常绿植物的花卉不少，可欣赏的孤植花树木一般有桐木、马缨花、槐树等②。

三、北方花卉在博物馆园区中的应用

（一）应用于花坛

博物馆园区花坛。布置花坛可用三种以下不同花卉，种类不需过多，达到图案简洁、轮廓清晰、色彩鲜明的效果。夏季花卉大多植株低且枝叶紧密，最适宜被用来当作夏季花坛元素。比如我们可以使用早菊、月季、

---

① 陈会敏，刘从霞.浅析我国花卉育种途径及研究进展[J].河北林业科技，2011（1）：70-71.
② 陈俊愉，王四清，王香春.花卉育种中的几个关键环节[J].园艺学报，1995（4）：372-376.

鸢尾等具有较大色差、颜色碰撞对比分明的花卉来进行搭配，使花坛具备艳丽的色彩和娇柔的花姿，这样容易造成更大的视觉冲击，让人印象深刻。

（二）应用于花境

花境上，通常采用带状自然式的植物布局，通常以绿篱、森林地带、灌木丛等植物材料为背景，最常见的一般是由多种色彩分明的花草来交错排列，以显示出花草间自由散布生长的亮丽风光。中国北方宿根类花木，因为具有生命周期较长、色彩明亮、容易栽培的因素，常被用于花境元素，但也有采用将开花灌木与宿根花木混栽的方法[①]。微型月月红、大花萱草、孔雀王朝草、德国鸢尾、荷兰菊、生石花等植物也是常用花材，而配置花境时必须根据所用花材的长势状况、位置、颜色、种类等因素综合配置，才可以产生高低错落有致、左右穿插的效应，构成疏密有致、此开彼谢的自然景致。

（三）应用于博物馆园区道路绿化

北方夏季花卉也可运用于在博物馆园内道路绿化，并具有美化博物馆园林的功能。由于夏季花朵活力较高、色彩鲜艳。园林工匠们在博物馆园区路边将花草种植设计成各种新潮形式，能够有效减少对道路视觉疲劳，同时也为游客留下了美的视觉享受。由于北方花草抗寒、抗旱、耐瘠薄，在路面绿化方面有其特殊优点，其中鸢尾、红豆草、二月兰等花草经常被采用，能够达到博物馆园区路面绿化的效果[②]。

北方的夏季花卉品种很多，而且缤纷亮丽、芬芳怡人、赏心悦目，

---

① 张晖，孙婷婷，许帅峰.北方地区设施花卉的品种选择及销售方式分析 [J]. 农业工程技术，2020（13）：22-25.

② 王磊.探析耐寒宿根花卉在北方博物馆中的应用 [J]. 花卉，2020（6）：116-117.

具有十分重要推广意义，而与草坪比较，花木则有着适应性好、种植方便、品种类型多样化、维护成本低、生态效益高、群体能力好的优势，使用前景广阔。在选用博物馆园林花木时，若能从生态系统的自我调节方面来考虑，合理配置，并尽可能选择多样性、层次性高的栽培方法，则更有益于博物馆园区美化工程的建设与开发。近年来，随着技术手段的改善和新品种的培育，中国北方夏季花木品种也越来越繁盛，一旦可以与其他品种的花卉相互配合搭设，博物馆园区景观的美化工程就能迈向一个新的台阶。

四、北方花卉在博物馆园区应用中的研究和建议

（一）加强北方花卉的应用和创新

北方夏季花木普遍会发生越冬枯死等现象，不利于博物馆园区全年的观光，依托中国北方夏季花木的基础，园林工匠们需要研究相对科学合理的配置花卉，按照现代博物馆园林的不同用途及相关要求，来选取不同品种类别的植物花木来加以栽培，由此能够实现三时有花、四季常青的气候效应。此外，将冬季枯萎的花木和麦冬等花木混种，既能够达到很好的观赏效果，同时又便于对休眠期植株的保存和管理①。

（二）充分挖掘北方花卉的观赏性

北方的夏季花卉因为花期较长，在养护完好的条件下能有效拉长花

---

① 那威，张宇璇，吴景山.我国寒冷地区村镇温室建筑适用供暖热负荷分析[J].区域供热，2019（3）：38-44.

期，进而增加欣赏价值。除去对夏季花卉采取灌水、除草、施肥等的控制方法以外，还可以通过相应的园艺手段来促使它们成长。例如调整土壤酸碱度影响花卉的生长效果，同时经常与国内、外专家学习交流，引入更好的管理手段，通过完善花卉的科学管理，使得花卉品质稳定性得到良好提升，这样才能有效改善北方夏季花卉的观赏价值，促进北方花卉在博物馆园区的应用与发展[①]。

　　花卉文化是东方文化的瑰宝，也是世界人民的艺术创造，是物质文化，更是一种精神文化。中国博物馆见证着中华文明的历史，承先启后，继往开来，含义深刻。经过筛选后产生的优秀花卉物种、品种能够更好地反映不同区域特色的花卉文化发展特征。同时通过进一步充实优秀的物种、品种和花卉艺术要素，不仅能继承和发扬花卉文明，还能进一步丰富博物馆园区的氛围、景色和意味，这两全其美的方法，值得进一步研究，根据各地不同的博物馆，不同的展区来应用不同的花卉。

张　浩　辽沈战役纪念馆

---

① 孙延国，石屹，吴元华等 . 一种北方冷寒烟区冬牧 70 绿肥适宜种植方法 [P]. 中国专利：CN202010443477.2[P]，2020-08-28.

革命类博物馆（纪念馆）的
儿童教育活动设计
——以辽沈战役纪念馆为例

　　博物馆是国民教育体系的重要组成部分，肩负着传承历史，弘扬文明的光荣使命。其中的"教育"价值，集中表现在博物馆以其特有的形象、直观、活泼、生动的馆藏资源、展出方式、交互平台创设一种独特的教育情境，让身处其中者在参观、欣赏、探寻中接受潜移默化的教育。尤其对成长中的少年儿童具有得天独厚的教育价值，是对儿童进行教育的辅助课堂。

　　目前，我国登记在册的博物馆5700多家，各类博物馆在履行教育使命的过程中，更在不断探寻针对儿童的教育之道。在众多的博物馆中，革命类博物馆（纪念馆）达到1800多家，占博物馆总数的三分之一。革命类博物馆（纪念馆）是培养爱国主义情感，振奋民族精神的重要场所，充分发挥革命类博物馆（纪念馆）对儿童进行思想道德培养的作用，对少年儿童进行爱国主义教育和革命传统教育，是革命类博物馆（纪念馆）的崇高任务。革命类博物馆（纪念馆）如何更好地依托自身特点设计开展儿童教育活动，是革命类博物馆（纪念馆）面临的一个重要课题，也是革命类博物馆（纪念馆）教育工作者的责任和使命。笔者将以辽沈战役纪念馆为例，结合多年来的工作实际，对如何做好革命类博物馆的儿童教育活动设计进行粗浅的探索。

一、明确革命类博物馆（纪念馆）在儿童教育中的地位和作用

（一）革命类博物馆（纪念馆）是儿童学习中国革命历史的重要课堂

"欲知大道，必先为史"。当今的少年儿童生活在幸福中，对革命历史，对革命先辈为解放事业前仆后继、英勇献身的事迹知之甚少，因为儿童对知识的接受和情感往往是和具体的人物、事件相联系的。在革命博物馆中，众多的文物、图片组成了一幅幅真实的革命历史画卷，使广大少年儿童能够比较直观地了解中国革命历史，了解英雄人物和模范事迹。而高科技的展陈手段的运用，如幻影成像、景观复原、全景画等，再现了战火纷飞的革命战争年代，给人以身临其境之感，使儿童在特定情境中感受革命战争氛围，了解中国革命历史，了解中国共产党领导人民夺取政权的艰辛。

（二）革命类博物馆（纪念馆）是儿童德育教育的主要阵地

革命博物馆（纪念馆）是革命历史、革命事迹和革命精神的载体，其中蕴含着大量的革命传统教育、爱国主义教育等德育教育的有形资源和无形资源，可以让人重温中国革命历史，接受革命精神的教育和熏陶，是对人们进行思想政治教育的有效途径。儿童是国家的未来，他们的思想素质直接影响未来中国的素质。培养少年儿童的爱国主义精神，提高

他们的爱国主义觉悟是关系到祖国前途命运和荣辱兴衰的一项重要任务。革命博物馆（纪念馆）是儿童思想道德品质教育的特殊教材，是儿童德育教育的基地。通过对革命博物馆（纪念馆）的参观学习，有利于儿童了解革命战争的历史，使儿童在革命博物馆中，见物、见人、见精神，对少年儿童进行爱国主义教育和革命传统教育，帮助他们不断提高社会主义觉悟和道德品质素养有着重大的意义。

（三）革命类博物馆（纪念馆）是对儿童进行审美教育的主要场所

革命类博物馆（纪念馆）是革命历史的记忆，并以文化与精神的视角来解读历史。作为一种类型的博物馆，革命类博物馆（纪念馆）在建筑、布局、展陈手段等方面，同一般博物馆一样，都体现着自身特有的文化，给人以艺术之美感；而革命博物馆（纪念馆）中体现出的革命精神，更能让人感受到崇高的精神之美。美育是儿童全面发展教育的重要组成部分，革命博物馆（纪念馆）以其得天独厚的优势成为儿童接受美的熏陶的理想场所。

二、坚持革命类博物馆（纪念馆）儿童教育活动的设计原则

"设计"一词原意是指在做某项工作之前，根据一定的目标和要求，预先制定规划、方案等。革命类博物馆（纪念馆）儿童教育活动设计要针对特殊的服务对象并结合革命博物馆的资源优势，遵循以下基本原则。

（一）革命博物馆（纪念馆）的儿童教育活动设计要以儿童为本

博物馆儿童教育活动设计，是在尊重儿童身心发展的规律和学习特点，在了解和掌握儿童现有水平和发展需求的基础上，对博物馆教育活动的目标、内容、实施步骤的预期；或是追随儿童的兴趣，依据一定的教育目标，选择一定的教育内容和方法，对儿童实施教育影响的方案。不同类型的博物馆教育活动设计体现了不同的教育理念和设计思想，但首要的和贯穿始终的设计原则应当以儿童为本，使他们在童年生活中获得有益于身心发展的经验。

（二）革命类博物馆（纪念馆）儿童教育活动设计要体现"革命"特色

以革命类博物馆（纪念馆）特点为出发点，以革命精神传承为主线，充分体现革命博物馆（纪念馆）在儿童革命传统教育和爱国主义教育中的作用，以本身所具有的场馆、革命历史遗迹、馆藏资源为平台，发挥专业人员优势打造革命博物馆特有的儿童教育品牌项目。

（三）革命类博物馆（纪念馆）儿童教育活动设计应不断探索创新教育方式

革命类博物馆（纪念馆）通常给人以庄严、肃穆之感，容易造成与受众的距离感。为此，我们要注重借鉴先进的博物馆教育理论和方法，进行资源整合，创新教育方式。这就要求我们在进行儿童活动设计时，打破思维壁垒，不能一味板着面孔说教，而要俯下身来，倾听孩子们的声音，真正去了解他们的需求，以他们能够接受并喜欢参与的方式走进孩子们的心灵。

三、根据自身优势设计具有本馆特色的儿童教育活动

近年来，辽沈战役纪念馆依托馆藏资源和社教平台，结合自身的特点和优势，设计开展了一系列具有本馆特色的儿童教育活动，并取得了一定的成绩。

（一）针对儿童观众的接受特点设计参观教育活动

美国国家公园管理局局长顾问费门·提尔顿在《解说我们的遗产》一书特别强调"针对儿童的解说，要有完全不同的做法"。针对儿童的讲解，是博物馆儿童教育活动最基本的方式。我们首先认真研究儿童的心理特点、认知水平和接受能力，针对我们希望讲解所达到的教育目标，在讲解内容和讲解方式上进行有目的性的设计。为此，我们专门编写了《辽沈战役纪念馆青少年讲解词》，将东北三年解放战争和辽沈战役这一纷繁复杂的历史史实进行细致梳理和高度概括，将30000字的基本讲解词精简到7000字，对浩大的战争历史背景加以概述，把展陈中出现的革命文物、英模人物作为重点讲解内容。儿童的认知特点不善于接受抽象的概念，我们就用一件件革命文物穿起一段段革命历史，通过"一架风琴"来讲述八路军最初挺进东北面临的困难；通过"一件棉背心"讲述战争环境的艰苦和老一辈无产阶级革命家陈云同志朴素的生活作风；通过"功臣号坦克"讲述东北野战军攻克锦州的豪迈气概；通过"一枚爆破筒残片"讲述战士梁士英舍身炸碉堡的牺牲精神；通过"秋毫无犯奖旗"讲述我们的军队"不吃老百姓一个苹果"的铁的纪律……这些革命文物、英模人物具有形象直观、说服力、感染力强等特点，比起生

硬的说教，其故事性更能引发儿童的关注，便于儿童理解接受。革命文物是革命精神和革命传统的重要载体，通过以革命文物为载体的革命精神和革命传统教育，启发和引导儿童全面认识和深刻理解党的历史和光荣传统，自觉接受革命传统和爱国主义教育。

（二）抓住特定的时间节点，设计开展主题教育活动

在具有特殊意义的纪念日、节假日，辽沈战役纪念馆会定期开展以"传承"为主题的教育活动。

1.每逢清明，开展以"缅怀·传承"为主题的少年儿童祭扫烈士墓活动。活动基本内容由三部分组成：少先队员向辽沈战役革命烈士纪念塔敬献花篮；讲解员或志愿者在纪念塔前讲述革命英烈故事或做爱国主义演讲报告；在讲解员的带领下瞻仰辽沈战役革命烈士纪念塔并参观纪念馆。在特殊的环节配合音乐来营造氛围，敬献花篮时配合音乐《献花进行曲》，少年儿童瞻仰纪念塔配合音乐《我们是共产主义接班人》，恰当的音乐配合突出了祭扫活动的仪式感，让儿童在神圣庄严的氛围中自觉生发对革命先辈的崇敬与怀念之情。

2.每逢六一国际儿童节，开展以"快乐·传承"为主题的亲子活动。近年来，辽沈战役纪念馆相继推出了"六一亲子游""爸爸去哪儿""红星童心——军旅智趣主题活动"等。活动以辽沈战役锦州前线指挥所旧址为依托（辽沈战役锦州前线指挥所旧址是辽沈战役期间东北野战军前线指挥所所在地，位于凌海市翠岩乡牤牛屯，距离锦州市区20公里，行政上是隶属于辽沈战役纪念馆的一个处室由辽沈战役纪念馆管理）。活动基本内容为：参观旧址听讲解、观看情景剧《历史的瞬间》、参与趣味亲子活动。旧址原貌和展室的基本陈列，让孩子们真切地置身于战

争年代；情景剧《历史的瞬间》由馆内工作人员在旧址实地演出，生动再现了从 1948 年 10 月 5 日东北野战军进驻牤牛屯至 11 月 2 日辽沈战役胜利结束离开，在历时 29 天的时间里，东北野战军司令员林彪、政委罗荣桓、参谋长刘亚楼在小村庄指挥大决战的历史画面，让孩子们仿佛穿越历史时空，给孩子们真实的战争感受；亲子趣味活动以军旅智趣游戏为主，利用旧址处的场地、设施优势，设计开展"战地救护""搭桥过河""穿越火线""飞渡铁索""闪闪红星""红旗飘飘""前方后方"等军旅特色游戏，注重互动性和参与性，锻炼孩子们的动手能力、实践能力，突出体现儿童教育活动的游戏性、趣味性，并把游戏设置在一个大的历史背景中，以故事叙述的方式使游戏环环相扣，激发孩子们的想象力，让孩子们在角色扮演中体会胜利的来之不易。

3. 每逢暑期，推出以"责任·传承"为主题的儿童学习实践活动。近年来，辽沈战役纪念馆相继推出"我是一个兵——军事体验营""红色记忆、薪火相传——辽沈战役纪念馆小小讲解员培训"等儿童社会实践活动。在军事体验营中，孩子们穿军装、吃军粮，接受站军姿、叠军被、射击瞄准等训练，体验侦察兵、通信兵、卫生兵等各兵种工作，在体验中增强孩子们的国防意识和责任意识。

"小小讲解员招募培训活动"是众多博物馆的基础社教品牌，这一活动的设计，主要针对 8—11 岁的具有一定口语表达能力的儿童。活动目标为通过富有针对性的培训和讲解实践活动，加强儿童对历史的认知和了解，让他们铭记历史，缅怀先烈，珍爱和平，同时增强口语表达能力，提高自身素质，培养他们服务社会，奉献社会的品质。活动分为三阶段进行。第一阶段是招募阶段，通过面试确定培训资格。第二阶段为培训阶段，选择优秀讲解员担任培训教师，对儿童进行战史知识、科学发声、语言表达、讲解规范、形体礼仪等方面进行为期一周的系统培训。课程设计上，针对儿童注意力时间短的特点，把每堂课设置为 40 分钟，每堂课都有不同的主题和内容，来满足儿童求新、求奇的心理特点。担任授课教师的讲解员集体备课，认真准备教案，精心设计课程，在课程名称上巧妙构思，制作适合儿童的 PPT，在授课环节中注重参与互动，如"小讲解员的第一课"以班会讨论的形式让孩子们了解博物馆，了解讲解员的职业要求；"开往秋天的列车——战史知识初接触"，把枯燥难懂的战史知识讲得生动易懂；为适应儿童讲解，特别编撰"小小讲解员"专用讲解词；在展厅实践中，讲解员担任的培训教师一对一辅导，身体力行地为孩子们做出表率和榜样，使孩子们在教育与熏陶中获得成长。培训课程结束后举行结业典礼，为孩子们颁发结业证书和荣誉证书，并授予"辽沈战役纪念馆小讲解员"服务标牌。第三阶段为志愿服务阶段。小小讲解员通过考核后，依据个人时间和我馆安排，定期到馆做志愿讲解，使培训活动成果得以持续发挥作用。

（三）关爱特殊儿童群体，让弱势儿童群体得到平等的社会教育

实现教育公平是我们的理想，也是博物馆社会教育工作者的职责所在。为让社会弱势儿童群体享受到平等的社会教育，辽沈战役纪念馆在全馆范围内选拔艺术特长人员组成"红苹果艺术团"，开展了以"重温红色记忆　共享一片蓝天"为主题的慰问活动，深入特殊教育学校和社会儿童福利院进行慰问。针对有先天缺陷的儿童的接受能力，在节目编排上注重儿童感官体验，以辽沈战役为背景，编排情景剧《人民的苹果》、红色故事《小英雄张德新》；结合学校教学内容，编排课本剧《大灰狼

与小红帽》、三句半《我要上学校》等，以浅显易懂、生动形象的方式让孩子们了解历史、感受快乐，并为孩子们送去辽沈战役故事书、课外经典读物、文具、玩具等物品，让弱势儿童同样感受社会的关爱。

近年来，留守儿童的生存状况越来越为人们所关注，这也成为我们关注的焦点。面对乡村儿童素质教育匮乏的局面，辽沈战役纪念馆开办"红苹果暑期班"，开设美术、舞蹈、小主持人等课程，利用暑假对牤牛屯村的留守儿童进行素质教育，暑期班活动开阔了孩子们的视野，让孩子们看到乡村外面的世界，让留守儿童的暑假不再孤单。

（四）拓展教育主题，创新儿童活动设计

为打破纪念馆给人们的距离感，增加纪念馆的亲和力，让更多的儿童走进纪念馆，让参观纪念馆成为儿童的一种生活方式，我们以电影《博物馆奇妙夜》为灵感，设计开展了"辽沈战役纪念馆青少年智趣之旅"。活动内容由"智慧探索"和"趣味竞技"两部分组成。智慧探索环节，讲解员通过服饰装扮变身为"智趣姐姐"，讲解中配合图片、模型等教具，并进行有奖问答等现场互动，以生动活泼的形式引领儿童从不同的视角来领略纪念馆的园林之美、建筑之美、陈列之美，引领儿童发现美、感知美，使儿童受到一次美育教育。"趣味竞技"环节聘请专业教练，在纪念馆园区范围内开展定向越野活动，通过找地图上所指示的各个点标，让孩子们学会看地图；在各个点标处进行答题，使孩子们对知识点印象更加深刻；越野活动中的奔跑，更是对孩子体能的锻炼。整个活动让孩子们看到、体会到的是不一样的纪念馆，在"原来还可以这样参观啊"的感叹中，引发了孩子们参观纪念馆的兴趣，增强了纪念馆的魅力。

上述儿童教育活动的开展，体现了革命博物馆（纪念馆）儿童教育

活动的主题性、参与性、趣味性和可持续性等特点。通过实践，总结归纳革命类博物馆（纪念馆）儿童教育活动设计的方法：第一，要准确了解儿童这一目标群体，确保活动适合儿童特点。第二，要综合评估所拥有的资源，为儿童提供切实可行的并具有自身特色的主题活动项目。第三，确定活动的宗旨和目标，由专人或团队负责进行活动策划。第四，通过多元合作使活动得以实施开展。最后，通过活动评价对活动进行总结和完善。

四、结语

儿童阶段，是构建人生观、价值观的重要时期。革命类博物馆（纪念馆）适时开展儿童教育活动，让儿童愿意亲近革命类博物馆（纪念馆），自觉接受革命传统和爱国主义教育，对形成坚定的理想信念和道德情操，促进儿童身心健康成长为生命奠基，都有着重要的意义。因此，设计开展有益于儿童身心健康的教育活动，是革命类博物馆（纪念馆）社会职能的体现，更是一份社会责任的担当。

李　曼　辽沈战役纪念馆

探讨数字化在纪念馆博物馆展陈中的应用

传统的博物馆展陈展示手段较单一，难以引起观众的共鸣。随着信息技术的进步和互联网的普及，对传统意义上的博物馆陈列方式进行数字化升级改造提到了日程。线下对博物馆展陈注入数字化展陈展示技术，与观众互动激发观众的观赏情趣。线上借助数字化技术搭建网上虚拟展馆，打破时间地域限制，让观众在任何方位角落，通过浏览器登录虚拟展馆，随时随地观摩文物展品。线下与线上互为补充，现实与虚拟相互成就，使博物馆的宣传范围打破时空界限，增强博物馆的宣传力度，充分拓展博物馆的宣传教育功效，彰显博物馆的社会价值。

一、博物馆数字化含义

数字化是信息技术发展的高级阶段，就是利用信息技术提高管理的效率，创造更多的价值。博物馆"数字化"的实质，就是运用信息技术提升文物保护水平，强化宣传力度，使中华文化文明得到更广泛的赓续传承。

借助数字化技术将博物馆馆藏文字资料、照片、影像、实物等藏品，转变为数字化信息，以二维平面或三维立体的形式存储管理，再运用信息技术进行传播。数字化馆藏文物、展品可以不受地域限制，通过互联网随时随地进行文物展示、信息阅览、学术研究。为公众服务提供更加便捷的途径。

纪念馆博物馆凭借数字化技术实现了"服务不打烊"和"展览不落幕"的理念，摆脱了过去相对被动、单调的展陈形式，让历史文物"活起来"。

二、对博物馆数字化技术政策支持

国发〔2021〕29号《"十四五"数字经济发展规划》明确了"十四五"时期推动数字经济健康发展的指导思想、基本原则、发展目标、重点任务和保障措施。"十四五"规划中提出要推进数字经济发展加快数字化转型，推动数字技术与各个行业的深度融合。文化创意产业，也是数字化转型的重要领域之一，为博物馆行业的数字化转型提供了重要的政策支持。

《"十四五"文化发展规划》中指出：加快文化产业数字化布局，以国家文化大数据体系建设为抓手，坚持统一设计、长期规划、分步实施，统筹文化资源存量和增量的数字化，以物理分布、逻辑关联、快速链接、高效搜索、全面共享、重点集成为目标聚焦文化数字资源，推动文化企事业单位基于文化大数据不断推出新产品新服务，提升文化产品和服务的质量水平。[①]《"十四五"文化发展规划》为博物馆数字化建设指明方向。

---

① 中共中央办公厅　国务院办公厅印发《关于推进实施国家文化数字化战略的意见》[OL].北京：新华社，2022.

三、数字化在博物馆展陈中的应用

博物馆数字化是一个全新的领域，它颠覆了人们对博物馆传统展陈模式的认知，给人耳目一新的全新感受。数字化展示技术已应用于各类展馆设计之中。沉浸式浏览参观所带来的震撼体验效果，使人们乐于接受这种新型的展示技术。

数字化展览覆盖范围广、涵盖内容丰富、展陈形式新颖、检索方式快捷，能为观众提供一站式、集成式、多覆盖的数字化服务，快速满足不同年龄，不同层次观众的需求。传播效率高，影响力广，能形成良好的社会效应。

数字化能将实体博物馆中的数字资源进行归类、整合与实时更新，还能打通多个博物馆的大数据系统，将信息联动起来，实现资源的整合运用。并且还可以利用采集完善的数据资源与虚拟化技术结合，制作珍贵文物副本，让不同的观众群体从中感受到趣味盎然的历史文化魅力。

（一）线下展陈展示采用数字化多媒体技术

1. 360°全息立体成像

360°全息立体成像是看得到，摸不着的"展馆展品"展示。利用光线干涉、衍射、视差、光场等多个原理，使人在视觉上感受到多角度、全方位360°的立体悬浮图像，全息投影技术空间感、透视感很强，突破了传统声、光、电的局限，空间成像色彩鲜艳，对比度、清晰度都非常高，让人不需佩戴VR设备就能看到立体图像，将真实的文物展现在眼前，供参观者欣赏。不仅如此，全息立体成像技术还能将文物放大呈现展品细节。这不仅更好地展示了文物而且也减少了文物展品的日常损耗，一定程度上保护了文物。

2. 弧幕影院

博物馆采用弧幕影院的展陈方式，能够展现历史情景、模拟自然景观，因其独特的沉浸感而越来越受到人们的喜爱与欢迎。弧幕影院是由数字内容、集成投影和回放系统、无缝屏幕拼接系统组成。是一个覆盖全方向视野的环形剧场，观众面对巨型投影幕，可充分沉浸在巨幅影片的感染力中。参观者能够从中感受到前所未有的身临其境，这得益于弧幕影院超宽的视觉体验。观众会自然而然地置身其中，感觉自己就是影片环境中的一员，随着影片情节的变化而心情起伏，与画面情景交融产生共鸣。弧幕影院在博物馆中也在逐步得到认可。恢宏的战争场面，文物深藏的历史故事，自然界的沧海桑田都可以借助于弧幕影院呈现展示。

3. 数字沙盘

展陈中的数字沙盘有多种类型，包括：多媒体数字折叠沙盘、四维虚拟沙盘、互动电子地图、光电沙盘、机械沙盘、科教模拟沙盘、裸眼3D沙盘、三位一体全息沙盘、水晶沙盘等。数字沙盘是通过声、投影、光、电、图像、三维动画和计算机程序控制技术实现的。博物馆中采用数字沙盘能够提升其整体的展陈档次，将传统的静态展示方式升级为智能数字形态，给人以全新的互动体验感。数字沙盘让展陈内容更加生动、形象。数字沙盘和动态影像的高度衔接，为博物馆展示带来无与伦比互动感受，多屏联动，全方位展示，充满趣味性和科技性。数字沙盘通过实体沙盘模型与声光电相结合的数字化展示方式，直观生动地向观众传达展陈信息。观众能够根据自己想要了解的内容进行查询、检索。数字沙盘是一种全方位的技术革命，打破了传统室内沙盘展示的限制，通过多元的展示方式，极大地拓展了博物馆的宣传教育功能。

4. 地面互动投影

地面互动投影采用先进的计算机视觉技术和投影显示技术来营造一种奇幻动感的交互体验。利用地面互动技术将普通的过道打造成神奇的互动长廊，使参展者有一种身临其境的感觉。观众通过身体动作来与地面的图像进行互动，各种特效影像在脚下绽放，互动效果就会随着脚步产生相应的变幻让参观者进入一种虚实融合、亦真亦幻的奇妙世界，增加参观者对展厅展馆的印象。

5. 虚拟翻书

虚拟翻书也叫电子翻书，原理是利用红外感应方式获取参观者的动作模拟翻书，是近年来纪念馆博物馆展览展示中应用较多的一种技术形式。虚拟翻书系统展示除了文字和图片，还可以播放动画和视频。它改变了传统的阅读方式，激发人们的阅读兴趣。虚拟翻书系统显示方式新颖，具有实际翻阅书籍的声音和效果，具有人性化的功能。比如：观众可以通过移动身体与虚拟书籍互动，查阅目录，浏览想了解的信息。虚拟翻书在没有人的时候自动返回到主页，书签功能等，方便游客随时翻阅。虚拟翻书信息存储量丰富，可自由更换。将博物馆展陈内容、文物资料说明、图片视频浓缩在一本电子书里，大大节省了展位面积，使观众在很短的时间迅速了解所需信息。

（二）线上虚拟展馆

虚拟展馆将是一种新的发展趋势，会成为博物馆宣传教育的有效手段。虚拟展馆是一种三维互动体验方式，以传统展馆为基础，利用虚拟技术将展馆及其陈列品移植到互联网上进行陈列展示，突破了传统意义上的空间局限。虚拟展馆的出现，使更多大众群体能够在网络平台上真实感受展馆及展品，用在线互动的方式体验"身临其境，畅游无限"的精彩世界。虚拟展馆不仅可以让分散在世界各地的人们进行场馆漫游与仿真互动，而且虚拟展馆传播迅速，辐射面广，能够延展到互联网的终端。前段时期受疫情影响，人们不能亲自去参观博物馆，虚拟展馆正好解决了这些问题。人们足不出户就能够在电脑、手机上随时参观。通过终端设备交互操作，可以随时随地地走在虚幻展厅中的每一个角落，详细地了解展陈文物信息。360°无死角满足精神上的需求。

虚拟展馆较实体展馆有以下的优势。

1. 虚拟展馆与实体展厅相比，于空间、时间、节约成本上占很大的优势。它比实体展馆建立的手续相对简单，不需要有场地权属证明，不需要空间设计，不需要建筑材料采购，不需要施工建设，不需要维护展馆运行的各类工作和工作人员。

2. 虚拟展馆和实体展馆相比，线上虚拟展览大幅降低了展览的成本，减少了对场馆和地理位置的依赖。通过信息技术将展品展示延伸到互联网终端，满足不同层次观众的观赏需求。扩大观众范围，提供个性化的参观体验。线上虚拟展览还能够减少对资源的消耗，减少污染，是一种可持续性的展览形式。

3. 虚拟展馆便于维护和扩展信息。博物馆展示的内容会随着观众的需求适时调整。而传统展厅一旦建成，调整内容就需要重新装修、闭馆、更新板面内容等复杂工作，极大地占用人工、经济与时间成本；影响展出，使观众参观受到限制。而虚拟展厅只需要在进行重新设计、排版、渲染、更新服务器内容即可实现。

4. 虚拟展馆有无限拓展的交互性。传统展馆想要嵌入声、光、电等多媒体设施，与观众产生互动效果，往往需要投入声、光、音响等设备占用空间，而虚拟展馆借助虚拟引擎可以创造出各种美妙的互动效果。一方面，VR 和 AR 等技术的发展，为线上虚拟展览提供了技术支撑，通过将线下展厅、展品等数字化，让观众在互联网上进行虚拟参观。另一方面，随着云计算、大数据、人工智能等技术的快速发展，线上虚拟展览平台可以更好地管理和分析用户数据，提供更加个性化的观展服务，不仅满足了观众的多元化需求，还极大程度上提高了观展的互动性和吸引力。

5. 虚拟展馆传播更广泛。实体展馆需要观众到实地体验，虚拟展馆摆脱空间的界限，线上线下相结合，互为补充，相得益彰。这些也让我们看到了虚拟展馆未来可期，虽然现在我们只能通过浏览器登录虚拟展馆，但是相信在未来，我们逛虚拟展馆时也能体验线下逛展的效果，未来虚拟展厅所展示的内容不仅仅是展示艺术品与文物，而是所有的数字资产。

6. 虚拟展馆更利于文物保护。虚拟展馆对于博物馆纪念馆来说还有一个重要作用。其一，它可以帮助这些纪念馆博物馆把原始文物保护起来，通过数字化模拟的方式展出虚拟文物，实体文物避免了展出时暴露在空气和灯光下受到侵蚀。其二，通过数字化扫描技术，更清晰掌握馆藏文物本体的"健康状况"，为文物保护提供依据。其三，数字技术可以对文物进行分析对比，通过虚拟的方式拼接，复原破损文物，全方位多视角地再现文物原有风貌。

四、数字化纪念馆博物馆的发展前景

随着数字化技术的不断发展，越来越多的数字化博物馆被建立起来。游客可以通过电脑、手机等电子设备，近距离地"接触"和观摩文物原本的样子，体验不同时代人类的生活和文化场景。这种科技和文物的兼容，让博物馆迎来了一次观感体验的升级。三维虚拟功能，将博物馆建筑及馆藏文物进行一次实景复制，制作出完整的虚拟博物馆。虚拟博物馆场景中的虚拟文物与实体博物馆中实体文物一一对应，参观者如同真实参观浏览一样，漫步其中观赏文物，最大限度地发挥了博物馆的知识传播作用。由于展品和场景全部存在于服务器中，可以不受时间、地点限制进行展示，不存在被毁坏、被偷窃等危险。

数字化技术对于文物的保护、历史事件的复原、开发博物馆教育功能和社会功能上均可发挥作用。以线上虚拟展馆为例：观众可以点击任意文物，360度翻转文物仔细观摩文展品细节，获得更加自由的交互体验感受。虚拟展馆拥有导览功能，以最佳参观的顺序引导观众完整浏览所在展区的所有文物。同时，观众还可在虚拟展厅中查看实时位置，避免了在线下展厅中迷路的尴尬情形。在虚拟展厅中，每个展品还会在一旁以图文方式展示展品的电子信息，点击图片了解详情，为观众提供更完整、更深入、更沉浸的观展体验，让每位参观者犹如身临其境，深入地了解文物背后的故事，切身感受历史文化内涵，在虚拟世界里了解历史传承，接受思想文化洗礼。

数字化技术除了方便人们在线上参观博物馆之外，也推动了博物馆文化的广泛传播，提升了博物馆的知名度。

数字化技术为博物馆的发展带来了生机，未来虚拟展馆会与实体展馆相互补充、相互协调，不断为博物馆发展注入科技活力。

五、结束语

数字化技术为博物馆的展陈展示、广泛传播插上翅膀，带来个性化、即时性、广泛性的文化体验，有效地发挥博物馆的教育、传播等功能，更好地彰显了文物的历史文化价值。数字化技术可以使历史文化遗产得以永久性保存，在保护和赓续中华民族历史文化遗产方面起到重要促进作用。

亢　鲲　辽沈战役纪念馆

辽沈战役纪念馆供暖系统
改造成功案例分析

一、基本情况

辽沈战役纪念馆主体建筑8600平方米，基本陈列设有序厅、战史馆、支前馆、英烈馆和全景画馆。馆藏藏品总计19915件，其中文物6248件，一级文物25件，二级文物388件，三级文物194件。馆藏藏品对温度恒定的要求较高，因此供暖设施还要满足文物保护的达标温度条件。辽沈战役纪念馆供热面积为46000平方米，绿地面积11.8万平方米，2021年度耗电量280万千瓦时，耗水量5.3万立方米。

二、推进措施

通过有关部门和辽沈馆近半年的调研和反复论证后，最终确定采取"谷电储能热源设备"方式供暖，2018年12月10日，供暖改造项目进入施工阶段。经过施工单位100个工作日的紧张作业，于2019年3月15日施工完成，本次供暖改造利用原空调机房安装了4500kW储能罐体一座，水循环泵8组，换热油循环泵2组，大型换热器一座，大口径供热管路近200延长米。

　　谷电储能热源设备，采用 10kV 工业用电直接加热，并且享受国家谷电优惠政策，即供暖期间设备在晚间 21 点至次日早上 7 点开启蓄热模式，按照 0.3 元 / 度的谷时电价计费。通过加热储能罐体内导热油蓄热，并通过换热器对供暖管路内循环水加热，进而达到供热的目的。由于采用电加热的供暖模式，整套供暖系统更加节能环保，达到了空气污染物 0 排放的效果。

　　以下是谷电储能热源设备工作原理示意图和蓄热时间及享受电价情况示意图。

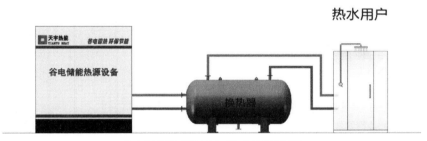

谷电储能热源设备工作原理示意图

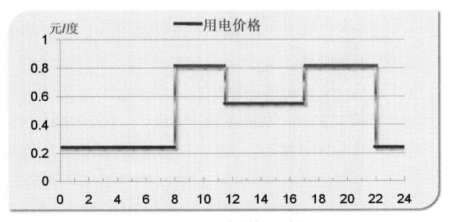

蓄热时间及享受电价情况示意图

辽沈战役纪念馆供暖系统（局部）

三、成果效益

（一）改造前后费用情况对比分析

1.总体费用情况分析

（1）改造投入费用情况

根据项目财政评审结果，改造共投入资金5850545.21元。拆除锅炉有政府政策性补贴（每平米补贴50元），辽沈馆的供热面积为46000平方米，补贴费共计2300000.00元。除去政府补贴费，我馆实际投入为3550545.21元。预期每年运行电费约为920000.00元。

（2）改造前总体费用情况

改造前，辽沈馆供暖系统由2台4吨锅炉提供热源，并采取对外承包方式运行，每年需要固定支付承包费1080000.00元，其中包含夏季空调系统运行时锅炉运行费用。同时由于供暖系统及两台锅炉设备老化情况严重，每年另需要支付维修费用20000.00余元，合计1100000.00

元。每年我馆还需要另行支付电费约 850000.00 元。每年总费用约为 1950000.00 元。

（3）改造后总体费用情况

自 2019 年 3 月 15 日投入使用后，我馆的供暖系统及空调系统的费用，均以电费的形式产生，2019 年度电费总额为 1171189.03 元；2020 年度谷电储能热源设备为满负荷状态运行，电费总额为 1375096.27 元。2021 年同样满负荷运行状态下电费总额为 1592705.68 元。

改造前后三年供电费用对比分析表

费用 年度	改造前			改造后		
	2015	2016	2017	2019	2020	2021
电费（元）	882,844.12	833,945.81	889,841.25	1,171,189.03	1,375,096.27	1,592,548.21
供暖费用（元）	1,100,000.00	1,100,000.00	1,100,000.00			
年度合计（元）	1,982,844.12	1,933,945.81	1,989,841.25	1,171,189.03	1,375,096.27	1,592,705.68
改造前后三年 费用合计（元）	5,906,631.18			4,138,990.98		
三年节约费用 合计（元）	5,906,631.18-4,138,990.98=1,767,640.20					

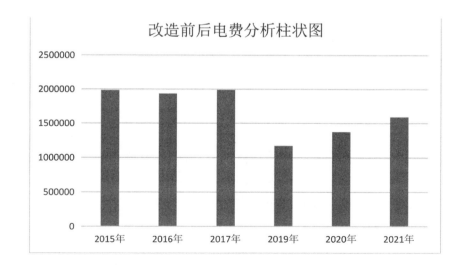

改造前后电费分析柱状图

通过改造前后年度供电费用对比分析表和电费分析柱状图可以看出，同比改造前后三年的总费用下降明显，节约资金 1767640.20 元，平均每年节约资金 589213.40 元。按照以上节约金额，在无故障状态下运行，大约 7 年可以收回改造成本。

2. 年度供暖费用情况分析

总体费用情况，只能体现本次供暖系统改造，实现了节约资金的效果，但无法体现运行过程中的供暖费用变化趋势。因此，对比改造前后的年度供暖费用情况，能够横向分析出谷电储能热源设备的长期节能效果。

根据 2019 年、2020 年、2021 年三年的电费情况，供暖费用每年增加约 200000.00 元，其中 2019 年设备刚刚投入使用，只运行了 3 个月，并且园林集团办公楼管线于下半年接入供暖系统，设备没有在满负荷状态下运行，因此，产生的费用较少。2020 年、2021 年两个供暖期，设备满周期、满负荷运行，产生的供暖费用比较准确。其中园林集团办公楼采购辽沈馆供暖热量，费用每年约 130000.00 元，需要从辽沈馆供暖总费用中扣除。

由于供暖期为每年的 11 月至来年 3 月，年度费用只能体现总体情况，其中还包含辽沈馆其他用电设备运行费用，不能准确反应辽沈馆供暖系统每年的运行成本。因此，同比供暖期间费用情况更为准确。

同比方式：采用 2019 年 11 月至 2020 年 3 月、2020 年 11 月至 2021 年 3 月两个完整的供暖期，与 2015 年 11 月至 2016 年 3 月和 2016 年 11 月至 2017 年 3 月两个完整供暖期，产生的电费情况进行横向对比分析。

具体情况如供暖费用柱状图 2 和对比分析（表 2 ）。

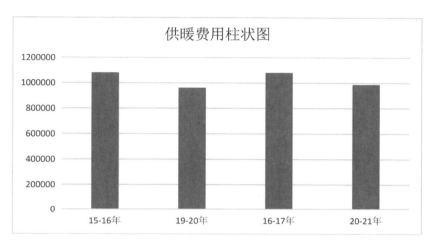

改造前后供暖费用对比情况分析表

月份 电费：元 供暖期	2015 至 2016 供暖费用	2019 至 2020 供暖费用	供暖费用 （同比差 值）	2016 至 2017 供暖费用	2020 至 2021 供暖费用	供暖费用 （同比差 值）
11	216,000.00	109,492.09	106,507.91	216,000.00	144,263.03	71,736.97
12	216,000.00	203,664.91	12,335.09	216,000.00	132,547.15	83,452.85
1	216,000.00	252,681.46	−36,681.46	216,000.00	261,565.41	−45,565.41
2	216,000.00	236,034.51	−20,034.51	216,000.00	246,225.88	−30,225.88
3	216,000.00	159,044.91	56,955.09	216,000.00	202,692.31	13,307.69
合计	1,080,000.00	960,917.88	119,082.12	1,080,000.00	987,287.78	92,712.22

　　通过对比分析改造前后四个周期的供暖费用情况，每年可以节约近 10 万元，改造后同比 2020 年度和 2021 年度的供暖费用增加了月 2.7 万元，费用呈增长趋势。分析原因为 2021 年初由于气温同比 2020 年温度降低明显，园林集团办公楼作为供暖末端温度未能达到 20℃，原有的谷时蓄热量无法满足系统供热。因此，1 月 19 日至 2 月 10 日期间，辽沈馆供暖系统采取了白天加温措施，导致供暖费用有所增加。

扣除园林集团办公楼采购的供暖费用，每年辽沈馆的供暖费用约为850000.00元，相比设计方案中的预期年度运行电费920000.00元，节约了70000.00元。

3. 同年度供暖费用情况分析

供暖系统改造后，每个月的供暖费用通过电费形式显示出来，这样辽沈馆能够更准确把握费用使用情况，通过2021年度供暖期间5个月的费用情况显示，1至2月份电费同比其他月份高出很多。分析具体原因为，室外温度较低时，控制系统自动调节蓄热温度，为保证供暖系统出水温度保持70℃，增加蓄热量，导致用电费用增加。因此，谷电储能热源设备用电量受室外温度影响较为明显。

具体数据如：2021年度供暖期间月度费用情况柱状图。

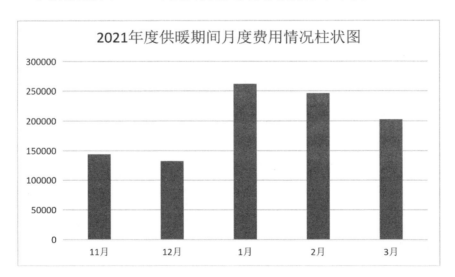

综合上述，结合改造前后三年供暖费用对比情况分析，辽沈馆供暖系统改造后的节能率为29.9%，对比年度供暖费用情况，改造后的节能率为9.8%，进一步达到了节约能耗的效果，并且在一定程度上实现了

按需供热，符合智慧供热发展的需要。

（二）改造前后供暖效果对比分析

改造前，由于设备老化，我馆供暖系统每天分三个时间段供热，分别为 8 时至 11 时、14 时至 17 时、21 时至 24 时，展厅及办公场所的平均温度只能保证不低于 18℃。当时负责供暖系统运行的机电处，想尽一切办法，通过在末端安装循环水泵，为供暖管路加压等方式，也无法改善供暖效果。2015 年《辽沈战役纪念馆能源审计报告》中指出，通过现场测试我馆锅炉热效率为 50.88%，处于偏低状态，排烟、结渣、积灰等现象导致热量损失严重，进而影响了供暖温度。

改造后，谷电储能热源设备加热效果良好，储热量可以满足全天为辽沈馆建筑设施及园林集团办公楼供暖的要求，并且效果良好。展厅、文物库房供暖温度可以达到 20℃，符合文物保护的环境温度要求。园林集团办公楼、综合楼内平均温度可以达到 20℃，办公楼内供暖温度可以达到 23℃。

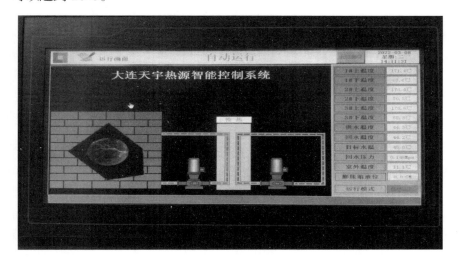

改造项目中还增加了一套温度控制系统，可以根据天气情况自动调节储热油温和系统出水温度，进而实现按需供暖。

供暖平均温度对比分析表

地点 年度	2016	2017	2019	2020	2021
展厅	18℃	18℃	21℃	20℃	20℃
办公楼	19℃	18℃	23℃	23℃	23℃
文物库房	18℃	18℃	21℃	22℃	22℃
综合楼	17℃	18℃	20℃	21℃	21℃
园林集团			20℃	20℃	20℃

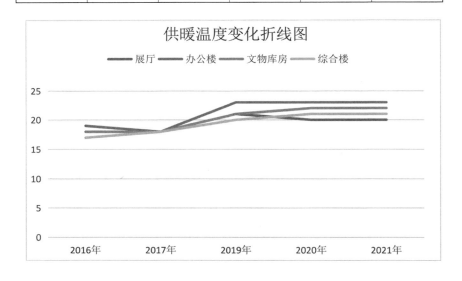

通过温度变化折线图和对比分析表显示，辽沈馆谷电储能热源设备彻底改善了供暖效果，并且可以实现全天室内温度恒定。

（三）改造前后环境情况对比分析

供暖改造前，我馆的供热源采用两台 4 吨燃煤蒸汽锅炉，每年都需要锦州市环保局检测排放指数。2015年《锅炉能效检测报告》结果中指出，检测到的烟气中含氧量和一氧化碳含量分别为 16.99% 和 389PPM，含量接近轻度污染值。碳颗粒的不完全燃烧会产生有害气体，煤炭中含硫量较大，炉膛内严重结焦，锅炉内部积灰处理设备受热面磨损严重，造成碳颗粒排放量过大等污染环境现象，同时锅炉房内大功率循环泵的噪音污染严重影响办公楼的办公环境。

改造后，我馆取消了燃煤蒸汽锅炉，彻底解决了烟气排放问题，同时也解决了储煤带来的粉尘污染问题。供热源改为谷电储能热源设备后，只需要消耗电能，在辽沈馆园区范围内不会产生污染物。办公楼办公环境得到了有效改善。但是由于改造后安装了 2 台循环油泵和 4 台循环水泵为供暖系统加压，因此，供暖机房内的噪音污染和油气蒸发问题仍然存在。但总体环境问题得到了有效改善。

（四）改造前后人员配备情况对比分析

供暖系统改造前，虽然我馆采取锅炉外包方式，锅炉设备运行工作由承包企业派遣 5 名职工完成，我馆另需要配备 3 名值班人员负责换热系统运行，配备 2 名维修人员负责系统维护。

改造后，供暖系统采用远程监测和控制方式运行，只需要 1 至 2 名值班人员负责供电设备倒闸操作、循环泵运行和控制蓄热时间，维修方面我馆只需配备 1 至 2 名工作人员负责供暖系统维护，相比改造前减少6 名工作人员，进而有效地减少了人工费用的投入。

安全方面，改造前供暖系统采用换热方式，需要人工控制管路内压力，当压力过大时管路容易被击穿造成事故。并且燃煤锅炉对消防安全要求更加严格，运行人员烧烫伤风险较大，同时燃煤锅炉作为特种设备每年需要安全监测，供暖系统部分压力容器更存在安全隐患。

改造后，谷电储能罐体通过蓄热油和理石模块实现了水电分离技术，蓄热状态下罐体内部压力更加稳定。设备安装了故障预警系统，对数据实时采集并分析处理，可以保障系统稳定运行。操作时工作人员只需要控制高压供电开关和智能控制平台，不需要接触储能设备，因此，改造后的供暖系统安全系数较高。

但是改造后的供暖系统在投入使用的两年，其间也暴露出一些问题：

1. 2021年1月19日至2月10日，由于气温骤降，谷时的蓄热量已经不能满足系统供暖需求，需要用电高峰期开启蓄热设备。峰时电价为0.81元/度，而谷时电价为0.3元/度，因此改造方案中的预算，存在能耗和费用增加的情况。

2. 通过值班人员记录显示，随着设备的运行，储能设备内部油温出现损失情况，油泵运行启动频率增加，将会导致用电费用增加。

3. 储能罐体所在空间为封闭空间，机房内部温度较高，由于高压配电设施距离储能罐体较近，因此，罐体产生的高温将影响设备的安全系数和使用寿命。

4. 固体加热时蓄热油体存在蒸发现象，导致机房内空气质量下降，影响办公区域空气质量。

问题的暴露代表着技术的革新，也代表着技术走向成熟。操作人员结合实际情况制定了相应的改进措施，增加了一套油汽冷却装置，将蒸发的油蒸汽回收到储能罐体继续使用，解决了导热油的损耗问题。

四、经验总结

在节能改造工作中，辽沈战役纪念馆始终走在前列，2015 年辽沈战役纪念馆被评为"国家第二批节约型公共机构示范单位"；2018 年辽沈战役纪念馆被锦州市人民政府办公厅评为"节水型公共机构够示范单位"。

本文结合改造工程实际，阐述了谷电储能热源设备在辽沈馆的整体运行状态，通过改造前后费用、环境、供暖效果等方面进行分析，以数据为基础，深刻阐明了一个能耗费用减少，污染排放降低，供暖效果提升的成功改造案例。本次改造项目，贯彻落实习近平总书记在全国生态环境保护大会上的重要讲话精神，以节能减排、改善环境为指导，为辽沈馆的广大游客和职工提供了一个健康舒适的参观和办公环境，值得在我国供暖技术领域推广使用。

李 宇 辽沈战役纪念馆

东北解放战争革命烈士
档案信息的整合与利用

在三年东北解放战争中牺牲了 5 万余位（目前官方公布数据）革命先烈，对这一时期革命烈士档案信息进行全面的整合和利用，有着重要的意义。辽沈战役纪念馆于 2021 年 11 月，建立了全国首个"东北解放战争革命烈士信息查询系统"（以下简称"查询系统"）。查询系统的建立，为做好烈士档案信息的查询和研究工作提供了基础性平台，填补了国内对东北解放战争革命烈士档案信息数据化管理和全面研究的空白，是进一步贯彻落实新时代烈士褒扬工作、传承红色基因，赓续红色血脉，弘扬英烈精神的重要载体。

一、东北解放战争革命烈士档案信息整合与利用的意义

（一）具有重要的政治意义

2022 年 8 月 16 日至 17 日习近平总书记赴辽宁考察，首站来到坐落在锦州的辽沈战役纪念馆，参观结束时勉励在场工作人员："红色江山来之不易，守好江山责任重大。要讲好党的故事、革命的故事、英雄的故事，把红色基因传承下去，确保红色江山后继有人、代代相传！"习近平总书记高度重视烈士褒扬工作，在很多场合就烈士褒扬工作作出

系列讲话和指示，要求铭记历史、牢记为新中国诞生而浴血奋战的英雄烈士。每一位革命烈士都是镌刻在民族记忆里的光辉篇章，都是挺起民族精神的不屈脊梁，是中华民族伟大复兴征程上永不熄灭的精神火炬。做好烈士档案信息的整合和利用工作，对弘扬英烈精神、传承红色基因、慰藉烈士亲属，彰显国家形象具有重要意义，具有很强的政治性。

（二）具有重要的社会意义

《关于加强新时代烈士褒扬工作意见》明确指出，"英烈事迹和精神是中华民族的共同历史记忆和宝贵精神财富""要在全社会营造崇尚英烈、缅怀英烈、学习英烈、捍卫英烈、关爱烈属的浓厚氛围"。烈士档案信息是红色资源的重要组成部分，是开展红色教育和思政教育的生动教材，是做好英烈事迹和精神弘扬的重要基础。做好新时代烈士档案信息的整合和利用工作，有利于在全社会营造良好的褒扬先烈、关爱烈属的社会氛围。

（三）具有重要的现实意义

烈士档案信息的整合与利用是做好烈士褒扬工作迫在眉睫的任务。以东北解放战争时期牺牲烈士为例，牺牲时年龄小于等于18周岁的为10574位，占牺牲烈士总数的17.2%，小于等于20周岁的占比为35.7%。根据牺牲年龄可以判断很多烈士牺牲时没有成家也没有留下直系后代。从我们近两年对寻亲结果数据分析来看，寻亲成功的275位烈士烈属中只有11位是烈士的子女或弟弟妹妹，其他均为烈士的侄孙女、外甥女或其他亲属，更令人痛心的是有部分烈士连旁系亲属都没有，只能从烈士同村老人回忆中得到一些信息。因此，对烈士档案信息的整合与利用对烈士褒扬部门和工作人员来说时间紧迫，容不得再等等，再看看。辽沈战役纪念馆作为全面反映东北解放战争胜利的革命类纪念馆，有理由也有责任对东北解放战争烈士信息进行系统的整合与利用。

二、东北解放战争革命烈士档案信息的整合

辽沈战役纪念馆于 2021 年 11 月 1 日上线运行的"东北解放战争革命烈士信息查询系统"，为做好东北解放战争革命烈士档案信息的整合与利用提供了平台。

（一）东北解放战争革命烈士档案信息现状及形成原因

1. 东北解放战争革命烈士档案信息现状

一是烈士信息存在记录不完整、不一致甚至是记录错误的情况。以 1992 年出版的《东北解放战争革命烈士英名录》[①]为例（以下简称《英名录》），在对烈士信息逐条进行校对过程中发现错字、重复记录、逻辑不符等各类错误达到 1500 余处。二是全国对东北解放战争革命烈士档案信息做系统性的整理和利用很少。三是东北解放战争这一区域性的革命烈士信息资源共享程度不够，信息闭塞，存在省际市际壁垒。四是烈士信息管理跟不上信息化时代化的步伐，不能满足新时代烈士褒扬工作的要求。如开展烈士寻亲工作，烈士安葬地信息是重要的信息基础。如果现有的烈士信息中没有标明安葬地信息，就会给烈属和工作人员造成寻亲难的问题。

---

① 雷作林，杨美莹，才智. 东北解放战争革命烈士英名录 [M]. 沈阳：辽宁人民出版社，1992.

2.东北解放战争革命烈士档案信息现状形成原因

一是各地对烈士信息管理重视程度不一。我们通过对东北三省245家烈士陵园实地调研发现，大多陵园管理人员对所属陵园烈士信息都有掌握，纸质档案保存较好，电子档案信息完备，但也有少数陵园管理人员对所属陵园烈士信息不甚了解，主动作为少。

二是缺乏对新时代烈士档案信息管理重要性认识。烈士档案是烈士为了崇高信仰牺牲生命的重要凭证，是开展爱国主义教育的红色基因库，是国家宝贵的精神财富。一些烈士档案管理人员还是停留在对档案的保管、抄写层面，对烈士档案信息的完善整理研究工作做得少。

三是由于年代久远、战争毁损、保管不善、原始记录不规范等客观原因，造成信息记载不够详细，甚至一些烈士信息遗失，让"有名"烈士变成了"无名"烈士。

（二）东北解放战争革命烈士信息查询系统对档案信息的整合

辽沈战役纪念馆于2021年11月依托官网建成的查询系统，是全国首个查询东北解放战争革命烈士信息的查询系统。查询系统实现了档案管理由纸质化向信息化数字化的提升，通过数字化的保存和获取，使档案获取更加方便高效。截至目前，查询系统共收录在东北解放战争中牺牲的有名烈士61209位，无名烈士32025位，并为7882位有名烈士找到安葬地；通过查询系统为275位烈士找到亲人（本文列举的烈士数据统计截至2023年1月1日）。

1.查询系统的建立

（1）查询系统研发的总体要求及技术指标

总体要求：查询系统的建设旨在用信息化手段整理收录烈士档案信

息，充分利用现有的纸质档案材料和调研采集的烈士信息，形成共享的互联网烈士信息平台，管理人员、烈士家属、社会大众基于信息平台，共同完善烈士信息，共享烈士信息数据。

技术指标：

根据目前已经实施的辽沈战役纪念馆网站服务器总体软硬件环境情况，系统操作平台采用 Linux，应用服务器选用 nginx，数据库选用 MYSQL/SQLITE。

依据烈士档案信息管理工作的实际情况及其管理模式进行设计，业务功能涵盖烈士档案信息管理工作的所有内容。基础平台必须成熟可用，具有版本兼容性，并可平滑升级。具有烈士数据的卸载、转储、独立调用等功能，以保证烈士数据的积累不会造成系统性能的下降。

系统应具有较强的并行处理能力，支持集群部署，能在系统资源低负担的条件下提供最高的并发度和最大的吞叶量，应满足至少 10000 以上并发数的要求。系统部署在锦州政务网络共享服务群上，提供与软件相匹配的硬件需求、网络需求，能适应华为云数据中心的服务器架构、负载均衡和热备方案等要求。

系统设计具有灵活性和开放性，采用模块化技术，数据结构设计与程序相对独立，功能模块松耦合连接，模块之间有一定的业务关联和约束，相关的数据结果可实时共享查看，不同子系统的关联数据实时在线自动流转。技术框架上采用 ThinkPHP 架构，符合运行环境和能更好地与纪念馆网站平台整合。查询系统根据烈士信息管理工作的实际情况及其管理模式进行设计，业务功能涵盖烈士信息档案管理工作的所有内容。系统采用 B/S 架构，直接采用浏览器进行包括授权、监控、远程控制等各项操作，支持包括 Windows/Mac/Linux 在内的多个操作系统平台下的使用，同时兼容包括 IE、360 等多种主流浏览器。

（2）查询系统烈士档案信息的采集

确定烈士档案信息构成。由烈士姓名、烈士籍贯、出生时间、参加革命时间、组织信息、部职别、牺牲时间、牺牲地安葬地、立功受奖情况、烈士照片、烈士小传、备注说明等。

严格信息来源。一是《英名录》中收录的 54570 条烈士信息，除重复或错误信息外，其余全部收录；二是 2021 年 7 月至 2022 年 7 月持续一年时间，对东北三省全境，河北、内蒙古部分地区共 245 处烈士陵园实地调研的烈士信息（主要为英名墙、烈士墓碑上刻录）；三是来自相关退役军人事务部门、烈士陵园提供的烈士信息；四是从战史、军史、市县志和地方人物志等官方文献资料中收集的烈士信息。此 4 处信息来源在查询系统中占比依次为：78%、16%、5%、1%。

坚持信息采集原则。一是要符合东北解放战争时间跨度，即 1945 年 8 月（人民军队进军东北）至 1948 年 11 月（辽沈战役胜利暨东北全境解放）。二是要符合东北解放战争地域范围，即东北三省全境和河北承德地区、内蒙古东部部分地区（新中国成立前属东北行政区域）。三是要符合确系参战因战牺牲且已被国家评定的烈士等重要条件。

突出烈士安葬地信息采集。查询系统收录有名烈士 61209 位，其中通过实地调研找到烈士安葬地的为 7882 位，占比近 13%。准确的烈士安葬地信息能为烈士寻亲工作提供重要依据，也将为开展烈士遗骸 DNA 比对工作提供准确点位，将大大提高烈士寻亲成功率。

为"无名"烈士树碑立传。查询系统收录无名烈士信息 218 条，无名烈士计 32078 位。通过以"烈士陵园＋烈士墓碑＋安葬数"为命名方式的方法，让无名烈士也同样载入查询系统，让他们的"无我"精神永放光辉。

（3）查询系统烈士档案信息的校对

烈士信息校对工作是让烈士档案准确、权威、经得起时间考验的重要环节。查询系统建立初期，收录烈士信息达到 63000 余条，经过多次的校对工作，合并删减烈士信息近 1800 条。

校对工作开始前对参与校对人员进行了集中培训，明确校对原则和统一烈士信息格式。确定部分烈士档案信息中无部队番号、统一用烈士牺牲时部队总的称呼（如：东北人民自治军、东北民主联军）加"某部"的格式体现；确定了烈士籍贯地和牺牲地由原行政区划名称改为现行行政区划名称等问题。

对查询系统中的烈士信息经过 3 轮的校对。第一轮校对主要是对查询系统中扫描录入的《英名录》烈士信息进行校对。第二轮校对主要对赴东北三省调研采集的烈士信息进行校对，校对后批量上传至查询系统。第三轮校对是查询系统中所有烈士信息逐条进行校对，主要是为再版《英名录》做准备。

烈士信息校对工作将是一个长期持续的过程。由于烈士信息可参考佐证的资料极其有限，只有极少数烈士留下事迹材料，这些现实问题导致校对工作复杂困难。但是，随着查询系统功能的不断发挥和对烈士信息的持续整理和挖掘，将不断完善和丰富烈士档案信息。

2. 查询系统的功能简介

信息检索功能。查询系统支持多种检索条件实现烈士信息查询。如烈士姓名、行政区域、牺牲时间等检索查询。支持多种登录方式，操作

东北解放战争烈士信息查询系统功能框图

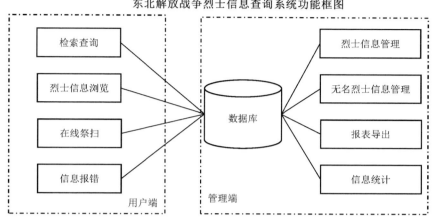

简便。如用电脑或手机登录辽沈馆官方网站"烈士名录"专栏；通过手机微信关注"辽沈战役纪念馆"微信公众号或扫描二维码进入系统查询。

数据分析功能。查询系统在检索、储存数据的基础上，设计分析数据功能，管理人员可以根据实际工作的需要，提取某一类别的烈士信息。如中共党员、女性烈士、某省市或乡镇的烈士数据等。还可通过数据分析功能，统计网站浏览量、获取某个时间段或某个地域甚至某个群体登录查询网站情况。

数据批量导入、导出和信息报错功能。通过后台可以对单个烈士信息进行录入、修改、删除，还可以批量进行数据的导入、导出；设计后台报错功能，烈属和相关人员可以对某条烈士信息提示报错，管理人员在后台进行核实修改。

"云"祭扫功能。系统设计祭扫板块，以满足烈士家属、社会大众祭扫、纪念需求。

3. 查询系统的特点

一是首创性。是全国首个查询东北解放战争牺牲烈士信息的查询系统。填补了国内数字化查询东北解放战争革命烈士信息的空白。

二是基础性。查询系统除烈士信息查询外，还是开展烈士褒扬、烈士研究和爱国主义教育、英烈文化传承的基础性数据平台。

三是服务性。查询系统是服务烈属和社会大众的平台。坚持信息资源共享，坚持科技成果为民所用。

四是教育性。查询系统是开展爱国主义教育、弘扬英烈文化、传承红色基因的教育平台。

三、东北解放战争革命烈士档案信息的利用

（一）烈士寻亲

截至目前，查询系统已为 275 位烈士寻亲成功。查询系统正式上线后的第二天，在辽沈战役塔山阻击战中壮烈牺牲的山东省掖县籍烈士赵洪海的后人通过查询系统，成功检索到烈士相关信息，烈属几代人的愿望在 75 年后通过查询系统得以实现；凌源市 80 多岁的邹玉琴老人通过查询系统找到哥哥邹振东的相关信息及烈士安葬地信息，时隔 75 年，得知哥哥安葬在解放锦州烈士陵园，老人来到烈士墓前祭奠哥哥，兄妹"相见"场景令人动容；在辽沈战役中牺牲的马洪昌烈士、陈国太烈士和张墨林烈士的后人以同样的方式找到了亲人的安葬地。这样的例子不胜枚举，查询系统的建立使烈士家属几十年的夙愿得以实现。同时查询系统为烈士寻亲志愿者提供了准确的烈士安葬地信息，为他们做好为烈士寻亲工作提供了有力的帮助。如"中国好人""全国最美拥军人物"杨宁老师，在查询系统上线后，已为 31 位东北解放战争烈士找到亲人。

（二）教育研究

1. 查询系统正式上线后，辽沈战役纪念馆针对广大青少年开展了以"童心向党——我们从未忘记""童心向党——革命薪火代代传""同心庆国庆——喜迎二十大"等为主题的系列研学活动，系统内的烈士档案信息，如尚志杰烈士写给妻子的一封家书、梁士英烈士爆破筒残片、刘殿哲烈士入党申请书等档案信息，都成为系列研学活动的鲜活影像资料和教材。这些红色档案无不体现烈士们舍小家为大家的爱国主义理想信念，更为广大青少年提供了极具爱国主义教育和传承红色基因的生动教材，使得革命薪火得以代代相传。

2. 通过查询系统，为举办相关展览提供数据。如：东北解放战争烈士档案信息为辽沈战役纪念馆裕民分馆的建设提供数据；为《伟大胜利——锦州战役专题展览》《永远的丰碑——东北解放战争烈士纪念设施专题展览》《巾帼力量——东北解放战争妇女英模专题展》《战旗美如画——东北解放战争荣誉旗帜专题展览》等专题展览和临时展览提供重要信息支撑。查询系统为缅怀革命先烈、赓续红色血脉拓展了新的空间，为各项专题展览增添新的亮点和内涵。

3. 通过查询系统，继续挖掘烈士信息背后的故事，为讲好红色故事提供生动素材。如针对广大党员干部开展以《无名烈士墓前的思索》《胜利之眼——探寻东北野战军前线指挥所》等具有研学价值和教育功能的微党课，使该系统得以推广的同时，让更多的党员干部了解东北解放战争史和革命烈士的丰功伟绩，通过对系统中烈士资料的整理、编研和宣传，让"尘封"的烈士档案"活"起来、"火"起来。

（三）宣传展示

2022 年清明期间，辽沈战役纪念馆为统筹做好疫情防控和烈士祭扫工作，开展了以"2022·奋进·网上祭英烈——我为烈士献枝花"为主题的网上祭扫活动。此次活动是以辽沈战役牺牲革命烈士为主，通过直播宣讲朱瑞、梁士英、张士毅等著名烈士红色故事，吸引了近 4 万人的观看，获赞 20 余万。2022 年 8 月上旬，辽沈战役纪念馆英烈馆改陈过程中，相关英烈档案信息打破以往陈旧布展模式，通过查询系统的数据分析功能增添了东北解放战争牺牲党员数据、女烈士数据、团以上干部数据的展示。

（四）交流协作

查询系统的建立，实现了网上烈士信息资源共享，为探索突破省际界限，东北三省联合开展烈士褒扬工作提供了可行性依据。我们到东北三省各地调研采集烈士信息，不仅是采集各地陵园和退役军人事务部门掌握的信息，也将我们已经掌握的烈士信息分享给他们，共同进行核实后才上传到系统。通过这样走出去的交流，与各地烈士褒扬工作部门建立了业务联系。查询系统的建立，也为全国各省市编纂烈士名录提供参考，如我们收到了江苏省宿迁市退役军人事务部门协助核实烈士信息的请求，为他们核实出 3 位东北解放战争时期牺牲烈士的错误之处，也从他们提供的烈士名录中，丰富完善了 7 位烈士档案信息。因此，查询系统的建立，为烈士褒扬工作者搭建了一个资源共享的平台，随着烈士褒扬工作的深入开展，烈士信息的不断整合与利用，将会为烈士褒扬工作打开新的发展格局。

周美元　李露露　辽沈战役纪念馆

辽沈战役烈士陵园园林绿化植物配置浅析

辽沈战役烈士陵园坐落在辽宁省锦州市凌河区，始建于 1955 年，是第一批全国重点烈士纪念建筑物保护单位。园区占地面积 18.8 万平方米，现有乔木 65 种 4500 余株，灌木 23 种约 750 株，绿篱 10 种约 3000 延长米。园区规划充分利用现有园林环境，以辽沈战役军事主题为切入点，以具有纪念性和标志性的门、塔、馆建筑为主体，通过强化中轴线处理，使主体建筑、纪念设施和景观布局在风格上协调统一，形成一组完整的具有纪念意义的建筑群体，成为集历史研究、文化传播、艺术博览、旅游休闲等功能于一体的大型军事主题公园。园区内的树木、绿植分布，具有典型的北方园林特征，在东北地区烈士陵园中具有代表性。

一、自然条件

锦州市属暖温带半湿润气候，春季温和多风，夏季高温多雨，秋季温凉晴朗，冬季寒冷干燥，四季分明，降水集中、季风明显、风力较大。锦州市处于华北、蒙古、长白三个植物区系交错地带，植物种类繁多，特点多样。野生植物约有 1000 余种，分属 115 科、500 余属，有国家一级保护植物银杏，二级保护植物红松、黄菠萝、钻天杨、核桃楸等九种。

代表植物群落为蒙古栎林、辽东栎林及胡枝子灌丛、榛子灌丛、荆条灌丛、白羊草灌丛等。

二、园林绿化配置原则

（一）功能分区原则

烈士陵园绿化是烈士陵园建设中的一个最为重要的组成部分。从功能分区的角度出发，绿化植物应按不同的分区考虑，以更好地适应人们不同的心理和视觉需求。烈士陵园最重要的功能是缅怀、祭祀和传承。对于"纪念"这一重要主题，陵园还需要牢固建立环境与主体之间的关系，通过形象思维创造出一种能激起人们思想感情的精神环境。烈士陵园的主要职能是供人们瞻仰、凭吊、开展纪念性活动和游览、休息、赏景等，因此，在植物配置中多选择一些树形规整、枝条细密，色泽暗绿的常绿针叶树种，如松、杉、柏等，用以营造出一种庄严肃穆的氛围。在非纪念性功能区多由绿色观叶树种如杨、柳、榆、槐等，彩色树种如桃、杏、李、樱等，以及各种灌木组成郁郁葱葱、疏密有致、层次分明的林木景观。[①]

（二）整体与局部相结合原则

绿化植物与建筑小品是烈士陵园最主要的物质基础。园内各景点、建筑物与绿化有机结合，形成统一的整体。同时，每一个场景、每一个部位，丰富多彩的植物种类、不同的搭配方法，形成不同的景观。因此，在考虑其纪念功能的基础上，依据园区大小和规模，结合地形、地貌、

---

① 何平，彭重华.城市绿地植物配置及其造景 [M].中国林业出版社，2001：260.

地势的资源特征，可以选择规则式、自然式和混合式的整体布局规划，在全局构图形式上强调轴线对称，充分利用几何模块来表现整齐、庄严、雄伟、肃穆的氛围，在局部构图形式上可依据功能和分区的需要灵活布置，形成富有变化的风景视线，以自由、舒适的布局来满足游客休憩、游玩的需要。

（三）适地适树原则

"地势有良薄，山泽有异宜。顺天时，量地利，则用力少而成功多，任情返道，劳而无获。"北魏贾思勰所著《齐民要术》对此原则作出了深刻的阐述，精辟地说明了适地适树的意义和重要性。根据不同植物的生物学和生态学特性，结合当地自然条件，进行景观配置。在保持原有绿化风格的同时，选用更适应自然环境的树种，抗污染、抗逆性强、易管理的植株，以高大乔木为主，做到乔木、花灌木、草坪比例合理，[①]常绿树种与落叶树种互相搭配，速生树种与慢生树种相结合，层次分明，注重变化。

（四）特色突出原则

植物的形状、颜色和姿态随着时间的推移、季节变化和生长环境的特点而变化。需要选择不同种类的观叶植物，如五角枫、紫叶矮樱、银杏、桂香柳等。秋天，有秋天的景色；夏天，有夏天的绚烂，四时不同，景亦不同。

---

① 尤婧. 墓园的植物配置与维护 [J]. 农业科技与信息（现代园林），2010（12）：60-62.

三、烈士陵园绿化在烈士陵园建设中的作用

（一）烈士陵园绿化在陵园建设中具有增强氛围的作用

烈士陵园绿化景观的配置需要适应主体建筑物的文化氛围。在传统绿化中，不同植物根据其种类、形态、颜色、种植方式等有不同的配置方式。[①]常绿针叶植物因其密度高、颜色以深绿色较多，带给人一种永恒的感觉，因此在烈士陵园绿化建设中被广泛应用。

（二）烈士陵园绿化在陵园建设中起着抒发情感的作用

中华民族伟大复兴的历史是一部奋斗的历史。在中华民族的历史长卷上，镌刻着革命英雄主义和民族英雄的痕迹。他们不怕牺牲、敢于胜利的英雄主义精神，万众一心、众志成城的革命精神，军民携手、勇猛奋进的团结精神，正是我们需要通过烈士陵园的绿化建设来提醒人们铭记和传承的烈士精神。

（三）烈士陵园绿化在陵园建设中起着总体引领的作用

烈士陵园作为一个地区的纪念象征，不仅为市民们提供瞻仰烈士、了解历史、弘扬爱国主义教育的文化场所，而且可以提高人们对精神文明建设的追求。陵园绿化是人们对烈士陵园的第一印象和感受。陵园建设的成功与否与绿化密不可分。优美的绿化环境可以提高人们对陵园建设的总体评价，更好地培养青少年的民族精神、爱国情感和道德情操。

---

① 孙江超 . 烈士陵园园林绿化植物配置探讨 [J]. 现代园艺－下半月园林版，2017（6）：28-30.

四、辽沈战役烈士陵园绿化植物配置和造景布局

辽沈战役烈士陵园绿化以松杉柏等常绿乔木为主要基调，采取乔木、花灌木、绿篱、地被植物等多样性和多层次种植。植物配置充分考虑地形变化，合理安排林冠线、林缘线和空间布局，根据地形、地貌、分区的功能和性质，建设成多种观赏效果的园林景观。[①]园区地势北高南低，由南园（文体休闲区）和北园（纪念陈列区）及连接两园的提升（跨街）广场组成，形成以"门、塔、馆"为中轴线的对称式布局。

（一）南园、提升广场等非纪念性休息活动区

1. 正门入口处

南大门称作"胜利之门"。是由3个几何立体块组成的建筑群，代表东北三年解放战争，同时代表着辽沈、淮海和平津三大战役的胜利。从远处看是英文"victory"首字母的大写"V"造型，是胜利的象征，同时又像张开的手臂，敞开胸襟迎接来自国内外的游客。为了集散大量的游客，必须要有一个广阔的视野。我们采用铺装广场来配合。大门正对面40米处是一个直径20米的圆形花坛，栽植黄杨、小檗模块和零散树球，用来衬托主体的建筑风格。

2. 南园园区

南园主要规划为非纪念性休闲公园，从正门入口处拾级而上，共修

---

① 谢始群.情绪引导在烈士陵园设计中的体现——以新罗区烈士陵园为例.[J]. 现代园艺，2014（15）：111-113.

建了104级台阶，代表了辽沈战役历时的52个昼夜。道路两侧栽种了10米高的桧柏，笔直挺立，左右望去，满眼高耸的乔木，营造出了庄严肃穆的气氛。南园东西两侧园区栽种高大乔木，以国槐、刺槐、云杉、五角枫、银杏为主，配以赤松、冷杉、杨树、小叶朴等，形成了多种树木混交林群落，搭配低矮的灌木、模纹、草坪，打造出了健康、宜居、美观的生态环境。为了锦城百姓生活的多姿多彩，我们修建了3座休闲健身广场，满足了锦城人民及游客的观景、休憩需要。努力营造一种色彩丰富、宁静清雅的环境氛围。

3. 提升（跨街）广场

提升广场也被称为和平广场，它横跨市区的重庆路，将园区的南园与北园连接在一起，两侧刻有10枚解放战争时期颁发的勋章、奖章和纪念章，记载着革命先辈的卓著功勋和战斗历程。广场中间有3颗五角星和透视玻璃的独特设计，透过玻璃，我们可以看到马路上的车辆川流不息。广场两侧栽植小叶黄杨模块，修剪成半米高度，整齐划一。

（二）北园、纪念馆等烈士褒扬、爱国主义教育主题纪念区

1. 北园园区

北园是最重要的纪念区域。陵园所有的纪念设施都规划在这里。它包含着两座纪念广场、东北解放战争革命烈士纪念碑、辽沈战役革命烈士纪念塔、张士毅和梁士英两位烈士的烈士墓、书法碑林、朱瑞将军雕像纪念碑、皂角林、军威园以及主体陈列馆——辽沈战役纪念馆。园区主要以松、杉、柏为主，采用色彩沉重、寓意深刻的高大乔木，以庄重肃穆的整体设计来体现园区纪念氛围，强调缅怀敬仰的基调，寄托后人的悼念之情。园区多条道路纵横交错，两侧配以桧柏、侧柏、银杏、杜仲、

云杉等行道树，穿插金银木、榆叶梅、连翘等低矮灌木，达到了纪念性与观赏性和谐统一。

2. 东北解放战争革命烈士纪念碑

东北解放战争革命烈士纪念碑始建于1992年，2004年进行重新改造。碑体分为三部分：首碑、主体碑、尾碑。首碑概述东北人民解放军的历史沿革、部队编成和伟大功绩，碑文由著名书法家武中奇书写；主体碑铭刻东北解放战争中牺牲的烈士英名；尾碑由彭真、伍修权同志的亲笔题词和"后记"组成。纪念碑对称分布于纪念广场两侧，碑身后方建设为一片绿地，沿着纪念碑的走向栽种着0.3米高的黄杨绿篱，绿地两侧苍松挺立，桧柏成荫。随着国家对烈士褒扬纪念工作的高度重视，越来越多的烈士家属到此寻找亲人的名字，这里成为了烈士寻亲的一处圣地。

3. 辽沈战役革命烈士纪念塔

纪念塔处于园区制高点的中心位置，塔高16米，由底座和塑像组成，塔顶是一座6米高的全身铜制战士塑像，这位解放军战士左手持枪，右手振臂高呼，表现了人民解放军顶天立地、勇往直前的英雄气概。塔身正面镶嵌着朱德元帅的亲笔题词："辽沈战役革命烈士永垂不朽"。纪念塔底座周围主要栽种着赤松和黑松，形态柔美飘逸，用以衬托战士的刚强。塔身北侧栽植着一片黑松林，2018年园区改造时，在这里新增设了休息座椅等服务设施，以满足观众的休闲需求。

4. 辽沈战役纪念馆

辽沈战役纪念馆兴建于1985年。馆与塔南北呼应，相得益彰，在苍松翠柏掩映下显得十分壮丽。主体建筑8600平方米，由原国家城乡建设部副部长戴念慈设计，造型庄重，朴素大方，既具有民族风格，又体现了军事斗争特点和现代水平。馆的平面呈 H 形，中间有东西两个下沉式庭院，南北形成两个三合院，南面的三合院环抱着纪念塔，北面的三合院紧抱着全景画馆。①纪念馆正门对应着胜利广场。广场两侧主要栽植着黄杨绿篱，以对称的方式栽植有 20 多米宽的铺地柏群，蜿蜒匍匐，配以树形优美的白皮松和重瓣榆叶梅，高低错落有致，营造出一种庄严肃穆的氛围。正门入口处东西两侧栽种黄杨模块，中间穿插 3 棵桧柏球，配以 2 棵直径 2 米，高 1 米的垂丝海棠，集观赏性与艺术性于一身，完美体现出纪念馆正门的雄伟庄严。纪念馆北门出口处栽植着 2 排桧柏绿篱，笔直地向东西两侧延伸。绿篱与馆体之间栽种着两片黑松、云杉混交林。

5. 东西天井

纪念馆内两个下沉式庭院我们称之为东、西天井。建馆初期设计为观赏式庭院，栽植了香椿、黄杨等绿化植物。因时间长远及环境因素影响，长势不佳。2020 年我们进行了重新改造，以辽沈战役为主题，在各自庭园内设计了两个"L""S"形花池，体现了"辽沈"和"胜利"的寓意。考虑到光照、通风等自然因素，我们栽植了假龙头、大叶玉簪、金娃娃萱草等耐半阴花卉，配以高低错落的桧柏造型，云杉布景，设计有假山流水，既有诗情又有画意。

6. 烈士墓区

辽沈战役烈士陵园只有两座烈士墓，梁士英烈士的衣冠冢及张士毅

---

① 杜宏国.纪念的丰碑——论辽沈战役纪念馆馆区建筑的纪念性特征 [J]. 中国纪念馆研究，2016（4）：206-211.

烈士的尸骨墓。墓地内除墓体外均铺设草坪，周围环以苍松、翠柏。主要以 1.5 米高的绿篱为主，四周栽植一圈 8 米高的桧柏，墓前一棵遒劲的黑松，彰显着纪念的氛围。

7. 朱瑞将军雕像纪念碑

朱瑞将军是在解放战争中牺牲的我军最高将领，生前是东北军区的炮兵司令员。雕像纪念碑始建于 1991 年，以炮车为造型，中央包镶着 2.4 米高的浮雕头像，头像正下方镌刻着伍修权同志题写的"朱瑞将军"四个大字，碑体背面铭刻着朱瑞将军的生平简介。纪念碑以辽沈战役革命烈士纪念塔为中心，与烈士墓对称分布于纪念塔的两侧，绿化植物配置与烈士墓区相呼应，以绿篱为主，正面配以榆叶梅、金银木等花灌木造景，体现着纪念的氛围。

8. 书法碑林

书法碑林位于北园东侧，烈士墓南。碑林由 13 块巨石组成，收录了张爱萍、赵朴初、刘白羽、沈延毅、康庄、李铎、陈雷、武中奇等 43 位名人或书法家的书法作品。碑林周围巨木环绕，野花芬芳，石、树、草、花交相辉映，相互衬托，给人一种和谐的美感。

9. 军威园

军威园位于辽沈战役纪念馆西侧，总体呈长方形，占地面积约 6500 平方米。园内陈列着由中国人民解放军陆海空三军捐赠的 16 件大型退役兵器，是辽沈战役纪念馆开展国防教育的重要场所。园内栽种着杜仲、龙爪槐、望春玉兰等乔木，配以桧柏、桑树、栾树、银杏、皂角等零散分布，与低矮的水蜡绿篱和黄杨模块一同，以植物的柔美衬托着飞机、坦克、火炮等重型兵器的刚强。

10. 停车场

辽沈战役烈士陵园设计有 2 座大型停车场对外开放，分别位于南门和西门处；1 座小型停车场自用，位于北门办公区域。大型停车场绿化以国槐为主，以低矮的龙爪槐、茶条槭绿篱等作为点缀，凸显停车场的广阔。小型停车场四周采用庭院绿化形式进行布置，以常绿植物为主，结合花坛、草坪，点缀花灌木，用来与纪念性建筑主题思想保持协调一致。

李锦龙　辽沈战役纪念馆

探寻红色遗址　传承红色精神

——辽沈战役锦州地区红色遗址的保护与利用

一、开展锦州地区红色遗址的调查和信息采集

锦州市位于辽宁省的西南部，"辽西走廊"东北端，是连接华北和东北两大区域的交通枢纽，下辖凌海、北镇2个县级市，黑山、义县2个县，古塔区、凌河区、太和区3个行政区以及松山新区、滨海新区（开发区）。总面积10301平方公里，人口270万人。

锦州地区历史悠久，战略地位极为重要，特别是辽沈战役更是打造了锦州这座英雄的城市，使这个地区成为一片红色热土。1948年9月至11月，东北人民解放军在中央军委的指挥下，同国民党军在东北地区展开了战略性决战，这就是解放战争时期著名的辽沈战役。辽沈战役是解放战争中三大战役的第一个战役，历时52天，共歼灭国民党军47.2万余人，解放了东北全境，为全国的解放建立了稳固的大后方。辽沈战役连同淮海、平津战役的胜利迎来了新中国的诞生。

锦州是辽沈战役的主战场，锦州战役是辽沈战役的关键性战役。攻克义县、塔山阻击战、锦州攻坚战、黑山阻击战、辽西会战等震惊中外的历史史实，除了当年的文字记录之外，也深深地镌刻在战斗遗址、旧

址的每一个高地、每一间房屋、每一座纪念碑上。这些散落在锦州地区的辽沈战役遗址、旧址，正是一个时代的见证，一种精神的印记，不仅是丰厚的物质财富，也是宝贵的精神财富。

为了促进辽沈战役遗址集中连片保护利用和红色文化研究，加快文旅融合，提升辽沈战役红色文化品牌建设。辽沈战役纪念馆建馆以来首次对辽沈战役遗址遗迹进行大规模调查研究。2020年5月制定了《辽沈战役遗址调查及信息采集工作方案》，由相关部门抽调摄影、摄像、研究、讲解等专业人员组成遗址调查小组，对锦州地区辽沈战役遗址遗迹进行详尽调查及信息采集。在历时一个多月的遗址调查中，拍摄照片1500余张、视频160余分钟，采集整理遗址遗迹现状信息和历史信息资料192份，发放调查问卷150份。在调查的70处遗址遗迹中，有4处为国家级文物保护单位，6处为省级文物保护单位，1处为省级近现代保护建筑物，4处为市级文物保护单位，4处为县级文物保护单位，3处为市级历史建筑。由于很多遗址遗迹的位置处于锦州市内居民区中，随着城市建设的发展，大部分已经消失不见，取而代之的是商业区和住宅区，调查采集的锦州市区内40余处遗址遗迹中仅存的遗址只有17处：（1）东北野战军锦州前线指挥所（2）帽儿山（3）白老虎屯（4）配水池（5）亮甲山（6）锦州城南高地（7）紫荆山（8）铁路桥（9）国际仓库（10）省公署（11）交通大学（12）十兵站总监部（13）中央银行（14）邮管局（15）铁路局大楼（16）锦州车站机关区（17）锦州老城；其中经过深入调查原有的遗址遗迹中，有新发现的遗址共计4处：国际仓库、十兵站总监部、邮管局、锦州车站机关区；认为在原有已经开发并对外展出的遗址基础上，目前锦州市区适合新开发并开展现地教学的遗址共计 6 处：亮甲山、城南高地、铁路桥、国际仓库、十兵站总监部、交通大学；通过实地信息采集工作，清晰了锦州地区的辽沈战役红色资源，通过实地调查采集的影像资料，部分将用于举办《红色记忆——辽沈战役遗址专题展览》，这项工作还将促进开展东北各地辽沈战役遗址调查研究，提升辽沈战役红色文化资源的利用价值，更为今后开展有关革命遗址的相关工作提供了重要依据。

二、锦州市区重点红色遗址的保护和利用

辽宁省是一个具有革命斗争历史和革命光荣传统的省份，红色旅游资源十分丰富，有近百余个爱国主义教育基地，一直在全省红色旅游中发挥着引领作用，2005 年全国红色旅游启动仪式和 2014 年全国红色旅游高峰论坛均在锦州举行。2019 年国内十大红色旅游目的地大数据榜单，锦州位列第六位。2021 年入选建党百年红色旅游精品线路。

解放锦州烈士陵园坐落在锦州市太和区钟屯乡帽儿山村，靠近锦朝公路西侧的一座山坡上，这里也曾是锦州攻坚战外围战场之一，当年解放锦州时牺牲的烈士大部分都就地掩埋，城市周围建有 40 多处烈士墓。解放锦州烈士陵园 1997 年 4 月 5 日破土动工，1998 年 10 月 15 日，锦州解放 50 周年之际，解放锦州烈士陵园正式落成，驻锦部队出动近千名官兵，将锦州市区附近各处烈士墓全部迁入陵园。解放锦州烈士陵园占地面积 16.9 万平方米，包括解放锦州牺牲的烈士墓、抗美援朝烈士墓园和新时期的军、警、民烈士墓园，是辽宁省内埋藏烈士最多的陵园和辽宁省内建筑规模较大的烈士陵园之一。解放锦州烈士陵园内共安葬了

214位在解放战争中牺牲的有名烈士，锦州各处原烈士墓的墓碑建成了碑林区，碑石上记录着烈士的生平简介。陵园西南侧建有抗美援朝和新时期烈士墓区，安葬着562位抗美援朝时期牺牲的烈士和社会主义建设新时期牺牲的烈士44位。2009年3月23日，解放锦州烈士陵园被民政部列入第五批全国重点烈士纪念建筑物保护单位名单。

东北野战军锦州前线指挥所旧址位于凌海市翠岩镇牤牛屯村，距锦州市区22公里，东北野战军锦州前线指挥所设置在村中一个农家院中，原有正房5间，东西厢房8间，门房3间，1988年12月20日，被确定为辽宁省省级文物保护单位。为了扩大红色旅游宣传，更好地保护辽沈战役遗存的遗址旧址，辽沈战役纪念馆对东北野战军锦州前线指挥所旧址进行了复原改造，2005年8月16日正式对外开放，正房东屋是指挥所作战室，陈列着军事地图、电话机、电报机、公文包等物品，西屋是林彪休息室，土炕上摆放有休息用的行军床，东西两侧的厢房开辟了两个专题陈列展览。2006年3月，辽沈战役纪念馆组织排演了情景剧《历史的瞬间》，使观众更为直观地了解了辽沈战役这段历史，深受参观者的欢迎。作为辽沈战役纪念馆的延伸展览，更好地展示辽沈战役的主题，起到了很好的辅助作用。

配水池战斗遗址位于锦州市城区西北，是1937年日本人修建的钢筋水泥建筑，当时为锦州市进行供水配系的供水设施，总面积为1100平方米。整个建筑既可屯兵又可做战斗据点，是当年整个配水池阵地的核心部分。其东侧公路通往义县，西与十二亩地，东与亮甲山互为呼应，成为锦州北面国民党军防御的屏障。1948年10月9日起，东北野战军开始扫清锦州外围据点。配水池之战，是锦州外围的关键战斗之一，配水池战斗的胜利，为东北野战军攻克锦州打开了城北的门户，为攻锦战斗的胜利创造了有利条件。锦州解放后，因这里地势高，仍作为锦州市自来水公司的配水房使用（相当于水塔），后配水房停用，屋内的设备拆除，房屋闲置，但一直有专人看管维修，遗址原貌得以很好保护，外墙面上的弹痕依稀可见。多年来，这里是中国人民解放军国防大学、驻锦部队等单位的教学实习基地。2003年3月，配水池战斗遗址被辽宁省人民政府确定为省级文物保护单位。2008年辽沈战役纪念馆对配水池战斗遗址进行开发建设，将主体建筑进行了维修，设立了配水池战斗陈列室，10月12日，改建后的遗址陈列馆正式免费对外开放。2019年初，锦州市委、市政府启动了配水池战斗遗址修缮和保护工程，修建了占地6.7万平方米的全新遗址园区，9月30日，辽沈战役配水池战斗遗址公园正式开放。

在辽沈战役攻打锦州战役中，第二纵队战士梁士英舍身炸地堡，用生命为部队打开了前进的道路。锦州解放后，锦州市人民政府在辽沈战役烈士陵园修建了梁士英墓，对梁士英炸敌堡的遗址做了保护，命名为"梁士英舍身炸地堡遗址"。1963年9月30日，经辽宁省人民委员会批准，"梁士英舍身炸地堡遗址"被确定为省级文物保护单位，并立碑纪念。1996年7月，对遗址进行了保护重修，修建了纪念碑，栽上了松柏，2015年10月，在士英街士英桥西侧，建成以纪念传承"士英精神"为主题的士英街纪念公园，面积8360平方米。公园的南侧为"梁士英舍身炸地堡遗址"，建有梁士英纪念碑和地堡，成为锦州市红色教育基地。

辽沈战役已经过去75年，随着经济建设与城市发展的需要，当年的战场发生了巨大的变化。多年来，锦州市委、市政府对辽沈战役遗址做了大量的保护工作，一些重要的战斗遗址、旧址被完整保存了下来，有的还建成了纪念馆，成为红色教育基地，发挥着传承革命精神、激励后人的作用。作为党史资源和红色文化遗存，遗址、旧址是珍贵的文化历史见证，而有些遗址、旧址因保护宣传等工作不到位，现已改建变形甚至损毁，从我们的记忆中一点点逝去。面对这样一个现实的问题，如何做好革命战争年代的遗址、旧址的保护工作，更显得十分迫切与重要。加强对这些遗址和旧址史料的收集、整理，深入细致地做好研究工作，将完整、准确的历史史实留给后人，充分利用这些丰富的红色遗址、旧址资源，对广大人民群众进行革命传统教育，呼吁社会重视遗址、旧址的保护利用，是我们博物馆（纪念馆）工作者不可推卸的光荣职责和历史使命。

保护红色遗址、传承红色文化是时代赋予我们的神圣职责。红色遗址作为中国特色社会主义文化的组成部分，新时代更需要发挥好红色文化的精神力量，不断实现红色文化的创新发展，推进中国特色社会主义现代化事业不断前进。探寻红色遗址，传承红色文化，深挖红色文化资源，依托红色文化和爱国主义教育基地、纪念馆、博物馆等社会资源，创新红色文化表现形式和呈现载体，开展制度化、常态化红色教育，把红色文化资源转化为精神力量，守住中国共产党创立的社会主义伟大事业，世世代代传承下去。

张三军　辽沈战役纪念馆

蠡探如何推动新时代烈士褒扬服务工作创新发展

——以解放锦州烈士陵园为例

2022 年 8 月 16 日，习近平总书记来到辽宁锦州考察，在辽沈战役纪念馆参观考察时强调："我们的红色江山是千千万万革命先烈用鲜血和生命换来的。江山就是人民，我们决不允许江山变色，人民也绝不答应。"在东北解放战争时期，东北各族人民做出了突出贡献，五万余名中华民族优秀儿女长眠于白山黑水间，他们用生命践行使命，以血肉之躯铸就了中华民族永久的丰碑。

一、新时代烈士褒扬工作的目标和任务

（一）烈士褒扬工作目标

解放锦州烈士陵园是辽沈战役纪念馆具有特殊地位和重要作用的纪念设施，是为纪念在辽沈战役攻克锦州战斗中牺牲的烈士而建立的，是承担开展烈士褒扬服务职能的重要社会机构。党的十八大以来，国家对烈士褒扬工作创新发展的重视、投入和推动，对烈士褒扬的社会服务能力提出了新要求。在以习近平同志为核心的党中央坚强领导下，烈士褒扬工作取得长足发展。一是政策法规不断完善。《烈士公祭办法》《烈

士安葬办法》等一系列行政规章以及《关于做好烈士亲属异地祭扫组织服务工作的意见》等规范性文件相继出台。二是纪念设施管护水平有力提升。中共中央办公厅、国务院办公厅、中央军委办公厅印发《烈士纪念设施规划建设修缮管理维护总体工作方案》，将零散烈士纪念设施抢救保护工作取得关键成效。烈士纪念设施纪念缅怀英烈、传承红色基因、开展爱国主义教育的红色主阵地功能充分彰显。三是英烈精神弘扬成效显著。充分发挥烈士纪念设施宣教功能，加强英烈保护，崇尚英烈、缅怀英烈、学习英烈、捍卫英烈的社会氛围日益浓厚。随着网络时代的到来，陵园的服务理念和管理模式正在营造一种新的服务环境，创造新的服务品质和社会价值，承担着先进文化传承的使命。

（二）烈士褒扬工作任务

新时代烈士褒扬工作是国家意志的体现。革命先烈是民族的脊梁、时代的楷模，他们的光辉事迹和奉献精神是留给我们的共同历史记忆和宝贵精神财富。党的十八大以来，以习近平同志为核心的党中央，高度重视烈士褒扬工作。习近平总书记指出，要在全社会树立崇尚英雄、缅怀先烈的良好风尚，并对烈士褒扬工作做出一系列重要指示批示，为做好新时代烈士褒扬工作提供了根本遵循。弘扬英烈精神，赓续红色血脉，让红色江山代代相传，成为时代赋予烈士褒扬工作的重要使命任务。

二、烈士陵园褒扬服务工作存在的问题与瓶颈

（一）服务理念制约服务模式

锦州烈士陵园成立于 1998 年，褒扬工作内容主要有：烈士安葬、

宣传讲解、革命文物的搜集、烈士事迹整理、烈士纪念设施维护等工作，而烈士陵园中最为重要的一项工作就是祭奠烈士和为烈士寻亲工作，但在为更多的烈属找到亲人的过程中，我们对烈士家属的服务模式还是比较传统、比较单一的，更多注重的是服务的次数，对烈士家属祭扫活动也只是短暂的接待，却缺少更进一步、更深入的人性关怀。特别是在有专业的社会工作者从事专业的烈士褒扬工作后，这些问题更显突出，也成为我们急待探讨与改善的。如烈士家属失去亲人的心理情绪问题、烈士家属存在生活困难问题、祭扫问题等。

（二）宣传受制于资源

红色文化面对的受众对象大多是学生，传播手段还停留在过去的传统手段，学生接收红色文化的途径大多是来自于课堂，缺少红色文化的实践活动和普及活动。同时社区缺少红色文化的氛围，没有与新时代文化和与社区相关的事物相结合，很难引起社会的共鸣，导致一些群众对红色文化的理解并不深刻。

（三）信息来源受限

目前，烈士褒扬工作主要依靠相关从业人员，力量较为单一，社会参与度不够，人民参与度不够，没有很好地发挥出人民群众的力量，尤其没有发挥出广大人民群众的主观能动性。这其中的原因是多方面的，需要我们去付出，去做更多的工作。如何引导社会参与，如何收集更多有效信息，如何让百姓自主地讲出故事，需要我们找方法，开辟信息通道。烈士陵园不仅仅是老百姓健身的场所，更应该是交流红色故事的场所。

三、新时代完善烈士褒扬工作的实施策略

（一）辽沈烈士陵园成立了全国首个东北解放战争革命烈士信息查询系统

为了更好地推行烈士褒扬工作，2021 年辽沈战役烈士陵园创建了全国首个东北解放战争革命烈士信息查询系统。而解放锦州烈士陵园全程参与并完成了调研工作。走访了上百家烈士陵园，行程万余公里，对烈士信息进行了增加和补充，增添了烈士安葬地，为烈士寻亲和烈士家属寻找安葬地带来了更大的希望、铺就了一条道路。同年 11 月 2 日网站开通运行。此次上线运行信息查询系统开设"烈士名录"专栏检索查询烈士的基本信息、生前情况、牺牲情况、英勇事迹等。同时开设网上祭扫功能，以满足烈士遗嘱、广大人民群众远程祭扫需求。查询系统的成立将会更好地提升我们的服务价值，推进烈士褒扬服务工作创新发展。

（二）继承和发扬我党烈士褒扬工作。积极整理烈士信息、编撰烈士传记

随着近年来，锦州烈士陵园对辽西地区附近散落的革命烈士墓、战斗遗址、收集的英烈史料档案的不断丰富和补充，编纂新的革命英烈名录、传记的工作被列入日程。在省市馆各级领导的支持和统一规划之下，解放锦州烈士陵园用三年时间全程参与了原始档案与补充信息的工作，仔细校对、验证、核实，成立专家组，进行相关课题研究。同时也方便了烈士家属、相关学者，通过互联网进行远程学术探讨、研究，从而更加完善了烈士褒扬工作。

（三）以多种祭奠活动为基础，弘扬宣传英烈精神

1.《中华人民共和国英雄烈士保护法》的颁布实施，为维护烈士荣誉奠定了法律基础。锦州烈士陵园每年9月30日举行纪念烈士活动；每年在烈士纪念日举行烈士英名补刻仪式，向烈士遗属颁授烈士证书，体现了烈士国家功勋荣誉的最高荣耀。解放锦州烈士陵园近年来也多方面整合信息资源，取得一定的效果。一是为广西、贵州籍几十位烈士找到了亲人，2020年10月28日，贵州籍抗美援朝烈士亲属代表团，千里迢迢来到解放锦州烈士陵园，祭奠和缅怀安葬在这里的亲人。二是在2022年7月16日对高新区果树农场15具烈士遗骸进行确认，并集中安葬在了锦州烈士陵园。三是2022年9月30日对在锦州战役中牺牲的烈士修建了烈士名录墙。锦州烈士陵园多年来不间断地举行"为烈士寻亲"活动和集中安葬烈士遗骸工作，加强了烈属人文关怀和精神抚慰，是对亲属的慰藉，也是对烈士最好的缅怀与尊崇。

2.2020年的清明节，受新冠肺炎疫情影响，我馆实施"临时性闭园"措施，不组织、不接待聚集性祭扫纪念活动。按照退役军人事务部门的要求，我馆组织开展了"辽沈战役纪念馆'致敬·2020清明祭英烈'"活动。辽沈战役烈士陵园和解放锦州烈士陵园的管理人员在园区张贴祭扫宣传标语，公布网上祭扫方式，代替烈士亲属进行了擦拭墓碑和向烈士敬献花篮的祭扫活动，整个过程以视频方式向大众展示。在辽沈战役纪念馆微信公众号中增设"网上祭扫"窗口，社会各界都可以在网上祭扫，向烈士献花。烈士亲属和社会大众用云端祭扫方式来表达对烈士的崇敬之心、感念之情、传承之志。

四、新时代推动烈士褒扬服务工作创新发展

（一）要用一定的社会工作专业的服务方法开展烈士褒扬工作

在东北烈士信息查询系统建立后，增加了信息时代对公共信息资源的利用，烈属也能通过社会支持来寻找自己的亲人安葬地，陵园也通过网络媒体构建的平台，为寻亲工作提供了更为便捷的方式。

在为烈士开展的寻亲工作中，我们对烈士家属的服务模式也呈现了多样化，对烈士家属祭扫活动和接待，进行了更进一步、更深入的人性关怀。有的烈士家属虽然在物质上享受了国家的待遇，但在精神上，心理上，情绪上没有得到更多的安慰，会增加更多的悲伤，有的年龄已高，不能到现场祭扫，情绪更加激动、失控。对此我们为更多的烈属做好辅导和心理疏导工作，对每一位烈属做深入了解，倡导完善相关政策，协调落实相关待遇，做好记录，详细收集烈士资料，根据家属内心存在的问题和需要，做好服务工作，耐心倾听并理解烈士亲属对亲人的思念，使烈士家属精神上得到了安抚。同时让他们了解国家对烈士的高度重视，在每年的清明节和烈士纪念日都会在解放锦州烈士陵园开展现场代为祭扫烈士活动，对烈士褒扬工作有了更大的改善，从而促进服务质量的提高。

（二）提升服务理念，创新服务模式

1.烈士陵园是属于公益性文化事业的一项重要组成部分，参观观众有限。为了让更多的人了解烈士事迹，要成立一个专业的宣传服务队，让广大专业社工与社区合作，广泛深入到社区，对需要帮助的受助对象

利用理性情绪、增强权能等理论治疗模式进行辅导，运用个案、小组、社区等社会工作方法、对每一个案列进行接案、预估、计划、介入、评估、结案等工作，有针对性地开展烈士家属关爱帮服活动。达到对烈士家属以及对更多的受助对象进行精神、心理方面的完善。

2.发挥基地作用，建立服务平台。

锦州烈士陵园作为爱国主义,德育教育基地,每年的清明节、"五一""七一""八一""十一"和"9·30"烈士纪念日、"10·15"锦州解放纪念日、"11·02"东北解放纪念日等特殊日子，烈士陵园工作人员都会积极策划，组织开展各种线上、线下的主题活动，组织多次研学活动为烈士家属邮寄明信片等，努力营造缅怀先烈、铭记历史的烈士褒扬氛围。我们也会利用这一服务平台，吸引更多的社工与志愿者参与到我们的服务。

我们会把每年的清明祭扫高峰期作为一个志愿服务月，围绕清明扫墓这个主题开展内容丰富、形式多样的社工志愿服务活动。由于陵园内安葬的烈士中很多都找不到亲人，社会工作者也将承担起资源筹措者、倡导者等角色，创建多层次、多形式的服务模式，招募和吸收广大社工、义工、志愿者，做好帮助烈士寻亲、为烈士家属解困工作。从而更好地提升陵园的服务形象，突出陵园的"红色"文化内涵。

（三）动员社会力量，从群众中来、到群众中去

烈士褒扬工作，仅仅靠我们自己，靠我们这些从业人员是不够的，我们的精力是有限的，力量是有限的。我们应动员社会力量，尤其动员有革命历史背景的社会成员。烈士褒扬工作需要人民的参与，要从群众中来、到群众中去。无论是线上各类媒体，还是线下相关单位，都应着

手为烈士褒扬工作开辟通道，让有关烈士信息可以顺畅、快捷地传递。例如：可长期持续开展烈士信息征集工作。

（四）推进红色资源融入思政课教育

爱国主义要与教育相融合，尤其要融入小学、中学、大学课堂。锦州是一座名副其实的红色城市、英雄城市，应该讲好锦州的红色故事、英雄故事。要让我们锦州自己的保家卫国的故事走进我们锦州孩子的生活。培养孩子的自豪感，让我们的孩子从小就懂得珍惜英雄、懂得爱国。可以动员教育资源，开展讲真实红色故事类活动，如：爷爷讲给孩子，孩子在课堂上分享；反之，孩子让家长讲红色故事，搜集有用烈士信息。中学、大学亦然。

五、新形势下开展烈士褒扬工作，对我们提出新的要求

（一）打开烈士褒扬工作思维边界，创新开展褒扬工作

社会进步、时代发展，我们的烈士褒扬工作也要突破固有思维模式，打开各类思维边界，要有创新意识，探索新的服务品牌建设方法。烈士是我们的英雄，烈士家属，是我们敬重的群体，烈士褒扬工作者，是崇高的从业者。可以动员社会力量，集思广益，收集烈士褒扬工作方法。

（二）广泛开展合作，多部门、多单位联合行动

烈士褒扬工作是一项集长期性、复杂性、多样性于一体的社会工作。我们只依靠自身力量想把烈士褒扬工作做好是很困难的。我们既要打破部门边界，体制内联动起来，合力开展工作；也要打破行业边界，让体制内与体制外有效形成联动，如对暂时没有找到烈士安葬地的烈士家属

提供支持、整合资源和有关部门、志愿者联合多渠道打造烈士褒扬工作服务品牌。

综述，烈士褒扬凝聚了中华民族自强不息的奋斗精神和坚韧不拔的爱国情怀，各级各类爱国主义教育基地将始终坚持以习近平新时代中国特色社会主义思想为指导，把红色资源利用好、红色传统发扬好、红色基因传承好，教育引导广大党员干部牢记党的性质宗旨、理想信念和奋斗目标，从党的初心和使命中汲取奋力前行的不竭动力，走好新时代的长征路。

张　静　辽沈战役纪念馆

文物保护管理现状分析

一、文物与文物保护管理

文物，是由人类创造或者与人类活动有关的且不可能再重新创造的一切有价值的物质遗存，是人类社会发展进程中遗留下来的社会进步的历史见证。

文物保护管理，即对具有历史、艺术和科学价值的历史遗留物采取一系列防止其受到损害措施的过程。它是一项庞大的系统工程，从宏观控制到微观保护，包括的内容极其丰富，涉及的方面也极为广阔。

党的十八大以来，广大文物工作者在以习近平同志为核心的党中央的坚强领导下，持续深入学习贯彻习近平总书记关于文物工作重要论述精神，扎实深入做好各项工作，推动文物工作取得很大进展。特别是近几年，我国博物馆事业进入全面、快速发展时期，新时代文物事业更是得到了高质量的发展和全方位的进步。

二、做好文物保护管理的重要性

文物具有重要的历史、艺术和科学价值，其特有的时代性、不可再生性和不可替代性，使其对人类历史和社会发展的研究具有极其重要的作用和价值。我国是世界闻名的文物大国，但随着社会现代化发展，很多的文化遗产，如：古物、古建筑、革命文物、丰富的民间文化等都在逐步减少。此外，由于文物所具有的独特性和唯一性，使其一旦遭到破坏、损毁都是不可逆的重大损失，因此，文物保护一直受到社会广泛关注。

1982年，《中华人民共和国文物保护法》确立的16字文物工作方针："保护为主、抢救第一、合理利用、加强管理"就明确说明了文物保护的重要性。2022年7月，全国文物工作会议上，又提出了新时代的文物工作方针："保护第一、加强管理、挖掘价值、有效利用、让文物活起来。" 这一新方针将抢救性保护和预防性保护整合在大保护框架内，充分体现了文物保护的理念已深入人心，成为一种社会共识。文物工作方针从原来的4句话16个字调整为5句话22个字，"文物保护"始终是文物工作的大前提[①]，排在文物工作方针的第一位，这足以看出文物保护管理工作的重要性以及国家对文物保护的重视。

习近平总书记曾强调指出："历史文化遗产是不可再生、不可替代的宝贵资源，要始终把保护放在第一位。"[②] 这一重要讲话与党的十八大以来习近平总书记关于文物保护的重要论述和重要指示批示精神一脉相承，体现了以习近平同志为核心的党中央对文物保护的高度重视，为新时代文物事业改革发展指明了前进方向、提供了根本遵循。

目前，我国博物馆作为文物集中收藏管理和保护利用的重要文化场所，其数量增长迅速，馆藏文物众多。因此，做好文物保护管理工作，

---

① 成琪. 从16个字到22个字 意味着什么？[OL] 中国经济网 https://baijiahao.baidu.com/s?id=1739707162656239300&wfr=spider&for=pc.
② 李群. 准确把握和认真落实新时代文物工作方针 [N]. 人民日报，2023-01-05（11）.

确保文物安全和有效利用，是广大文物工作者的职责，也是社会公众对文物管理部门和文物保护单位的要求。

做好文物保护管理工作，不但有利于继承中华民族优秀文化、增强民族凝聚力、提高人民文化自信，而且还有利于推动科学研究、促进经济发展，在满足人民群众精神文化需求、提高公众文化素质的同时，还有利于开展爱国主义教育、促进与世界各国的文化交流和友好关系的发展。因此，无论是从国家、民族、公众还是个人的层面看，做好文物保护管理工作都是极为重要的。

三、文物保护管理工作的现状

（一）保护状况持续改善

据国家文物局统计，仅从 2006 到 2016 年这十年，全国文博机构的数量就已成倍增长，从 4000 多家迅速发展到近 9000 家，从业人员也从 8 万多人倍数增长到 15 万多人，藏品数量更是从 1800 多万件（套）一跃增加到 4400 多万件（套）。此外，还有每年举办的展览数量也从 7000 多个上涨到 2.4 万多个，接待参观的人次则从 1.8 亿发展到 10 亿多。其中，仅革命文物的数量，截至 2021 年底，普查登记的不可移动革命文物即有 3.6 万多处，可移动革命文物 100 多万件（套），革命博物馆纪念馆 1600 多家①，发展速度非常快，增长数字惊人，文博事业发展进

---

① 国家文物局关于印发《革命文物保护利用"十四五"专项规划》的通知 [OL]. 中国政府网 https://www.gov.cn/zhengce/zhengceku/2021-12/31/content_5665933.htm.

入到了"黄金时代"。

为贯彻落实《中共中央办公厅 国务院办公厅关于加强文物保护利用改革的若干意见》《国务院关于进一步加强文物工作的指导意见》以及国家文物局印发的《文物安全防控 "十四五"专项规划》的通知等，文物保护管理工作在支撑保障文物保护利用和文化遗产保护传承的过程中，也推动了文物保护状况的不断好转。

风好正是扬帆时。随着我国全面建成小康社会，文物工作也迈上了一个新台阶。我国重大文物保护工程，预防性保护、系统保护积极推进；博物馆标准化库房建设基本完成；数以万计的馆藏珍贵文物、重要出土文物得到抢救修复；数字化展示方式已成当今博物馆常态；元宇宙又将成为博物馆新探索……文物保存状况得到持续改善。

（二）保护装备广泛应用

"工欲善其事，必先利其器"。近年来，随着我国文物事业的发展，科学技术在文物工作的各个方面日益凸显出其作用的重要性，文博技术产品及其相应服务的研发生产，也逐步进入了前所未有的活跃期。国家工信部一直支持将文物保护装备纳入工作重点领域，并以文物保护单位实际需求为牵引，推动产学研用合作，搭建协同工作平台，培育产业生态，完善标准检测体系，使我国文物保护装备的创新发展以及推广应用取得了积极成效。

现代科技的引入和优质科技资源的广泛参与，使文物保护装备具有应用场景复杂、科技含量高等特征，极大地提升了文物保护相关工作的科技含量，在现实中广泛应用并服务于预防性保护、考古挖掘、文物监测修复、展示利用等多个领域。大量的文物保护工作理念与技术的实现，都需要依靠装备的支撑。辽沈战役纪念馆在 2022 年实施的文物预防性保护项目，将文物储藏环境进行了智能化升级改造，在更新藏品监测管理系统的同时，将安防系统也进行了改造提升，使文物储藏环境得到极大的改善，不但对文物起到了更好的保护作用，而且还有效地提高了文物保护管理能力。

因此，文物保护装备是增强我国保护、传承能力重要的科技保障，推动了文物保护工作和文化遗产传承与发展。

（三）规范数据开放共享

文物数字化，不但有利于减少对文物的损害、举办云展览等文物保护工作的开展，还有利于创新更多文物工作形式、加快智慧博物馆发展步伐，同时，还可以开展深入挖掘研究，帮助中小型博物馆聚集自己的特色 IP 资源，方便博物馆进行资源运营或者合作运营，比较有实效地解决博物馆资源运营问题。

如：杭州工艺美术博物馆是 2009 年成立的，但在 2010 年就已经开始在实体馆建设的同时，建设虚拟博物馆，在数字化或者智慧博物馆的建设上是非常超前的，同时，也充分体现了自己的展览特色。

目前，在全国，越来越多的博物馆建设已经开始走进数字化时代。国家文物局文物大数据库的建设工程，也将会建成全国文物大数据库，实现规范数据管理，推动开放共享。同时，博物馆自身也应具备前瞻性，及时关注了解文物保护的科技发展，对博物馆未来发展"为之计深远"，在避免造成资源和经费浪费的同时，也可使博物馆加快步伐，走在文物保护管理工作的时代前沿。

（四）文物安全加强管理

文物安全工作是文物保护管理工作的红线、底线和生命线，是文物保护管理的重中之重。做好博物馆安全管理工作，确保博物馆文物安全，既是文物工作者的职责，也是社会公众对文物管理部门的要求。

要想做好文物安全管理工作，就要做到"五防"：防盗、防火、防人为破坏、防违法建设、防自然损毁。"五防"涉及的安全隐患是各级文物行政部门和博物馆法人最为关注的安全问题，因为这一类事件往往案情比较重大、损失严重、社会关注度高，所产生的负面影响也很大。

近年来，博物馆安全管理问题已引起各级政府及相关部门的高度重视，全国第一次可移动文物普查也为摸清家底、强化监管奠定了基础。各级政府文物安全主体责任得到强化，多数省份将文物安全工作纳入省级人民政府年度考核评价体系；文物安全联合工作机制不断完善；持续部署开展打击文物犯罪专项行动，破获各类文物犯罪案件 9000 余起，追缴文物 10 万余件，文物犯罪得到有力遏制；出台一系列文物安全管理制度和技术标准，文物安全防控和应急管理水平明显提升；建设重点文物安全防护工程 2500 余项，安全防范及预警能力不断增强[1]。

四、文物保护管理工作存在的问题及对策

加强文物保护利用，传承中华文明、弘扬民族精神，是全社会的共

---

[1] 国家文物局关于印发《革命文物保护利用"十四五"专项规划》的通知 [OL]. 中国政府网 https://www.gov.cn/zhengce/zhengceku/2021-12/31/content_5665933.htm.

同责任。新时代的文物保护工作多方优势条件都对文物保护工作的高质量发展有利，文物工作者应抓住机遇、开拓创新，更好地开展文物保护工作，但同时，我们也可以看到在文物保护管理过程中存在的一些问题，如何应对、解决这些问题，更好地进行文物保护管理，将是我们共同关注并持续研究的课题。

（一）体制制度仍须健全且经费不足

我国的博物馆因地区不同、经济实力以及领导的重视程度不同，博物馆的发展情势也各有不同。有些基层文物管理机构所承担的任务较为繁多，例如：有些地方的基层文物管理机构同时负责着行政管理和业务工作，人员安排过于紧张，经费严重不足甚至被挪用，使得文物保护管理工作在一定程度上受到影响。

因此，可通过强化政策供给与资源要素支撑，鼓励并推动文物管理地方性法规的制定，并运用好与文物相关的其他职能部门政策，引导各市、县立足地方特色、创新推出更多文物原创性、差异化改革举措。同时，还可融入合作策略，完善保障措施，与其他地区的博物馆联合开展文物保护工作，依托文物提供公共文化服务，开辟公共文化空间，不断满足公众日益增长的对于美好生活的需要。

（二）缺乏高素质基层保护管理队伍

由于基层文物管理队伍的人员结构相对复杂，文化程度和业务素质存在一定差异，缺乏必要的专业培训，所以，对文物保护的认识及判断能力存在较大差异，无法满足文物保护管理这一专业性较强的工作需求。

因此，需要不断优化管理机构配置，对管理人员进行科学管理和系统培训，以加强专业人才队伍建设、提升专业能力，实现文物保护工作的规范化、科学化。同时，还要注重与系统研究、跨学科合作的结合，支持基层管理人员与高等院校、科研机构合作开展文物领域课题研究，建设协同研究中心，继而不断推出有深度、有分量的研究成果。

（三）馆藏文物保护能力不足

馆藏文物的保护管理要做到"六清"：馆藏数量清、入藏真伪清、藏品状态清、展示利用清、馆际合作清、管理短板清，这是大部分文物保护单位在管理工作中都能达到的基本要求。但遗憾的是，即便做到"六清"，目前的保护管理工作仍会存在各类隐患或问题，其中，文物腐蚀损坏的问题最为严重。

据中国首次全国馆藏文物腐蚀损失调查结果有关信息反映：50.66%的馆藏文物都存在着不同程度的腐蚀损害问题，其中，文物处于濒危腐蚀程度的就有 29.5 万余件（组），而处于重度腐蚀程度的文物则有 21.3 万余件（组）。这说明各类博物馆都不同程度地存在文物腐蚀、破损的情况，但大多数的博物馆都不具备修复条件和能力。因此，此次普查后，应将处于濒危腐蚀程度的文物立即列入修复计划，重点加强材质脆弱、病害严重的文物保护修复，强化科技支撑，尽早实施数字化等文物保护重点工程，大力推进整体保护，切实加大博物馆文物预防性保护力度，推进其保存环境达标建设。

（四）文物安全意识有待提升

文物安全工作永远在路上。近年来，各级政府及相关部门已越来越重视文物的安全管理问题，但思想认识上仍存在不足，导致文物安全事故仍未杜绝。安全意识不足的主要原因：

1. 抱有侥幸心理，认为出事是偶然

我国博物馆数量众多，有些管理人员认为，发生失火、被盗或监守自盗等问题是极少数的情况，因而时常靠侥幸度日，对安全管理工作盲目乐观。

2. 遇问题内部消化，外界无从得知

负责文物保护和安全管理工作的人员较少，文物管理工作又与外界接触不多，很多长期存在的问题没有"亡羊补牢"、积极面对、处理，而是像鸵鸟一样，采用"鸵鸟藏身术"①，去回避、掩盖问题而未做有效处理，结果往往形成"重疾"，一旦问题暴发，后果和影响都很严重。

3. 文化（文物）管理部门难以落实内部监督执法

根据《文物保护法》要求，对未能做到尽职尽责、依法保护文物的，无论是单位或个人都应依法查处。但实际上，负责文物执法工作的管理部门经常是"清官难断家务事"，对自身管辖下的文物工作存在的不规范行为开展执法监督工作较少或监督得不彻底，这就容易导致文物的许多安全问题得不到足够的重视，不能及时有效地解决。

（五）社会教育和扶持力度有待增强

文物保护工作因其专业特点，无论是复制、修复还是保管、巡查，大多是工作环境艰苦、内容枯燥乏味，工作人员也基本"隐于幕后"不被公众熟知，而且，由于文物保护工作专业素质要求较高，大家又对这一专业和工作内容知之甚少、圈外影响范围不大、社会榜样力量不足，所以，后续人才的培养也面临着诸多困难。

---

① 殷连生. 文物安全管理工作指南 [M]. 北京：文物出版社，2020：64.

　　另外，文物保护志愿队伍的建设也有待加强。文物保护志愿者，是一群热爱文物、热爱历史、具有社会服务意识和奉献精神的志愿群体。目前，我国的文物保护志愿队伍已在各省市相继组建，成为开展文物保护工作的一大助力，特别是在不可移动文物的保护方面，是一支不可或缺的社会支持力量。遗憾的是，现在的文物保护志愿工作的发展非常艰难。由于工作环境艰苦、资金缺乏、没有专人管理、缺乏社会力量培养规划等诸多因素，导致真正能服务在一线且能坚持下来的志愿者人数较少，群体力量薄弱。

　　因此，文物保护工作的有效开展应具成长型思维，从发展的角度出发，做出更为长远的规划。目前，我国文物保护工作对公众进行文物保护宣传教育的力度和对社会力量的扶持力度都有待增强。公众对文物保护的意识虽有所提高，但其社会性、广泛性、持续性、系统性、生动性、互动性等很多方面仍有很大的空间需要提升。要想更为有效地保护文物资源，除需要文物工作者首担其责外，还要深深地扎根于民，依靠群众的力量，对公众开展持续性的文物保护宣传教育工作，更多地树立文物保护社会榜样，从而使公众对文物保护的了解得以增加，对文物保护重要性的认识持续提高，吸引广大公众更多地参与到文物保护工作中来，将"保护文物"的信念深植民心，让文物保护不再"高冷神秘"，而是"全民化"，将文物保护的思维，转化为"全民保护"的行为，形成一种自上而下、自小而大的普遍的自觉的公众行为。

　　因此，做好文物保护的社会教育工作、扶持更多的社会力量是现代博物馆文物保护工作中一项极具前瞻性和深远影响的重要工作。

（六）先进技术应用存在"痛点"

文物保护亟须科技创新来推动发展，文物保护单位也需要借助科研机构和生产企业的力量，来帮助提升文物保护的能力水平。对于文物保护先进技术，越来越多的博物馆除改善文物收藏环境和文物数字化等基础的技术需求之外，对文保技术产品及服务的差异性需求也越来越大。特别是在文物数字化、文物保护设备操作等技术、产品的应用中，遇到了很多实际问题而得不到有效解决，形成了博物馆技术应用的"痛点"。

如：在一次以"文物保护中的新技术应用"为主题的交流盛会上，来自南京博物院文保科研所的代表就曾提出：一台 20 万元左右的设备，每次维护都得 3 万至 4 万元，每年维护文保设备的成本过高，如何降低维护成本，是我们文物保护工作遇到的一大问题。再如：是否能在产品保护性能上设计更多的层级、满足不同经济能力博物馆的需求？如何在文保技术应用上发展兼容性和技术的可成长性，减少更新换代的次数？怎样改变只能提供技术和设备的简单服务，而是提供整体的或模块化的服务？我国的中小型博物馆占全国博物馆的三分之二以上，经费难以支撑高昂的设备及维护费用，怎样将文物保护装备惠及更多的中小型博物馆……这些"痛点"，归根究底都是如何解决科技文保中的实际问题。

从根本上讲，目前的博物馆在文物保护的技术提升中，并不需要追求最先进的技术设备，而应选择技术成熟稳定、通用性强，能有效适度地控制成本的产品，以适于持续发展的需求。这些问题，亟须在未来的文物保护管理工作中逐一研究解决。因此，未来的文物保护技术装备一方面需要性能更为先进、稳定、节能，另一方面也需要向适应中小型博物馆的方向发展。当然，这样的发展需要具备几个前提：

1.加强文物保护装备的研发利用，加快提升文物保护装备对文物事业发展的综合保障和支撑服务能力。

2.科研单位和生产企业要准确把握用户的真实需求，充分考虑到文博行业的特殊性，帮助文物保护单位解决工作中的热点和难点问题。

3.文博单位在把科研融入到文物保护利用各个环节的同时，也要重视对新技术、新产品的学习了解，组织或参加不同形式、不同主题的交流活动，通过管理和技术两种手段，解决好事业发展中的关键问题。

2023 年是全面贯彻落实党的二十大精神的开局之年，是实施"十四五"规划的关键之年，文物保护工作再次进入了一个新的发展阶段。为进一步创新保护管理和活化利用理念，强化博物馆对社会发展的推动作用，激发文物的时代价值，我们要在贯彻新发展理念，构建新发展格局的框架下，迎接弘扬中华优秀传统文化和民族精神的新机遇，加强文物和文化遗产的有效保护和活化利用，使文物更多、更快地"活起来"，用实际行动展示新时代博物馆的风采，让中华文明印记永久铭刻于博物馆中，让中华儿女在文化共鸣中树立民族自信、文化自信，对民族血脉更加心驰神往，筑起中国与世界的连接桥梁。

教亚波　辽沈战役纪念馆

后 记

　　党的二十大擘画了新时代新征程中国共产党的使命任务，担当这一使命任务需要我们用好红色资源，传承红色基因，赓续红色血脉。习近平总书记在辽沈战役纪念馆考察时提出"要讲好党的故事、革命的故事、英雄的故事，把红色基因传承下去，确保红色江山后继有人、代代相传"的重要要求，这是我们新时代工作的总目标和根本遵循。辽沈战役和东北解放战争在20世纪上半期中国革命历史上的地位非常重要，"它的胜利，加上当时人民解放军在其他各个战场上的胜利，从根本上改变了敌我双方力量的对比，为整个解放战争的顺利发展奠定了基础"，对中国历史进程和世界政治发展产生了深远的影响。

　　这一辉煌的历史阶段，沉淀下大量红色资源，需要我们沉下心来加强系统的历史研究，尤其是整合纪念馆、高校等部门的力量共同攻关，既要准确把握和精准表述这一历史时期的红色资源价值和历史地位，又要总结好红色资源保护利用相关工作经验，形成区域内红色资源科学精准、主题突出、协调一致的话语体系，让广大人民群众更好地理解和把握这一历史发展的主题主线、主流本质，自觉抵制历史虚无主义。辽沈战役纪念馆与辽宁工业大学马克思主义学院两家联合开展的"辽沈战役红色文化课题研究"工作，在这方面作出了积极探索。本书是在辽沈战役胜利 75 周年之际，双方业务骨干，在多次召开线上、线下研讨会的基础上，对 10 多个课题重点攻关及多年工作经验的梳理与总结。在课题研究和本书编辑过程中，双方团结合作，取长补短，共同努力，使得多项工作得以顺利进行，在此，谨向参与课题研究与文章撰写的同志们，表示衷心感谢。

辽沈战役和东北解放战争史料繁杂，人物众多，非我们掌握的资料所能穷尽，加之时间紧，工作量大，在编辑、出版及内容取舍上一定会有许多疏漏与不足之处，诚恳地期望读者批评指正。

党的十八大以来，习近平总书记对红色资源的高度重视，为新时代文化事业高质量发展提供了重要遵循、明确了前进方向。本书所收各文，就是从这以来的一点收获。本书是关于辽沈战役红色文化课题研究阶段性的成果展示，也是今后继续前行的起点，我希望今后将有更多卷本早日集结出版。

今后，我们要进一步保护好、利用好红色资源，自觉承担起举旗帜、聚民心、育新人、兴文化、展形象的使命任务，为坚决打赢新时代"辽沈战役"贡献力量。

刘晓光

2023 年 3 月于锦州